MW01504620

St

Kolleg Deutsch als Fremdsprache

von Anne Vorderwülbecke
und Klaus Vorderwülbecke

4
Information
und Diskussion

Man kann Sprache nur verstehen,
wenn man mehr als Sprache versteht.

Hans Hörmann

Klett Edition Deutsch

Inhalt

Inhalt

Inhalt

LERN HILFEN

Lernen

1

2

Lernen ist wie Rudern gegen den Strom.
Sobald man aufhört, treibt man zurück.
Benjamin Britten

3

„Ich schlafe nicht!
Ich lerne Englisch!"

**Denken, Lernen,
Vergessen**
Frederic Vester

4

5

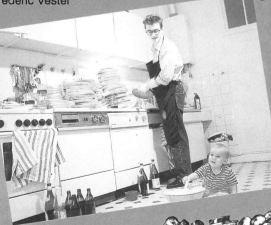

*Das Phänomen des
fallenden Bildungsniveaus
in der Klasse*

6

1. Brainstorming
Bitte sammeln Sie an der Tafel/auf einer Folie, was Ihnen zu dem Begriff *Lernen* spontan einfällt.

Bücher

Lernen

Motivation

2. Sehen und behalten
a) Bitte sehen Sie sich das Bild unten genau an, schließen Sie das Buch, und schreiben Sie dann in Stichwörtern auf, woran Sie sich erinnern.

b) Bitte ergänzen Sie die folgende Bildbeschreibung rechts oben, bei der von jedem zweiten Wort die Hälfte der Buchstaben fehlt.
(Wenn ein Wort z. B. drei Buchstaben hat, fehlen zwei.)

6

1. A_____ diesem Bi_____ sieht m_____ ein traditi_____ Klassenzimmer.
2. V_____ der Kla_____ sitzt e_____ relativ al_____ Lehrer a_____ seinem
Ti_____ . 3. Er hä_____ ein Bu_____ in d_____ Händen, a_____ dem e_____ vorliest. 4. Ne_____ ihm a_____ der Wa_____ hängt ei_____ große Ta_____. 5. Weil
d_____ Unterricht offensi_____ sehr langw_____ ist, ha_____ die
Sch_____ Figuren a_____ Pappe gem_____ und a_____ die Tis_____
gestellt. 6. I_____ Vordergrund si_____ man, w_____ die Sch_____ hinter
d_____ letzten Stuhl_____ zur T_____ kriechen u_____ aus d_____ Klassenzimmer versch_____ . 7. D_____ Lehrer sch_____ nichts z_____ bemerken u_____ liest wei_____ aus sei_____ Buch v_____.

c) Bitte ergänzen Sie Ihre Stichwörter aus a). Verdecken Sie dann den Text, und beschreiben Sie das Bild noch einmal möglichst genau.

d) Bitte beschreiben Sie Bilder aus der Collage wie in a) vorgeschlagen, zunächst
mündlich und zu Hause noch einmal schriftlich.

3. Bitte versprachli-
chen Sie das Schaubild
rechts in einem fort-
laufenden Text, und
benutzen Sie dabei die
Redemittel unten.
(Variieren Sie die Satz-
anfänge.)

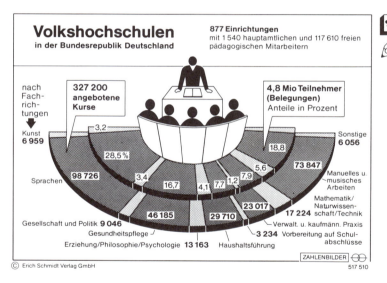

1. Es gab ... Volkshochschuleinrichtungen in der BRD.
2. Es wurden insgesamt ... Kurse angeboten.
3. Es nahmen ... an diesen Kursen teil.
4. Die Sprachkurse waren am beliebtesten.
5. Es folgten dann ...
6. Es bestand auch relativ viel Interesse für ...
7. Die Kurse für ... und ... waren nicht so gefragt.
8. Die Kurse für ... hatten auch vergleichsweise wenige Teilnehmer.
9. Die Kurse für ... hatten die geringsten Teilnehmerzahlen.

4. *Lernen* oder *studieren*?

Stefan (S) und Tobias (T) unterhalten sich in der Küche des Studentenheims über ihren koreanischen Kommilitonen Kim.

1. S: Was __studiert__ dein koreanischer Zimmernachbar eigentlich?

2. T: Der __lernt__ jetzt hier an der Uni Deutsch, und danach will er Germanistik __studieren__ .

3. S: Der scheint sehr fleißig zu sein. Er sitzt fast jeden Abend in seinem Zimmer und __lernt__ .

4. T: Ich glaube, der hat nächste Woche eine Deutschprüfung, und wenn er die nicht besteht, darf er hier nicht __studieren__ .

5. S: Apropos Prüfung: Ich sollte auch lieber gehen. Wir schreiben nämlich morgen eine Klausur, und ich muß noch ein bißchen __lernen__ .

6. T: Ich sollte auch was tun, aber so direkt nach dem Abendessen kann ich nicht __lernen__ .

5. Wortfamilie

a) Welche Ableitungen oder Zusammensetzungen (Komposita) fallen Ihnen zu dem Wort *lernen* ein? Schreiben Sie sie nach Wortklassen getrennt auf.

b) Was fällt Ihnen am Bestimmungswort dieses zusammengesetzten Nomens auf?

L e r n m e t h o d e
(Bestimmungswort) (Grundwort)

Nennen Sie weitere Komposita, bei denen das Bestimmungswort ein Verb ist. Z. B.:

Wohnzimmer, lernfähig

c) Was fällt Ihnen an den Komposita aus Verb + Adjektiv auf?

d) Nennen Sie weitere Adjektive mit dem Suffix *-bar,* wie:

lernbar,

e) Nennen Sie weitere Adjektive mit *-fähig,* wie:

lernfähig,

f) *Lernbar* oder *lernfähig?* Bitte kreuzen Sie an:	lernbar	lernfähig
1. <u>Kinder</u> sind schon kurz nach der Geburt		✓
2. Auch schwierige <u>Fremdsprachen</u> sind	✓	
3. Selbst ein <u>Regenwurm</u> ist		✓
4. Auch <u>Gefühle</u> sind	✓	
5. <u>Erfolg</u> ist	✓	
6. Sind <u>Computer</u>		✓
7. Auch schwierige <u>Grammatikstrukturen</u> sind	✓	

6. Bitte schreiben Sie in den folgenden Sätzen die passenden Wörter auf die Linien, und verdecken Sie diese bei späteren Wiederholungen:

lernbereit/lernwillig, Lernpsychologie, lernfähig, verlernen, Lerntypen, ausgelernt, weiterlernen, kennenlernen, erlernen, Lernmethode

1. Menschen, die Gesehenes besonders gut behalten können, sind visuelle   Lerntypen
2. Die Art und Weise, wie jemand lernt, nennt man seine   Lernmethode
3. Die Wissenschaft, die die Lernprozesse untersucht, die im Gehirn ablaufen, heißt   Lernpsychologie
4. Wenn jemand gerne lernen möchte, also motiviert ist, ist sie/er   lernwillig
5. Alte Menschen glauben oft, sie sind nicht mehr   lernfähig
6. Wenn Schüler die Hauptschule nach 10 Jahren abgeschlossen haben, können sie einen Beruf   erlernen
7. Wenn sie z. B. eine dreijährige Lehre in einem handwerklichen Beruf abgeschlossen haben, haben sie   ausgelernt
8. Wenn sie Handwerksmeister werden wollen, müssen sie nach der Lehre drei Jahre berufstätig sein und danach noch ein Jahr   weiterlernen
9. Wenn sie in der Schule z. B. Englisch gelernt haben, es aber nie anwenden, dann besteht die Gefahr, daß sie es   verlernen
10. Bei einem Auslandsaufenthalt will man möglichst viel von Land und Leuten   kennenlernen

9

7. Präfixe

a) Gegenteilige Bedeutung durch Präfixe

Was bedeutet der Ausdruck *ungelernter Arbeiter?*

Bilden Sie mit den Präfixen unten Wörter mit gegenteiliger Bedeutung:

Harmonie, Interesse, mobil, real, tolerant, sozial, Zentralisierung

a *asozial*

de _____

des _____

dis _____

un _____

im _____

in _____

ir _____

b) Schreiben Sie möglichst viele Adjektive, Verben oder Nomen mit denselben Wortstämmen wie die Wörter in a) auf.

c) Bitte ergänzen Sie mit den folgenden Wörtern:

realitätsbezogen, Disharmonie, Interesse, Intoleranz, sich interessieren, harmonisch, Toleranz, sozial(er).

1. Fremdsprachenlerner _____ immer mehr für das, was beim Lernen im Gehirn vor sich geht. Ihr _____ an den Lernvorgängen wächst.

2. Wenn die rechte und die linke Gehirnhälfte sich _____ ergänzen, werden Informationen besser und länger behalten.

3. Schuld an schlechten Lernergebnissen ist eine _____ zwischen den beiden Gehirnhälften.

4. Wichtige Bedingungen für einen guten Lernerfolg sind: positive Lernatmosphäre und _____ unter den Kursteilnehmern.

5. _____ gegenüber Religion, nationaler, oder _____ Herkunft kann das Lernklima stören.

6. Die Lerninhalte sollen effektiv und _____ sein.

d) Bitte nennen Sie weitere Wörter mit den Präfixen unter a).

8. Warum bilden sich Leute beruflich weiter?

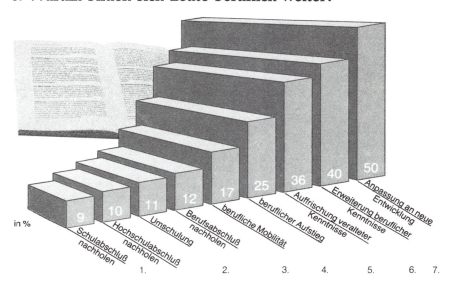

in %						
9	10	11	12	17	25	36	40	50

Schulabschluß nachholen — Hochschulabschluß nachholen — Umschulung — Berufsabschluß nachholen — berufliche Mobilität — beruflicher Aufstieg — Auffrischung veralteter Kenntnisse — Erweiterung beruflicher Kenntnisse — Anpassung an neue Entwicklung

1. 2. 3. 4. 5. 6. 7.

Bitte beantworten Sie die Frage in der Grafik mit *weil*-Sätzen:

1. _Weil sie einen Schulabschluß nachholen wollen._
2. _Weil sie sich_ _____
3. _____
4. _____
5. _____
6. _____
7. _____

9. Rollenspiel: Das (fast) ideale Lehrwerk.

a) Bitte formen Sie aus den folgenden Vorgaben einen Dialog:

Teil 1:
1. Eine ausländische **Kundin** (S1) möchte so schnell wie möglich ihr Deutsch verbessern und sucht in einer Buchhandlung ein gutes Buch für Fortgeschrittene.
2. Der **Verkäufer** (S2) empfiehlt ihr ein neues Lehrwerk, mit dem sie Deutsch mit einer alternativen Methode im Schlaf lernen kann.
3. Die **Kundin** ist skeptisch und will wissen, woraus das Programm besteht.
4. Der **Verkäufer** zeigt ihr das Kursbuch, das Arbeitsbuch sowie zwei Cassetten und sagt, daß dieses Lehrwerk ein Bestseller ist.
5. Die **Kundin** erkundigt sich nach dem Preis. Sie findet ihn sehr hoch. Sie fragt nach einer Alternative.
6. Der **Verkäufer** zeigt ihr ein einfaches Buch ohne farbige Illustrationen und die dazugehörigen Cassetten.
7. Die **Kundin** sieht es sich an. Sie ist unsicher.
8. Der **Verkäufer** überredet sie, das teurere Lehrwerk zu kaufen.

Teil 2:

9. Einige Zeit später kommt die **Kundin** wieder in die Buchhandlung und fragt nach dem Verkäufer, der sie damals bedient hatte.
10. Der **Verkäufer** erinnert sich an sie und fragt, ob sie mit dem Lehrwerk zufrieden ist.
11. Die **Kundin** beschwert sich über das Lehrwerk und klagt über Schlafstörungen. Sie nennt verschiedene Mängel und Schwächen des Buches und der Cassetten.
12. Der **Verkäufer** versteht das nicht, weil sich dieses Lehrwerk sehr gut verkauft.
13. Für die **Kundin** ist das kein Argument.
14. Der **Verkäufer** meint, daß es das ideale Lehrbuch für alle Adressaten nicht gibt.
15. Er meint, das Programm kann nicht so schlecht sein, weil sie jetzt schon sehr gut Deutsch spricht.
16. Die **Kundin** verläßt verärgert die Buchhandlung.

 b) Bitte berichten Sie: Charakterisieren Sie die Bücher und Methoden, mit denen Sie in Ihrem Heimatland eine Fremdsprache gelernt haben oder von denen Sie gehört haben. Was hat Ihnen daran gefallen, was nicht so sehr?

10. Einen Brief schreiben

Sie wollen Ihre Sprachausbildung in einer anderen Stadt fortsetzen. Bitte schreiben Sie an einen Freund, der dort gerade einen Deutschkurs besucht. Verwenden Sie dabei die folgenden inhaltlichen Vorgaben:

- Entschuldigen Sie sich, daß Sie so lange nichts von sich haben hören lassen, und geben Sie einen Grund/Gründe dafür an.

- Geben Sie den Grund für Ihren heutigen Brief an: Sie wollen einen Deutschkurs für Fortgeschrittene besuchen. Fragen Sie, welche Möglichkeiten es dort gibt.

- Erkundigen Sie sich auch nach Wohnmöglichkeiten und den Kosten.

- Nennen Sie Wohnwünsche, und fragen Sie, was Sie tun können, um ein Zimmer/eine Wohnung/eine Wohngemeinschaft zu finden.

- Schreiben Sie, daß Sie dankbar für jede Art von Hilfe sind.

- Drücken Sie die Hoffnung aus, daß es Ihrer Freundin/Ihrem Freund gut geht und daß Sie bald wieder etwas von ihr/ihm hören.

11. Eine Postkarte schreiben

Bitte schreiben Sie eine Postkarte an die Zentrale des Goethe-Instituts (Helene-Weber-Allee 1, 80637 München), und bitten Sie um Informationsunterlagen über Deutschkurse für Fortgeschrittene.

1. a) Welches der Bilder auf der Collage-Seite spricht Sie am meisten an? Warum? Berichten Sie von einem lustigen, traurigen, peinlichen, frustrierenden oder einfach interessanten persönlichen Erlebnis zu diesem Bild oder von einer Begebenheit, von der Sie gehört oder gelesen haben. Schreiben Sie zunächst ein paar Stichwörter auf, und berichten Sie im Plenum.

Stichwortzettel

b) Bitte schreiben Sie diese Begebenheit zu Hause auf, und setzen Sie Satzakzente (‗, ‗), Intonationspfeile (↑, ↓, →) und Pausenstriche (|) (s. STUFEN 3, S. 195). Lesen Sie Ihren Text nach Kontrolle durch L zu Hause mehrmals laut (möglichst auf die Übungscassette).
c) Lesen Sie Ihren Text im Plenum vor, oder versuchen Sie, möglichst frei zu berichten.

Textbearbeitung

2. Arbeitsschritte für die Textbearbeitung:

a) fehlerhaften Text durchlesen und Wortschatz klären
b) Fehler markieren und auf einem Blatt verbessern
c) Kontrolle im Plenum
d) Verbesserungen rechts neben dem Text eintragen
(Nach Erarbeiten der Übungen unter dem Text:)
e) verbesserte Version des ganzen Textes schreiben
Achten Sie bei der Neufassung des ganzen Textes besonders auf

das richtige	Tempus,
die richtigen	Positionen im Satz,
die Verwendung	komplexer Sätze,
Variation im	Vorfeld und
die	Anaphorik (Vermeidung von wörtlichen Wiederholungen).

Die farbigen Wortteile oben ergeben hintereinander gelesen
einen Merkspruch, mit dem Sie alle Ihre Textproduktionen
zum Abschluß noch einmal selbst kontrollieren können:

__ __ __ __ __, __ __ __ (m) __ __ __, __ __ (n) __!

1 Berichten, Schreiben, Bearbeiten

f) Kommaregeln: Numerieren Sie alle Kommafehler, und schreiben Sie die entsprechenden Regeln auf:

_____

_____

_____

_____

g) Text:

Ein kleines Erlebnis

Als ich 8 Jahre alt war, besuchte
ich eine Schule, die einen großen
Garten hatte. Wir haben immer ~~an~~ im
dem Garten mit den Pflanzen und
5   den Tieren gespielt. Ein Tag ich
hatte nach der Pause vier oder
fünf Schneken in den Raum mit~~genommen~~ genommen
~~gebracht,~~ und ich habe sie in
meinem Pult versteckt. Eine halbe
10 Stunde später wir machten eine
kleine Prüfung. Während der Prüfung
ich hatte Angst ~~für~~ um meine Schneken;
ich dachte, daß sie nicht genug
Luft hätten. Ich öffnete deshalb
15 ~~vielmal~~ oft meinen Pult um die Schneken
~~zu schauen.~~ anzusehen. Die Lehrerin dachte
natürlich, daß ich mein Buch ~~ansehen~~ nachsehen
wollte. Sie kam zu mir und öffnette
meinen Pult: Was für eine Überraschung!

(Carolina, Studentin aus Spanien)

die Schnecke, -n
das Pult, -e

14

3. Bedeutungsverwandte Verben
Zu Z. 5–8:

> *Ein Tag ich hatte nach der Pause vier oder fünf Schneken*
> *in den Raum mitgebracht.*

Bitte ergänzen Sie mit den Verben vom Rand.

1. S1: _Gib_ mir die Schnecken auch mal! — geben

2. S2: _Nimm_ sie dir doch! — nehmen

3. S1: Woher hast du die denn? → kein Ziel

4. S2: Die hab' ich im Garten gefunden
   und einfach _mitgenommen?_ — mitnehmen

5. S1: _Bring_ sie aber nachher
   gleich wieder in den Garten! — bringen

6. L: Peer und Klaus, könnt ihr mir jetzt
   mal den Projektor _holen_ ? — holen*
   → impression that will bring it to another person
   Und _bringt_ auch gleich den
   Cassettenrecorder _mit_ ! — mitbringen
   → already on the way, had intentions
   (meist für jemanden/
   für einen bestimmten Zweck)
   → ohne ein Ziel

* Statt *holen* benutzt man *abholen*, z. B.,
  — wenn etwas bestellt oder zurückgelegt ist (z. B. Bücher in der Buchhandlung, Postsendungen),
  — wenn etwas in Auftrag gegeben ist (z. B. Schuhe zur Reparatur),
  — wenn man mit einer Person einen Ort verabredet: dort fährt man hin, nimmt die Person mit und fährt dann gemeinsam
    weiter.

4. Bitte ergänzen Sie mit den passenden Verben aus Übung 3.

(Die Lehrerin bittet ihre Schüler/innen um verschiedene Dinge:)

1. Steffi, kannst du die Liste mal ins Sekretariat _bringen_ ? 2. Und laß dir von
der Sekretärin einen roten Folienstift _geben_ ! 3. Peter und Klaus,
holt mal den Projektor aus dem Medienraum! Moment, wir brauchen
nachher noch den Cassettenrecorder, den könnt ihr gleich _mitbringen_ .
4. Und die anderen _nehmen_ jetzt mal ihre Folien und Folienstifte heraus!
5. Ich hoffe, ihr habt sie alle für heute _mitgebracht_ . 6. *(Am Ende des*
Unterrichts:) Olaf und Jan, _bringt_ ihr bitte den Projektor wieder in den
Medienraum? Und könnt ihr auch den Cassettenrecorder _mitnehmen_ ?
7. Übrigens, ihr könnt jetzt die Bücher in der Buchhandlung Schmidt _abholen_ .
8. Am Montag müßt ihr sie auf jeden Fall zum Unterricht _mitbringen_ !

5. Wortfeld *sehen*

Zu Z. 14—16:

> *Ich öffnete deshalb vielmal mein Pult um die Schneken zu schauen.*

a) Übersicht

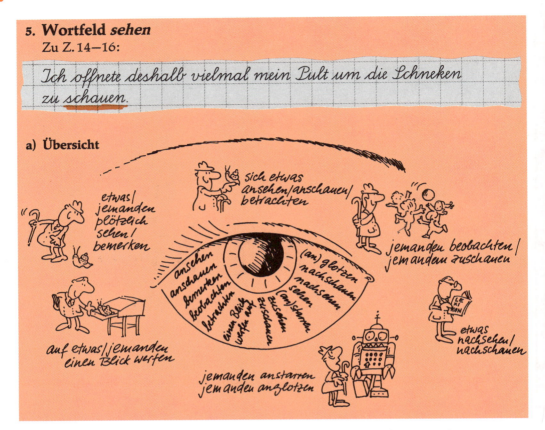

* *gucken* wird häufig in der gesprochenen Sprache benutzt. Es hat praktisch die gleiche Bedeutung wie *sehen*.

b) Bitte ergänzen Sie mit den passenden Verben aus der Grafik oben:

1. Wir hatten Pause, und ich spielte in unserem Schulgarten, da ___sah___ ich plötzlich vor mir auf dem Weg zwei Schnecken. 2. Ich ___beobachtete___ sie eine Weile, wie sie sich langsam fortbewegten. 3. Schließlich nahm ich sie in die Hand, weil ich sie mir genauer ___ansehen___ wollte. 4. Sie waren feucht und rot und hatten schwarze Augen, die ins Leere ___glotzten___. 5. Da klingelte es. Die Pause war zu Ende. Deshalb nahm ich die beiden Schnecken mit in das Klassenzimmer und versteckte sie in meinem Pult. 6. Während des Unterrichts ___warf___ ich hin und wieder ___einen Blick___ auf meine Schnecken, weil ich ___nachsehen___ wollte, ob sie noch lebten. 7. Als wir dann einen kurzen Test schrieben, ___schaute___ ich zwischendurch auch ein paarmal in mein Pult. 8. Die Lehrerin ___bemerkte___ das natürlich und dachte, daß ich in einem Buch etwas ___nachschauen___ wollte.

9. Sie hatte mich anscheinend eine ganze Weile _beobachtet_ und kam schließlich zu mir, um _nachzusehen_, warum ich immer in mein Pult hinein _schaute_. 10. Sie öffnete es und _starrte_ ungläubig auf die beiden Schnecken. Das hatte sie nicht erwartet. 11. Sie sagte nichts und _schaute_ mich nur verständnislos _an_. Nach dem Test mußte ich die Schnecken gleich wieder in den Garten bringen.

6. Bitte ergänzen Sie in dem folgenden Text die fehlende Hälfte der angefangenen Wörter. (Wenn ein Wort z. B. drei Buchstaben hat, fehlen zwei!)

1. Mir is_t_ in d_er_ Schule m_al_ was se_hr_ Komisches pass_iert_. 2. I_ch_ glaub', d_as_ war i_n_ der zwe_iten_ Klasse, od_er_ so. 3. Wir hat_ten_ hinter uns_erer_ Schule s_o_ 'nen Gar_ten_, und d_a_ haben w_ir_ oft i_n_ der Pau_se_ gespielt. 4. Ein_mal_ hab' i_ch_ da e_in_ paar Schn_ecken_ entdeckt, u_nd_ als d_ie_ Pause da_nn_ rum w_ar_, hab' i_ch_ sie ein_fach_ in d_em_ Klassenzimmer mitge_nommen_ und i_n_ meinem Pu_lt_ versteckt. 5. I_m_ folgenden Unter_richt_ hab' i_ch_ dann natür_lich_ dauernd a_n_ meine Schn_ecken_ gedacht u_nd_ als w_ir_ dann ei_nen_ kurzen Te_st_ geschrieben ha_ben_, hab' i_ch_ zwischendurch im_mer_ mal i_n_ mein Pu_lt_ reingesehen. 6. I_ch_ wollte nach_sehen_, ob me_ine_ Schn_ecken_ noch a_m_ Leben wa_ren_. 7. Natür_lich_ hat d_ie_ Lehrerin d_as_ bemerkt, u_nd_ wahrscheinlich h_at_ sie ged_acht_, daß i_ch_ was i_m_ Buch nach_schauen_ wollte. 8. Schlie_ßlich_ ist s_ie_ an me_in_ Pult geko_mmen_, und w_as_ meint i_hr_, was d_ie_ für Au_gen_ gemacht h_at_, als s_ie_ gesehen h_at_, was d_a_ drin w_ar_.

7. Bitte lesen Sie noch einmal die ergänzten Texte unter Übung 5. und 6. durch.

Welcher von beiden ist der schriftliche Erlebnisbericht, und welcher ist die Transkription eines mündlichen Erlebnisberichts? Begründen Sie Ihre Meinung, und nennen Sie einige Kriterien, die für schriftliche bzw. für mündliche Texte charakteristisch sind.

mündlich	schriftlich

8. Bitte geben Sie Ihren eigenen (schriftlichen) Erlebnisbericht (s. 1.b) mündlich wieder, sprechen Sie ihn auf Ihre Übungscassette, und tragen Sie ihn frei im Plenum vor.

(Bitte wählen Sie eine der drei folgenden Aufgaben.)

 1. Bildgeschichte

 Bitte sammeln Sie Wörter und Wendungen zu diesen Zeichnungen. Suchen Sie dann eine Überschrift, und erzählen Sie, was hier passiert ist, und zwar entweder in der *er*-Form oder in der *ich*-Form, so als ob es Ihnen selbst passiert wäre.

Beispiel:

er-Form	*ich*-Form
Es passierte bei der letzten Klassenarbeit...	*Also bei der letzten Klassenarbeit, da stand...*

1

2

3

2. Wörtergeschichte

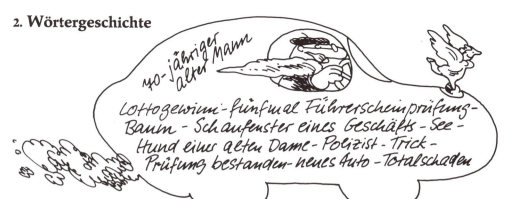

40-jähriger alter Mann

Lottogewinn – fünfmal Führerscheinprüfung – Baum – Schaufenster eines Geschäfts – See – Hund einer alten Dame – Polizist – Trick – Prüfung bestanden – neues Auto – Totalschaden

Bitte erzählen Sie aus den Stichwörtern oben eine Geschichte.

3. Fotogeschichte

a) **Was fällt Ihnen an diesem Foto besonders auf?**

b) **Bitte erzählen Sie eine Geschichte dazu.**

c) **Rollenspiel: Gespräch zwischen einem Interviewer und einer Person auf dem Foto.**

Diskussion

1. Diskussionsformeln

Bitte ergänzen Sie weitere Formulierungen für die folgenden Redeabsichten:

a) Eigene Meinung ausdrücken

> *Ich glaube /*
> *Ich bin der Meinung /*

b) Zustimmen

> *Eben! / Richtig! / Genau! / Ganz recht!*
> *Das finde ich auch.*
> *Das stimmt.*

c) Eingeschränktes Zustimmen

> *Das kann ja sein, aber es kommt immer darauf an, ob ...*
> *Da bin ich nicht so sicher. Ich könnte mir denken, daß ...*
> *Im Grunde scheint mir das zwar unmöglich, aber ...*

d) Widersprechen

> *Das finde ich nicht.*
> *Da bin ich anderer Meinung.*
> *So kann man das nicht sagen.*

2. Diskussionsorganisation

Diskussionsleiterformeln:

a) **Diskussion eröffnen**
   — Wir wollen heute über die Frage diskutieren, ob ...
   — Heute geht es um die Frage, ob ...
   — Unser Thema ist/heißt heute: ...
   — Das Thema unserer Diskussion ist ...

b) **Zu weiteren Äußerungen ermuntern**
   — Wer möchte/kann dazu etwas sagen?
   — Wollte noch jemand etwas dazu/zu diesem Punkt sagen?
   — Seid ihr alle der Ansicht, daß ...
   — Wärt ihr alle (damit) einverstanden, wenn ...
   — Findet/Glaubt ihr auch alle, daß ...
   — Ist es eurer Meinung nach richtig, wenn/daß ...

c) Diskussionsordnung einhalten
- Moment, bitte einer nach dem anderen!
      bitte nicht alle auf einmal/alle durcheinander!
- Wenn alle gleichzeitig sprechen, versteht man gar nichts.
- Versucht doch bitte, nicht dazwischenzureden.
- Also jetzt zuerst A, dann B und danach C.
- Könnt ihr euch möglichst kurz fassen?
- Ich finde, wir sollten sachlich bleiben.

d) Diskussionsbeiträge hervorheben
- Das ist meiner Meinung nach ein sehr wichtiger Punkt/Aspekt.
- Das scheint mir sehr wichtig zu sein. Genau darum geht es.
- Genau das ist der springende Punkt.

e) Diskussionsende einleiten
- Ich glaube, wir sollten dann langsam zum Ende kommen.
- Ich meine, wir sollten dann langsam unsere Diskussion abschließen.
- Ich fürchte, wir haben nicht mehr genug Zeit ...
- Damit wollen wir für heute die Diskussion beenden.

3. Diskussionsthema

SCHULE OHNE NOTEN KANN ES NICHT GEBEN!

Argumente pro:	**Argumente contra:**

Argumente pro:

Noten sind gute Information über Leistung.

Noten sind objektiv.

Leistungskontrolle ist gute Vorbereitung auf Berufsleben.

Noten können motivieren.

Noten sind gutes Mittel gegen Faulheit.

Noten fördern gesundes Wettbewerbsdenken.

usw.

Argumente contra:

Noten sind Druckmittel.

Noten sind oft nicht objektiv.

Noten messen nicht subjektive Leistungssteigerung.

Noten bewirken oft Frustration.

Noten sind für Eltern oft wichtiger als für Kinder.

Durch Noten entstehen Egoismus und Mangel an Solidarität.

„Machen Sie mal die Hand auf!"

4. Weitere Diskussionsthemen:

Bitte sammeln Sie zu den folgenden Diskussionsthemen zunächst Pro- und Contra-Argumente. Diskutieren Sie dann anhand dieser Argumente in Partnerarbeit, und verwenden Sie dabei die unter 1. angegebenen Diskussionsformeln. Bestimmen Sie anschließend einen Diskussionsleiter, und führen Sie die Diskussion noch einmal im Plenum. Verwenden Sie dabei die Formeln unter 1. und 2.

Sollte man im Unterricht Partner- und Gruppenarbeit einsetzen?

Sollte L die S bei Fehlern immer sofort verbessern?

Ist Mogeln bei Prüfungen akzeptabel?

Ist Intelligenz abhängig vom Erbgut oder von der familiären und kulturellen Umgebung eines Menschen?

Würden Sie es für gut halten, wenn alle Menschen ihren Intelligenz-Quotienten (IQ) wüßten?

5. Wie denkt man in Ihrem Heimatland über die obigen Diskussionsthemen? Bitte berichten Sie.

6. Bitte schreiben Sie einen Kommentar (d. h. Ihre eigene Meinung) zu einem im Plenum besprochenen Diskussionsthema.

7. Informationstext:

Bitte beschreiben Sie das Bildungssystem in Ihrem Heimatland. Führen Sie positive wie negative Seiten auf, und machen Sie Vorschläge, wie man Ihrer Meinung nach etwas verbessern könnte. Tragen Sie Ihren Bericht nach Kontrolle durch L möglichst frei im Plenum vor. (ca. 150 Wörter)

Plusquamperfekt

1.a) Bitte lesen Sie:

Iliana schreibt über ein Erlebnis aus ihrer „high-school"-Zeit:

1. Ich war sehr müde, weil ich fast die ganze Nacht an einem Referat <u>gearbeitet hatte</u>.
2. Nachdem ich schließlich den letzten Satz <u>hingeschrieben hatte</u>, wollte ich erleichtert ins Bett gehen und noch zwei bis drei Stunden schlafen. 3. Aber als ich schon fast <u>eingeschlafen war</u>, erinnerte ich mich plötzlich, daß ich ganz <u>vergessen hatte</u>, mich auf den Englisch-Test am nächsten Tag vorzubereiten. ...

b) Bitte unterstreichen Sie die Plusquamperfektformen der Verben in a).

2. Funktion und Form: Häufigste Zeitenfolge bei Vorzeitigkeit

a) Bitte ergänzen Sie die Plusquamperfektformen in der folgenden Übersicht:

1. Weil Iliana die ganze Nacht	gearbeitet	hat	,	ist sie müde.
		Perfekt →		**Präsens**
2. Weil Iliana die ganze Nacht	gearbeitet	hatte	,	
Weil sie zu spät ins Bett	gegangen	war	,	war sie müde.
Weil sie nicht genug hatte	schlafen	können*	,	ist sie müde gewesen.
		Plusquamperfekt →		**Präteritum/Perfekt****

3. Sie war müde/Sie ist müde gewesen,	weil sie die ganze Nacht gearbeitet hatte.

 * Wenn die Modalverben in einem Nebensatz im Perfekt oder Plusquamperfekt stehen, dann muß V_1 (das flektierte Verb) vor V_2 (den unflektierten Verben) stehen.

** In der gesprochenen Sprache wird besonders beim informellen Berichten und Erzählen meist das Perfekt als 'Erzähltempus' benutzt.

b) Bildung und Verwendung des Plusquamperfekts

Man bildet das Plusquamperfekt aus dem Präteritum von
___haben / sein___ + ___Partizip Perfekt___ .
Das Plusquamperfekt mit Modalverben bildet man aus dem Präteritum von
___haben___ + ___Infinitiv___ .

> Bei zwei Ereignissen in der Vergangenheit verwendet man für das **zeitlich frühere** das **Plusquamperfekt**.

23

3. Fortsetzung von Ilianas Bericht in 1. a)

a) Bitte ergänzen Sie die Verbformen im Präteritum oder im Plusquamperfekt:

(Bitte beachten Sie: Es sind immer zwei Linien vorgegeben. Beim Präteritum bleibt dann eine frei (vgl. Satz 1)).

1. Todmüde _ging_ ich an meinen Schreibtisch zurück _____. (gehen)

2. Als ich da etwa eine halbe Stunde _gesessen_ _hatte_, (sitzen)
   merkte ich plötzlich _____, daß ich so gut wie (merken)
   nichts von dem Gelesenen _behalten_ _hatte_. (behalten)

3. Deshalb _ging_ ich schließlich doch ins Bett (gehen)
   _____, um noch etwas zu schlafen.

4. Weil ich mich so schlecht _vorbereitet_ _hatte_, (vorbereiten)
   schrieb ich am nächsten Tag einen miserablen Test (schreiben)
   _____.

5. Müde und deprimiert _kam_ ich an diesem Tag wie immer (kommen)
   nachmittags um vier nach Hause _____.

6. Ich _wollte_ nur noch schlafen _____. (wollen)

7. Aber da _war_ noch ein letzter Test in Mathematik (sein)
   _____, den ich möglichst gut _mußte_ machen (müssen)
   _____.

8. Also _setzte_ ich mich wieder hin _____ und (setzten)
   versuchte _____ zu lernen. (versuchen)

9. Weil ich aber fast die ganze vorangegangene Nacht nicht (schlafen)
   geschlafen _hatte_, _konnte_ ich mich (können)
   überhaupt nicht konzentrieren _____.

10. Ich _beschloß_ deshalb _____, gleich ins Bett zu gehen (beschließen)
    und am nächsten Tag früh aufzustehen.

11. Ich _stellte_ mir den Wecker auf 5 Uhr _____. (stellen)

12. Als ich _aufwachte_ _____, _war_ es schon 7 Uhr (aufwachen)
    _____, und um kurz nach halb 8 _fuhr_ mein Bus (sein)
    _____. (fahren)

13. Da _hatte_ der Wecker mal wieder nicht _geklingelt_, (klingeln)
    oder ich _hatte_ ihn nicht _gehört_. (hören)

14. Nachdem* ich hastig _geduscht_ und etwas (duschen)
    gegessen _hatte_, _rannte_ (essen)
    ich zur Haltestelle _____. (rennen)

* *nachdem* signalisiert immer Vorzeitigkeit.

24

15. Als ich etwa fünf Minuten _gewartet_ _hatte_, (warten)

wurde ich langsam unruhig _✗_. (werden)

16. Ob ich den Bus _verpaßt_ _hatte_? (verpassen)

17. Es _schien_ so _✗_, denn außer mir _stand_ (scheinen)

niemand an der Haltestelle _✗_. (stehen)

18. Total frustriert _ging_ ich nach Hause _✗_. (gehen)

19. Vielleicht _konnte_ mich meine Mutter ausnahmsweise zur (können)

Schule fahren _✗_.

20. Als ich zu Hause _ankam_ _✗_, _wollte_ (ankommen)

meine Mutter wissen _✗_, wo ich _gewesen_ _war_. (wollen, sein)

21. „An der Haltestelle", _antwortete_ ich kleinlaut _✗_. (antworten)

22. Da _lachte_ meine Mutter _✗_ und (lachen)

zeigte auf die Küchenuhr _✗_. (zeigen)

23. Es _war_ 8 Uhr _✗_, aber 8 Uhr abends! (sein)

24. Da _war_ ich überrascht und sehr erleichtert _✗_. (sein)

**b) Bitte rekonstruieren Sie den Text unter 1. a) und 3. a) anhand der folgenden Stich-
wörter zunächst schriftlich. Achten Sie auf die richtige Zeitenfolge, und variieren Sie
die Satzanschlüsse.**

1. Iliana müde — fast ganze Nacht an Referat gearbeitet
2. Nach letztem Satz — ins Bett
3. Fast eingeschlafen — erinnert sich — vergessen — Englischtest vorzubereiten
4. An Schreibtisch zurück — merkt plötzlich — nichts von dem Gelesenen behalten
5. Deshalb wieder ins Bett — noch etwas schlafen
6. Schlechte Vorbereitung — schlechter Test am nächsten Tag
7. Nachmittags müde nach Haus — nur schlafen!
8. Aber noch Mathematiktest — möglichst gut machen
9. Wieder an Schreibtisch — Versuch zu lernen
10. Vergangene Nacht fast kein Schlaf — keine Konzentration
11. Beschluß: gleich ins Bett — am nächsten Morgen früh aufstehen
12. Wacht auf — 7 Uhr — Bus halb acht
13. Wecker nicht geklingelt oder nicht gehört?
14. Nach Dusche und Frühstück zur Haltestelle.
15. Wartet 5 Minuten — wird unruhig
16. Bus verpaßt? — Möglich — niemand sonst an Haltestelle
17. Frustriert nach Haus
18. Mutter zur Schule fahren?
19. Zu Haus — Mutter will wissen — wo gewesen
20. Haltestelle
21. Mutter lacht über Antwort — zeigt auf Uhr — 8 Uhr abends
22. Überraschung — Erleichterung

**c) Erzählen Sie den Text anhand der Stichwörter oben noch einmal im Plenum
(Pro S eine Zeile).**

4.a) Bitte lesen und ergänzen Sie:

Peter **wird geboren**. Seine Eltern **freuen** sich.

Ich werde PASSIV genannt. Mich interessiert, was hier gemacht wird.

Man nennt mich AKTIV. Mich interessiert, wer etwas macht.

	1.–3. Monat	
Peter _____ _____.	1.	Die Mutter **füttert** Peter.
Er _____ _____.	2.	Sie **wickelt** ihn.
Er _____.	3.	Sie trägt ihn **herum**.
Er _____.	4.	Der Vater **badet** ihn.
	5.	Peter **schläft** meist.
	9. Monat	
	6.	Er **lernt laufen**.
	3. Jahr	
	7.	Er **geht** in den Kindergarten.

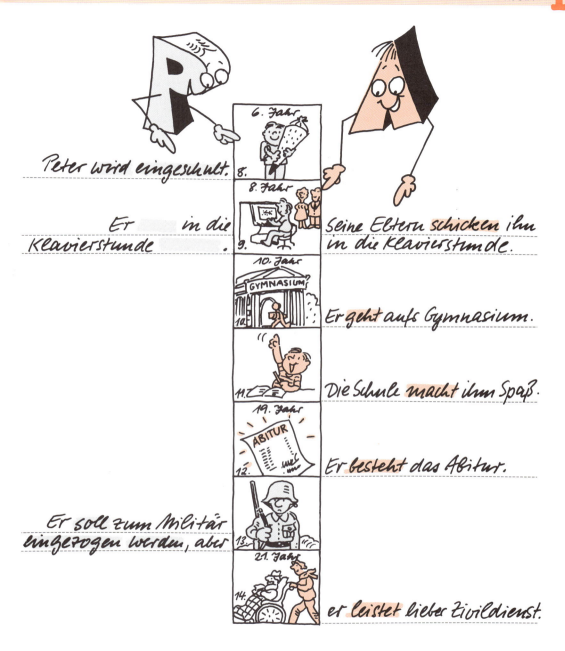

Peter wird eingeschult.

Er ____ in die Klavierstunde ____ .

Seine Eltern **schicken** ihm in die Klavierstunde.

Er **geht** aufs Gymnasium.

Die Schule **macht** ihm Spaß.

Er **besteht** das Abitur.

Er soll zum Militär eingezogen werden, aber

er **leistet** lieber Zivildienst.

b) Bitte verdecken Sie die Sätze rechts und links, und beschreiben Sie die Bilder noch einmal. Benutzen Sie das Passiv, wo es Ihnen nötig oder sinnvoll erscheint. Decken Sie den Text dann auf, und vergleichen Sie.

27

c)

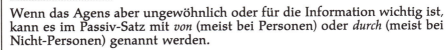

Im **Aktiv** interessiert das Agens (meistens eine handelnde Person):

Wer macht etwas?

Im **Passiv** interessiert nicht das Agens, sondern die Person oder Nicht-Person, mit der etwas geschieht:

Was geschieht?

Wenn das Agens aber ungewöhnlich oder für die Information wichtig ist, kann es im Passiv-Satz mit *von* (meist bei Personen) oder *durch* (meist bei Nicht-Personen) genannt werden.

Peter ist vom Chefarzt operiert worden.
Unser Haus ist durch einen Sturm beschädigt worden.

In den meisten Passiv-Sätzen wird das Agens nicht genannt.

5. a) Nach dem Zivildienst war Peter frei. Aber nicht lange, denn als er eines Abends vom Training nach Hause radelte, **wurde** er auf der Straße **angefahren** und **mußte operiert werden.**

Bitte ergänzen Sie die folgende Übersicht:

	werden-Passiv	*werden*-Passiv mit Modalverben
Präsens	Er *wird* auf der Straße angefahren.	Er *muß* operiert werden.
Präteritum	Er ___ auf der Straße angefahren.	Er ___ operiert werden.
Perfekt	Er ___ auf der Straße angefahren ___.	(Er ___ operiert werden ___.)*
Plusquam-perfekt	Er ___ auf der Straße angefahren ___.	Er ___ operiert werden ___.

* Das Perfekt der Modalverben wird selten gebraucht (statt dessen: Präteritum).

 b) Bitte erzählen Sie einem Freund anhand der folgenden Stichwörter, was mit Peter passiert ist. Benutzen Sie zunächst das Perfekt ohne Modalverben (im Aktiv oder Passiv) und ab Satz 8 mit Modalverben:

1. Freitagabend — Peter — LKW — angefahren. 2. am Bein verletzt. 3. Krankenwagen rufen. 4. Polizei informieren. 5. LKW-Fahrer offensichtlich betrunken. 6. Alkoholtest — bei ihm — durchführen. 7. ihm — Führerschein — abnehmen. 8. Peter — einliefern in — Krankenhaus. 9. Zuerst — untersuchen. 10. Dann — röntgen. 11. Aber — erst Montagvormittag — operieren. 12. Wahrscheinlich — in zwei Wochen — entlassen.

Stell dir vor, der Peter ist Freitagabend ...

c) Bitte schreiben Sie aus einem Teil der Stichwörter in b) einen kurzen Bericht für die Zeitung. Benutzen Sie dabei das Präteritum (Aktiv oder Passiv).

d) Bitte lesen Sie im Lokalteil Ihrer Tageszeitung die Rubrik „Aus dem Polizeibericht". Fassen Sie eine Meldung schriftlich zusammen, und berichten Sie in der Gruppe darüber.

e) Hatten Sie, ein Mitglied Ihrer Familie oder ein(e) Freund(in) schon einmal einen Unfall? Berichten Sie, was da passiert ist.

f)

Es gibt auch Passivsätze ohne E_N bzw. mit *es.* Z. B.:				
Heute	*wird*		*nicht*	*operiert.*
(Es	*wird*	*heute*	*nicht*	*operiert.)*
Den Patienten	*kann*		*nicht sofort*	*geholfen werden.*
(Es	*kann*	*den Patienten*	*nicht sofort*	*geholfen werden.)*
Es	*darf*		*nicht*	*fotografiert werden.*

g) Bitte schreiben Sie einen kurzen Lebenslauf (im Präteritum Aktiv oder Passiv) ähnlich wie in Übung 4. Nennen Sie aber nur die wichtigsten Ereignisse.

6. a) **Leben lernen**

1. Kinder müssen konsequent ___*erzogen*___ ___*werden*___ . (erziehen)

2. Kindern muß Disziplin und Ordnung ___ ___ . (beibringen)

3. Kinder müssen an Pünktlichkeit ___ ___ . (gewöhnen)

4. Es muß rechtzeitig mit der Erziehung zur Sauberkeit ___ ___ . (beginnen)

5. Kinder müssen zu Rücksichtnahme und Höflichkeit ___ ___ . (anhalten)

6. Kinder müssen für Ungehorsam ___ ___ . (bestrafen)

7. Kinder müssen hin und wieder ___ ___ . (schlagen)

8. Kinder dürfen nur mit Liebe und Geduld ___ ___ . (behandeln)

b) Sind Sie mit allen Aussagen in a) einverstanden?
(Mit welchen nicht?) Begründen Sie Ihre Meinung.

c) Was ist Ihrer Meinung nach bei der Kindererziehung am wichtigsten? Numerieren Sie die Sätze in a) entsprechend neu, und begründen Sie Ihre Entscheidung.

d) Wie wurden Sie als Kind erzogen? Sollen Ihre eigenen Kinder später einmal genau-so erzogen werden? Warum (nicht)?

e) Was halten Sie von dem folgenden Liedtext von Herbert Grönemeyer, einem deut-schen Liedermacher?

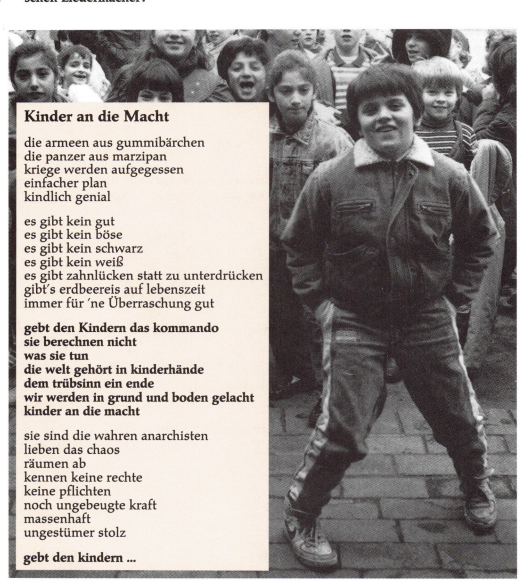

Kinder an die Macht

die armeen aus gummibärchen
die panzer aus marzipan
kriege werden aufgegessen
einfacher plan
kindlich genial

es gibt kein gut
es gibt kein böse
es gibt kein schwarz
es gibt kein weiß
es gibt zahnlücken statt zu unterdrücken
gibt's erdbeereis auf lebenszeit
immer für 'ne Überraschung gut

gebt den Kindern das kommando
sie berechnen nicht
was sie tun
die welt gehört in kinderhände
dem trübsinn ein ende
wir werden in grund und boden gelacht
kinder an die macht

sie sind die wahren anarchisten
lieben das chaos
räumen ab
kennen keine rechte
keine pflichten
noch ungebeugte kraft
massenhaft
ungestümer stolz

gebt den kindern ...

7. a)

Fußballspielen nicht erlaubt

Das Spielen der Kinder und Einstellen von Fahrrädern im Treppenhaus **ist untersagt!**
Der Eigentümer

Grünfläche darf als Spielplatz nicht benutzt werden. Zuwiderhandlungen werden geahndet.
· Bergbau-Museum ·

Kein öffentlicher Spielplatz
Stadtschulamt

Kindern ist der Aufenthalt im Hof nicht gestattet.
lt. Polizei-Vorschrift

Privatgrundstück! K e i n Kinderspielplatz

Spielen der Kinder auf dem Hof verboten!

Unbefugter Aufenthalt auf dem Kirchengelände, besonders Ballspielen und Radfahren, sind **strengstens untersagt!**
Der Kirchenvorstand

Das Spielen der Kinder im Garagenhof ist polizeilich untersagt Im Übertretungsfall haften die Eltern für ihre Kinder
Der Eigentümer

Ballspielen und Rollschuhlaufen ist streng untersagt
G S W

b) Was darf wo nicht gemacht werden?

c) Bitte suchen Sie weitere Hinweis-, Gebots- oder Verbotsschilder. Fotografieren, zeichnen oder schreiben Sie sie ab, und sagen Sie, was da jeweils gemacht werden kann/soll bzw. nicht gemacht werden darf.

d) Malen Sie einige Schilder aus einer kinderfreundlichen Welt, in der für Kinder vieles erlaubt ist und die Verbote für Erwachsene gelten.

e)

Wann benutzt man das Passiv?
— Wenn das Agens nicht interessiert, selbstverständlich, unwichtig oder bekannt ist.
— Wenn das Agens aus ganz bestimmten Gründen nicht genannt werden soll.
— Wenn allgemeine Aussagen, Forderungen, Verbote, Fragen usw. formuliert werden, z. B.:

Kinder werden normalerweise mit 6 Jahren eingeschult.
Eine Klasse darf nur einmal wiederholt werden.
Was muß als nächstes gemacht werden?

Man findet Passivkonstruktionen oft in Zeitungstexten, wissenschaftlichen Texten, Geschichtstexten, Gesetzestexten, Vorschriften, Anweisungen, Regeln usw.

Konjunktiv II

8. Konjunktiv II zum Ausdruck von irrealen Sachverhalten in Gegenwart oder Zukunft.

a) Bitte lesen Sie sich den folgenden Text zunächst einmal durch.

Bertolt Brecht: Wenn die Haifische Menschen wären

„Wenn die Haifische Menschen wären", fragte Herrn K. die kleine Tochter seiner Wirtin, „wären sie dann netter zu den kleinen Fischen?" „Sicher", sagte er. „Wenn die Haifische Menschen wären, würden sie im Meer für die kleinen Fische gewaltige Kästen bauen

5 lassen, mit allerhand Nahrung drin, sowohl Pflanzen als auch Tierzeug. Sie würden sorgen, daß die Kästen immer frisches

10 Wasser hätten, und sie würden überhaupt allerhand sanitäre Maßnahmen treffen. Wenn zum Beispiel ein Fischlein sich

15 die Flosse verletzen würde, dann würde ihm gleich ein Verband gemacht, damit es den Haifischen nicht wegstürbe* vor der Zeit. Damit die Fischlein nicht trübsinnig würden, gäbe es ab und zu große Wasserfeste; denn lustige Fischlein schmecken besser als trübsinnige ...

---

* literarisch bzw. veraltet, s. auch Hinweis unter 9. b)

b) Bitte unterstreichen Sie die Konjunktiv II-Formen in a).

Was drückt der Konjunktiv II hier aus? _____

c) Bitte kreuzen Sie an:
   Liegen die irrealen Vorstellungen über die Haifische
   — in der Gegenwart oder Zukunft?
   — in der Vergangenheit?

9. Formen des Konjunktiv II (Gegenwart/Zukunft)
a) Bitte ergänzen Sie die folgende Übersicht:

	sein	haben	dürfen	können	müssen	wollen	sollen
ich	wär *e*	hätt *e*	*dürft e*	*könnt e*	*müßt e*	*wollt e*	*sollt e*
du	wär *est*	hätt					
er/es/sie	wär *e*	hätt					
wir	wär *en*	hätt					
ihr	wär *et*	hätt					
sie	wär *en*	hätt					
						Kein Umlaut	Kein Umlaut

b) Bildung des Konjunktiv II (Gegenwart/Zukunft)

> *sein, haben* und die Modalverben bilden den Konkjunktiv II mit
>
> | **Präteritumstamm (+ Umlaut) + Konjunktivendung** |
> | --- |
>
> Ebenso einige häufig verwendete unregelmäßige Verben (z. B.: *ich käme, gäbe, ginge, wüßte, täte, fände ...*)
>
> Auch in der Literatur findet man noch Konjunktiv II-Formen aus dem Präteritumstamm, die in der gesprochenen Sprache nicht mehr üblich sind.
>
> Alle anderen Verben bilden den Konjunktiv II (Gegenwart/Zukunft) meist mit
>
> | **würde- + Infinitiv** |
> | --- |

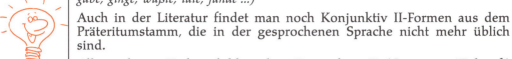

c) Bitte ergänzen Sie die Endungen: ich würd__*e*__ ... lernen/fliegen/bringen

du würd_____

er würd_____

wir würd_____

ihr würd_____

sie würd_____

10. Bitte lesen Sie noch einmal den Text unter 8. a), und ergänzen Sie dann die folgenden Sätze:

1. Die Haifische sind natürlich keine Menschen, deshalb sind sie auch nicht nett zu den kleinen Fischen. Aber wenn sie Menschen _____, dann _____

_____.

2. Weil die Haifische keine Menschen sind, lassen sie auch im Meer keine gewaltigen Kästen für die kleinen Fische bauen. Aber wenn die Haifische Menschen _____,

dann _____.

3. Die Haifische sorgen natürlich auch nicht dafür, daß die kleinen Fische immer frisches Wasser haben, und sie treffen auch keinerlei sanitäre Maßnahmen für sie. Aber wenn die Haifische Menschen _____, _____

_____

_____

_____.

4. Die Haifische machen einem kleinen Fischlein nicht gleich einen Verband, wenn es sich die Flosse verletzt. Aber wenn die Haifische Menschen _____ , _____

_____

_____ .

5. Bei den Haifischen gibt es auch keine großen Wasserfeste, damit die kleinen Fischlein nicht trübsinnig werden. Aber wenn die Haifische Menschen _____ ,

_____

_____ .

11. a) Was würden Sie verändern, wenn Sie in Ihrem Heimatland die Macht hätten? Was würden Sie abschaffen / einführen / erhöhen / reduzieren / verbieten / erlauben / verbessern / erleichtern / erschweren ...? Warum?

b) Was würden Sie gern hier im Kursort verändern, wenn Sie könnten?

> revolutionär
>
> wenn man mich ließe
> wenn ich dürfte
> wenn ich könnte
> wenn ich wirklich wollte
> dann hätte ich
> *Günter Müller*

12. Irrealer oder realer Konditionalsatz?

a) *Wenn ich Kaiser von Deutschland **wäre**, dann **würde** ich ...*

b) *Wenn ich meine Ausbildung abgeschlossen **habe**, dann **will** ich ...*

Ob man den Konjunktiv II (Satz a) oder den Indikativ (Satz b) benutzt, hängt davon ab, wie real (bzw. möglich) oder wie irreal (bzw. unmöglich) der Inhalt für den Sprecher ist.

13. Konjunktiv II Passiv (Gegenwart/Zukunft)

a) Wenn die Haifische Menschen wären (Fortsetzung von 8. a)

20 Es gäbe natürlich auch Schulen in den großen Kästen. In diesen Schulen würden die Fischlein lernen, wie man in den Rachen der Haifische schwimmt. Sie würden zum Beispiel Geographie brauchen, damit sie die großen Haifische, die faul irgendwo liegen, finden könnten. Die Hauptsache wäre natürlich die moralische Ausbildung der Fischlein. Sie würden unterrichtet werden, daß es das Größte
25 und Schönste sei*, wenn ein Fischlein sich freudig aufopfert, und daß sie alle an die Haifische glauben müßten, vor allem, wenn sie sagten**, sie würden für eine schöne Zukunft sorgen. Man würde den Fischlein beibringen, daß diese Zukunft nur gesichert sei*, wenn sie Gehorsam lernten**...

* *sei* ist Konjunktiv I (= indirekte Rede)
** Schwache Verben wie *sagten* und *lernten* können der Form nach sowohl Präteritum Indikativ als auch Konjunktiv II sein (vgl. 9. b). Diese zweideutigen Formen kann man in ihrer konjunktivischen Bedeutung nur dann benutzen,
   – wenn keine Mißverständnisse möglich sind, d. h., wenn aus dem Kontext klar hervorgeht, daß die konjunktivische Bedeutung gemeint ist,
   – wenn man aus stilistischen Gründen eine (häufige) Wiederholung von *würde* vermeiden will. Dies betrifft überwiegend die Schriftsprache.

Bildung des Konjunktiv II Passiv (Gegenwart/Zukunft)

Indikativ Präsens Passiv:	
Die Fischlein werden unterrichtet.	Sie müssen unterrichtet werden.
Konjunktiv II: ↓	↓
Die Fischlein **würden unterrichtet werden***.	Sie **müßten unterrichtet werden.**
* In der Umgangssprache oft ohne *werden*.	

b) Konjunktiv II zur Betonung der Subjektivität einer Meinung/einer Vermutung

In welchen Fächern würden die Fischlein wohl sonst noch unterrichtet werden und warum? Was meinen Sie?

1. Ich _____ mir vorstellen, daß die Fischlein auch   (können)

   im Sport _____ (_____)   (unterrichtet

   _____, weil ...   werden)

2. Vielleicht _____die Fischlein auch etwas über   (lernen müssen)

   Kosmetik _____, weil ...

3. Es _____ auch möglich, daß den Fischlein das Malen   (sein)

   _____ (_____) _____, weil ...   (beigebracht werden)

4. Wahrscheinlich _____ den Fischlein auch   (angeboten

   Musikunterricht _____ (_____), weil ...   werden)

5. Für die Haifische _____ es sicher auch nützlich,   (sein)

   wenn mit den Fischlein über Hygiene und Sauberkeit   (gesprochen

   _____ (_____) _____, weil ...   werden)

c) Stellen Sie weitere Vermutungen an:

— Wie wäre Ihrer Meinung nach die Beziehung zwischen Haifischlehrern und kleinen Fischlein wirklich?

— Was würde passieren, wenn die Haifische mit einem Fischlein im Unterricht nicht zufrieden wären?

14. Konjunktiv II zum Ausdruck von besonderer Höflichkeit
   (Vgl. STUFEN 3, S. 124—127)

   Wenn die kleinen Fischlein mit ihren Haifischlehrern sprechen würden, müßten sie wahrscheinlich immer besonders höflich sein. Sie dürften z. B. nicht sagen oder fragen:

1. Ich habe eine Frage.

   sondern: *Entschuldigen Sie bitte, ich hätte eine Frage.* _____

2. Erklären Sie mir das bitte noch einmal!

   _____

3. Darf ich Sie in der Pause kurz stören?

   _____

4. Kann ich Sie nach dem Unterricht einmal sprechen?

_____

5. Helfen Sie mir hier einmal!

_____

6. Ist es möglich, den Test nächste Woche zu schreiben?

_____

15. a) Konjunktiv II zum Ausdruck von irrealen Sachverhalten in der Vergangenheit

L: _Waren die Lehrer in Ihrer Schulzeit immer mit Ihnen zufrieden?_
S: _Ich glaube nicht, zumindest nicht immer,_

1. _weil ich nicht sehr fleißig war._
2. _weil ich nur an wenigen Fächern Interesse hatte._
3. _weil ich nicht lernen wollte._
4. _weil ich immer etwas vergessen hatte._
5. _weil ich sehr oft zu spät kam._
6. _weil ich den Unterricht sehr oft gestört habe._
7. _weil ich mich nur für Sport interessierte._
8. _weil ich sehr oft in Discos gegangen bin und dann müde war._
9. _weil ich ..._

b) Formen des Konjunktiv II (Vergangenheit)
Bitte ergänzen Sie die folgende Übersicht:

		Indikativ Aktiv	Konjunktiv II Aktiv
Prät.	Ich	_war_ nicht fleißig.	Ich _wäre_ fleißiger _gewesen_ *,
Perf.	Ich	nicht fleißig _____ .	wenn ...
Plus.-perf.	Ich	nicht fleißig _____ .	
Prät.	Ich	_hatte_ kein Interesse.	
Perf.	Ich	kein Interesse _____ .	Ich _____ mehr Interesse
Plus.-perf.	Ich	kein Interesse _____ .	_____ *, wenn ...
Prät.	Ich	_wollte_ nicht _lernen_ .	
Perf.	Ich	nicht _____ .	Ich _____ besser _____ *,
Plus.-perf.	Ich	nicht _____ .	wenn ...

* Für Präteritum, Perfekt, Plusquamperfekt Indikativ gibt es jeweils nur eine Konjunktiv II-Form.

c) Bildung des Konjunktiv II (Vergangenheit)

_____ oder _____	+	_____		

Bei Modalverben:

_____ + _____

(= Infinitiv des Vollverbs und
Infinitiv des Modalverbs)

d) Bitte formen Sie die Sätze 1.–9. in a) wie folgt um:

Ich hätte sicher weniger Probleme gehabt,

1. *wenn ich* _fleißiger gewesen wäre._

2. *wenn ich* _an mehr Fächern Interesse gezeigt hätte._

3. *wenn ich* _____

4. *wenn ich* _____

5. *wenn ich* _____

6. *wenn ich* _____

7. *wenn ich* _____

8. *wenn ich* _____

9. *wenn ich* _____

16. a) Konjunktiv II zum Ausdruck von irrealen Sachverhalten in der Vergangenheit 📖
(Passiv)

L: *An welche unangenehmen Dinge in Ihrer Schulzeit erinnern Sie sich noch?*

1. *Ich bin oft bestraft worden.*
2. *Ich mußte oft ermahnt werden.*
3. *Meine Eltern sind mehrmals in die Schule bestellt worden.*
4. *Ich bin häufig ins Klassenbuch eingetragen worden.*
5. *Ich bin vor die Tür geschickt worden.*
6. *Ich wurde öfter zum Nachsitzen bestellt.*

7. _____

_____

8. _____

_____

> **Irrealer Vergleichssatz**
>
> Niemand außer uns
> könnte
> die Welt haben,
> die wir so gern
> hätten,
> wenn wir nicht
> die Welt wären,
> die wir sind.
>
> *Günter Radtke*

b) Bitte ergänzen Sie die folgende Übersicht:

	Indikativ Passiv	Konjunktiv II Passiv
Prät.	Ich *wurde* oft *bestraft* .	
Perf.	Ich oft .	Ich *wäre* nicht so oft
Plus.-perf.	Ich oft .	*bestraft worden* *, wenn ...
Prät.	Ich *mußte* oft *bestraft werden* .	
Perf.	Ich oft .	Ich *hätte* nicht so oft *bestraft* *werden müssen* *, wenn ...
Plus.-perf.	Ich oft .	

* Für Präteritum, Perfekt, Plusquamperfekt Indikativ Passiv gibt es jeweils nur eine Konjunktiv II-Form.

c) Bildung des Konjunktiv II Passiv (Vergangenheit)

_____ + Partizip Perfekt Passiv

Bei Modalverben:

_____ + _____

(= Infinitiv Passiv des Vollverbs (*bestraft werden*)
und Infinitiv des Modalverbs (*müssen*))

d) Bitte formen Sie die Sätze aus a) wie folgt um:

Meinen Eltern wäre es auch lieber gewesen,

1. *wenn ich nicht so oft bestraft worden wäre.*
2. *wenn ich*
3. *wenn meine Eltern*
4. *wenn ich*
5. *wenn ich*
6. *wenn ich*
7. *wenn ich*
8. *wenn ich*

17. Ergänzen Sie bitte wie im Beispiel:

Ich bin nicht sehr gern in die Schule gegangen. Vielleicht wäre ich lieber in die Schule gegangen,

1. *wenn sie nicht so weit entfernt gewesen wäre.*

    (Sie war sehr weit entfernt.)

2. _____

    (Ich mußte sehr früh aufstehen.)

3. _____

    (Die Lehrer waren sehr streng.)

4. _____

    (Wir mußten sehr viele Hausaufgaben machen.)

5. _____

    (Wir hatten zu wenig Sport.)

6. _____

    (Uns wurde sehr viel verboten.)

7. _____

    (In der Oberstufe durfte nicht geraucht werden.)

8. _____

18. Erzählen Sie: Wie war es bei Ihnen in der Schule?

19. Entwerfen Sie die — Ihrer Meinung nach — ideale Schule. Stellen Sie sie dann der Gruppe mit Hilfe von Stichwörtern an der Tafel vor, und diskutieren Sie Vor- und Nachteile des jeweiligen Modells. (Benutzen Sie möglichst den Konjunktiv II.)

20. Irreale Vergleichssätze

a) Natürlich
1. — machen sich Haifische keine Sorgen um das Wohlergehen von kleinen Fischen.
2. — wollen sie nicht nur ihr Bestes.
3. — bemühen sie sich nicht um ihre Gesundheit.
4. — liegt ihnen ihre Ausbildung nicht am Herzen.
5. — ist ihnen ihre Unterhaltung nicht wichtig.

b) Aber wenn die Haifische Menschen wären, dann würden sie vielleicht so tun,

1. *als ob sie sich Sorgen um das Wohlergehen der kleinen Fische machen würden.*

2. _____

3. _____

4. _____

5. _____

Irreale Vergleichssätze können auch mit *als wenn* oder *wie wenn* eingeleitet werden. In der gesprochenen Sprache wird nach *als ob* auch der Indikativ verwendet.

Partikeln

21. Irreale Wunschsätze mit den Partikeln *doch, doch nur/doch bloß*

Diese Partikeln betonen in irrealen Wunschsätzen die emotionale Beteiligung des Sprechenden. Am Satzende steht immer ein Ausrufezeichen.

Ein Delphin, der die Aktivitäten der Haifische über längere Zeit hinweg beobachtet hätte,

würde feststellen: oder sich wünschen:

1. Die kleinen Fische sind wirklich gutgläubig!

Wenn die kleinen Fische doch nicht so gutgläubig wären!

2. Sie glauben alles, was ihnen die Haifische erzählen.

Wenn

3. Sie nehmen in den Haifischschulen alles kritiklos auf.

Wenn

4. Keiner hat ihnen selbstständiges Denken beigebracht.

Wenn

5. Niemand hat die wahren Motive der Haifische erkannt.

Wenn

6. Ich kann den kleinen Fischlein nicht helfen.

Wenn

22. Zusammenfassende Übersicht:

a) Konjunktiv II zum Ausdruck von nur gedachten (irrealen) Sachverhalten in

	Vergangenheit	Gegenwart und Zukunft
Aktiv	*Wenn ich* ... gemacht **hätte**, ... gegangen **wäre**, ... gehabt **hätte**, ... gewesen **wäre**, ... **hätte** parken dürfen, ... **hätte** kommen können, ... **hätte** gehen müssen, ... **hätte** sehen wollen, ... **hätte** bleiben dürfen, ...	*Wenn ich* ... machen **würde**, ... gehen **würde**, ... **hätte**, ... **wäre**, ... parken **dürfte**, ... kommen **könnte**, ... gehen **müßte**, ... sehen **wollte**, ... bleiben **sollte**, ...
Passiv	... gefahren worden **wäre**, ... **hätte** gefahren werden müssen, ...	... gefahren werden **würde**, ... gefahren werden **müßte**, ...

SPRECHZEIT

Einige häufig verwendete unregelmäßige Verben bilden den Konjunktiv II ohne *würde*. Z. B.: *ich käme, gäbe, ginge, wüßte, täte, fände ...*, schriftsprachlich und literarisch auch noch andere Verben.

Also:

Vergangenheit im Konjunktiv II:	Gegenwart oder Zukunft im Konjunktiv II:
hätte/wäre + Partizip Perfekt aber bei **Modalverben:** *hätte* + 2 Infinitive	*würde* + Infinitiv außer *haben, sein,* Modalverben und einigen häufigen Verben (s. S. 33)

b) Verwendung des Konjunktiv II

– **in irrealen Bedingungssätzen**	*Wenn die Haifische Menschen wären, würden sie ...* *Wenn ich mehr Zeit gehabt hätte, wäre ich mitgegangen.*
– **zur Betonung der Subjektivität**	*Ich würde sagen,/... Ich hätte es besser gefunden, wenn ...*
– **zum Ausdruck von besonderer Höflichkeit**	*Würden Sie mir vielleicht mal helfen? Dürfte ich kurz stören?*
– **in irrealen Vergleichssätzen**	*Sie sprechen, als ob Sie Deutsche wären! Er tat so, als ob er mich noch nie gesehen hätte.*
– **in irrealen Wunschsätzen**	*Wenn es doch nur nicht so kalt wäre! Wenn ich doch bloß den Regenschirm mitgenommen hätte!*

1. HV-Text: Superlearning

a) Bitte verdecken Sie die Wörter am Rand, und versuchen Sie, die unterstrichenen Wörter aus dem Kontext zu verstehen:

1. Die Frage ist, ob man die <u>Grundzüge</u> einer Fremdsprache in wenigen Tagen <u>effektiv</u> <u>vermitteln</u> kann.

   e Grundlage, -n
   wirkungsvoll
   lehren

2. Dies widerspricht dem <u>herkömmlichen</u> Lernen.

   traditionell

3. Superlearning <u>kombiniert</u> geistige Konzentration mit körperlicher Entspannung, Musik und einer besonderen <u>Darbietung</u> des Lernstoffes.

   verbinden

   e Präsentation, -en

4. Lozanov <u>führte Forschungen über</u> die Möglichkeiten des streßfreien Lernens <u>durch</u>.

   erforschen

5. Später haben die Amerikaner die Methode übernommen und sie <u>zunehmend</u> bekannt gemacht.

   immer mehr

6. Die Methode <u>beruht auf</u> Erkenntnissen der Lernpsychologie und der Gehirnforschung.

   basieren auf

7. Das Gehirn ist das komplexeste Stück Materie im <u>Universum</u>.

   r Kosmos

8. Aber wir benutzen nur einen <u>Bruchteil</u> der <u>Kapazität</u> unseres Gehirns.

   kleiner Teil
   s Fassungsvermögen

9. Disharmonie zwischen den beiden <u>Hemisphären</u> des Gehirns <u>ist für</u> Lernprobleme <u>verantwortlich</u>.

   e Hälfte, -n
   bedingt

10. Die linke Hemisphäre denkt <u>verbal</u>, <u>analytisch</u> und <u>rational</u>.

    in Worten
    zergliedernd
    vernunftmäßig

11. Dagegen denkt die rechte Gehirnhälfte <u>intuitiv</u> und verarbeitet <u>Sinneseindrücke</u> räumlich und <u>simultan</u>.

    spontan erkennend
    ‚was man mit den Sinnen aufnimmt‘
    gleichzeitig

12. Wir müssen das <u>Potential</u> des Gehirns besser nutzen lernen.

    die Fähigkeiten

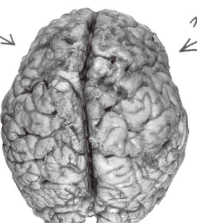

Das menschliche Gehirn

linke Großhirnhemisphäre

verbal
linear
rational
logisch
analytisch

rechte Großhirnhemisphäre

bildhaft
simultan
intuitiv
emotional
synthetisch

b) **Hören Sie jetzt den Text zweimal.**

c) **Kreuzen Sie an, ob die folgenden Aussagen zutreffen oder nicht:**

	stimmt	stimmt nicht
1. Lozanov ist von Beruf Psychologe.	☒	☐
2. Er führte zwischen 1960 und 1970 Versuche über entspanntes, streßfreies Lernen durch.	☐	☒
3. Lozanov nannte seine Methode „Superlearning".	☒	☒
4. Durch die Amerikaner ist diese Methode sehr bekannt geworden.	☒	☐
5. Wir nutzen nur etwa 15 % unserer Gehirnkapazität.		
6. Ganzheitliches Lernen ist nur möglich, wenn die linke Gehirnhälfte zu 100 % aktiviert wird.	☒	☐
7. Die beiden Hemisphären haben ähnliche Aufgaben.	☒	☐
8. Lernstoff wird in der Regel über die linke Gehirnhälfte aufgenommen und verarbeitet.	☐	☒
9. Die linke Hälfte ist zuständig für Kreativität.	☒	☐
10. Harmonie zwischen den Gehirnhälften bedeutet volle Nutzung der Gehirnkapazität.	☐	☒

2. HV- und Wiedergabetext: Rotkäppchen

a) **Bildbeschreibung:** Beschreiben Sie zunächst, was Sie auf den folgenden Bildern sehen.

Erstes Hören

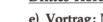 **b) Mitschrift (I):** Knicken Sie die Hälfte eines DIN-A-4-Blattes um, notieren Sie während des Hörens Stichwörter, und schreiben Sie danach die Schauplätze an den linken Rand.
(Beispiel für die Mitschrift s. STUFEN 3, S. 33)

Zweites Hören

c) Mitschrift (II): Ergänzen Sie die Stichwörter während des zweiten Hörens auf der rechten Hälfte des Blattes, und ordnen Sie den Stichwörtern die Bilder von S. 43 zu.

d) Wiedergabe: 1. mündlich als Reihenübung anhand der Stichwörter und Bilder
                  2. schriftlich als Hausaufgabe mit Markierungen für das Vorlesen
                    (s. Phonetikübung S. 248–251)

Drittes Hören

 e) Vortrag: Mehrere S tragen ihre Wiedergabe des Märchens anhand der schriftlichen Vorlage vor.

f) Rollenspiel: Spielen Sie einzelne Szenen.

g) Perspektivenwechsel: Erzählen Sie die betreffenden Episoden des Märchens aus der Sicht der beteiligten Personen/Tiere: 1. Rotkäppchen, 2. Wolf, 3. Großmutter.

 **h) Zeitenwechsel:**

 1. Übertragen Sie das Märchen in die Gegenwart entweder in (D)(A)(CH) oder in Ihrem Heimatland.

2. Suchen Sie zur Handlung des Märchens eine typische Boulevardzeitung-Schlagzeile:

| |
| |

 i) Erzählen: Gibt es ein Märchen oder eine Geschichte mit ähnlichem Inhalt in Ihrer Muttersprache? Wenn ja, erzählen Sie bitte.

3. HV-Text: Ein Mörder wird reingelegt (Kurzkrimi)

Text 1

mensa – o Tisch

*(Der siebenjährige Winston Churchill wurde verspätet bei der St. James Schule angemeldet.
Nachdem die Formalitäten mit dem Schulleiter besprochen worden waren, mußte Churchill
noch eine Einzelprüfung in Latein machen.)*

5 ... Dann verließen wir das Zimmer des Direktors und den behaglichen Privatflügel des
Hauses und betraten die frostigen Schul- und Wohnräume der Zöglinge. Ich wurde in ein
Klassenzimmer geführt und mußte mich an ein Pult setzen. Die anderen Jungen waren alle
draußen, und ich sah mich allein mit dem Klassenlehrer. Er zog ein dünnes Buch in grünlich-
braunem Umschlag hervor, angefüllt mit Worten in verschiedenen Drucktypen.

„Latein hast du bisher noch nicht gehabt, nicht wahr?" sagte er.

10 „Nein, Sir."

„Dies ist eine lateinische Grammatik." Er schlug eine stark abgegriffene Seite auf und wies auf
zwei Reihen eingerahmter Wörter. „Das hast du jetzt zu lernen", sagte er. „In einer halben
Stunde komme ich wieder und hör' dich ab."

So saß ich denn an einem trübseligen Spätnachmittag in einem

15 trübseligen Schulraum. Weh im Herzen und die erste Deklination vor mir.

mensa	der Tisch
mensa	o Tisch
mensam	den Tisch
mensae	des Tisches
mensae	dem Tische
mensa	von oder mit dem Tisch

Was zum Henker sollte das bedeuten? Was hatte das für einen Sinn? Reinstes Kauder-
welsch schien es mir. Na, eins konnte ich wenigstens tun: auswendig lernen. Also nahm ich
denn, soweit es meine privaten Kümmernisse gestatteten, die rätselhafte Aufgabe in Angriff.

Zur gehörigen Zeit erschien wieder der Lehrer.

20 „Hast du's gelernt?" fragte er.

„Ich glaube, ich kann es aufsagen", antwortete ich und schnurrte die Lektion herunter.

Er schien sehr befriedigt, und das gab mir den Mut zu einer Frage.

„Was bedeutet denn das eigentlich, Sir?"

„Das, was da steht. Mensa, der Tisch. Mensa ist ein Hauptwort der ersten Deklination.

25 Fünf Deklinationen gibt es. Du hast den Singular der ersten Deklination gelernt."

„Aber", wiederholte ich, „was bedeutet es denn?"

„Mensa bedeutet der Tisch", war die Antwort.

„Warum bedeutet dann aber mensa auch: o Tisch", forschte ich weiter, „und was heißt das:
o Tisch?"

30 „Mensa, o Tisch, ist der Vokativ."

„Aber wieso: o Tisch!" Meine angeborene Neugierde ließ mir keine Ruhe.

„O Tisch – das wird gebraucht, wenn man sich an einen Tisch wendet oder ihn anruft."
Und da er merkte, daß ich ihm nicht folgen konnte: „Du gebrauchst es eben, wenn du mit
einem Tisch sprichst."

35 „Aber das tu ich doch nie", fuhr es mir in ehrlichem Erstaunen heraus.

„Wenn du hier frech bist, wirst du bestraft, und zwar ganz gehörig, das kann ich dir versi-
chern", lautete seine endgültige Antwort.

Aus: Winston S. Churchill: Meine frühen Jahre

45

Die Geschichte vom Suppen-Kaspar

Der Kaspar, der war kerngesund,
ein dicker Bub und kugelrund.
Er hatte Backen rot und frisch;
die Suppe aß er hübsch bei Tisch.
Doch einmal fing er an zu schrein:
»Ich esse keine Suppe! nein!
Ich esse meine Suppe nicht!
Nein, meine Suppe eß ich nicht!«

Am nächsten Tag — ja sieh nur her!
da war er schon viel magerer.
Da fing er wieder an zu schrein:
»Ich esse keine Suppe! nein!
Ich esse meine Suppe nicht!
Nein, meine Suppe eß ich nicht!«

Am dritten Tag, o weh und ach!
wie ist der Kaspar dünn und schwach!
Doch als die Suppe kam herein,
gleich fing er wieder an zu schrein:
»Ich esse keine Suppe! nein!
Ich esse meine Suppe nicht!
Nein, meine Suppe eß ich nicht!«

Am vierten Tage endlich gar
der Kaspar wie ein Fädchen war.
Er wog vielleicht ein halbes Lot —
und war am fünften Tage tot.

Aufgaben:

1. Verdecken Sie den Text, und sehen Sie sich nur die Bilder an. Was könnte da passiert sein?

2. Lesen Sie jetzt den Text. Diskutieren Sie dann die Erziehungsgrundsätze, um die es in dieser Geschichte geht. Gibt es bei Ihnen auch solche Geschichten?

3. Machen Sie zu den Ereignissen der ersten vier Tage Dialoge zwischen Kaspar und seinen Eltern.

4. Wenn Sie in einem deutschsprachigen Land sind: Interviewen Sie (mit Tonbandgerät) Kinder und Erwachsene auf der Straße. Fragen Sie nach dem Suppen-Kaspar und dem Buch, in dem die Geschichte steht. Was hat die Leute (früher) beim Lesen am meisten beeindruckt?

Suppen-Kaspar heute

5. Rollenspiel:
Kaspar und seine Mutter beim Kinderpsychologen.

6. Entwerfen Sie einen Briefwechsel zwischen Kaspars Mutter und der Firma „Suppenfix" mit der Reklamation der Mutter, Erklärungen der Firma usw.

7. Situationswechsel:
Machen Sie Aufgabe 5. und 6. mit einem freßsüchtigen Kind, das vom vielen Suppenessen immer dicker wird.

Erziehung ist Beispiel und Liebe— sonst nichts.

Friedrich Fröbel

Schule der Tiere

Es gab einmal eine Zeit, da hatten die Tiere eine Schule. Das Curriculum bestand aus Rennen, Klettern, Fliegen und Schwimmen, und alle Tiere wurden in allen Fächern unterrichtet.

5 Die Ente war gut im Schwimmen; besser sogar als der Lehrer. Im Fliegen war sie durchschnittlich, aber im Rennen war sie ein besonders hoffnungsloser Fall. Da sie in diesem Fach so schlechte Noten hatte, mußte sie nachsitzen und den Schwimmunterricht ausfallen lassen, um das Rennen zu üben. Das tat sie so lange, bis sie auch im Schwimmen nur noch durchschnittlich war. Durchschnittliche Noten waren aber akzeptabel, darum machte sich niemand Gedanken darum, außer der Ente.

10 Der Adler wurde als Problemschüler angesehen und unnachsichtig und streng gemaßregelt, da er, obwohl er in der Kletterklasse alle anderen darin schlug, als erster den Wipfel eines Baumes zu erreichen, darauf bestand, seine eigene Methode anzuwenden.

Das Kaninchen war anfänglich im Laufen an der Spitze der Klasse, aber es bekam
15 einen Nervenzusammenbruch und mußte von der Schule abgehen wegen des vielen Nachhilfeunterrichts im Schwimmen.

Das Eichhörnchen war Klassenbester im Klettern, aber sein Fluglehrer ließ es seine Flugstunden am Boden beginnen, anstatt vom Baumwipfel herunter. Es bekam Muskelkater durch Überanstrengung bei Startübungen und immer mehr „Dreien" im Klettern
20 und „Fünfen" im Rennen.

Die mit Sinn fürs Praktische begabten Präriehunde gaben ihre Jungen zum Dachs in die Lehre, als die Schulbehörde es ablehnte, Buddeln in das Curriculum aufzunehmen.

Am Ende des Jahres hielt ein anomaler Aal, der gut schwimmen und etwas ren-
25 nen, klettern und fliegen konnte, als Schulbester die Schlußansprache.

Aufgaben:

1. Bitte tragen Sie nach dem ersten oder zweiten Lesen (bei verdecktem Text) in eine Tabelle ein, was die einzelnen Tiere von Natur aus (sehr) gut, durchschnittlich oder schlecht können. Unterstreichen Sie anschließend die bewertenden Stellen im Text.

	(sehr) gut	durchschnittlich	schlecht
Ente			

2. Warum haben die Tiere in dieser Schule so viele Mißerfolge?

3. Welche Art von Schule bzw. Lehrplan wird im Text kritisiert? Welche Vorstellungen von der idealen Schule liegen der Geschichte möglicherweise zugrunde? Diskutieren Sie diese Vorstellungen, und berichten Sie über Ihre eigenen Lernerfahrungen in der Schule.

4. Bitte machen Sie diesen Text zum 'Vorlesetext': Setzen Sie nach dem Hören vom Band Satzakzente, Intonationspfeile und Pausenstriche.

Diese Schule abschaffen ...

Aus einem Interview von Marc Ingber mit Hans A. Pestalozzi, einem Schweizer Publizisten

Frage: In Ihrem neuesten Buch „Auf die Bäume ihr Affen" wird der Bereich Schule und Erziehung recht ausführlich behandelt. Im folgenden möchte ich aus diesem Teil einige Sätze zitieren und Sie um Präzisierungen bitten: „Jede Erziehung ist Zwang, Gewalt, Vergewaltigung, bricht Widerstand, bringt Unfrieden, ist schließlich immer Macht des Stärkeren." – Ich stimme Ihnen zu, daß all diese Gefahren in der Erziehung liegen. Das klingt ziemlich destruktiv, denn ich glaube, daß viele Eltern sich dieser Momente bewußt sind und freier erziehen möchten. Auf der anderen Seite ist eine Erziehung zu einem gewissen Zwang auch gegeben, denken wir z.B. an die Verkehrserziehung, wo es schnell ums reine Überleben der Kinder gehen kann. – Meinen Sie damit, daß Erziehung schlechthin unmöglich ist?

HAP: Was Sie als Verkehrserziehung bezeichnen, ist einfach zum Schutz des einzelnen Menschen, hat aber mit Erziehung rein gar nichts zu tun. Erziehung heißt, daß man ein Kind dahin erzieht, wo es die Erwachsenen haben wollen, also in seinem Verhalten, seinen Einstellungen gegenüber den Mitmenschen usw. Und deshalb ist solche Erziehung immer Zwang und Vergewaltigung, weil man nicht vom Kind ausgeht, zu wenig auf seine Bedürfnisse achtet, sondern nur auf die Zielsetzung der Erwachsenen. Nicht-Erziehung heißt nicht, das Kind dem Nichts auszuliefern, es auszusetzen. Im Gegenteil: Wenn ich dem Kind helfe, es unterstütze, es animiere, es selber zu sein, dann habe ich intensive Beziehung zum Kind. Beziehung statt Erziehung – darum geht es. Beziehung ist Gleichberechtigung, Anerkennung, Zuneigung. Partnerschaft. Beziehung erzeugt auch keine Angst.

Frage: Liegt da nicht die Gefahr, daß es Egoisten geben kann?

HAP: Es ist doch *diese* Gesellschaft, die zu Egoisten führt, diese Gesellschaft, in der man gegen das andere sein muß, in der man in der Schule überall besser sein muß. Wenn mir dies gelingt, den anderen zu besiegen (jeder Sieger braucht auch seine Verlierer), dann bin ich ein braves Kind, dann zähle ich einmal zur Elite der Nation.

Frage: „Jedes Kind will lesen, schreiben, malen, zeichnen, rechnen – mit Freude, mit Begeisterung, freiwillig. Die Schule verhindert es. Ist dies nicht ein Widerspruch?"

HAP: Die Schule verhindert es nicht nur, sie treibt es einem sogar aus! – Überlegen wir einmal, wer liest denn noch nach der Schulzeit, es gibt ja nur noch ganz wenige Leute, die überhaupt fähig sind, richtig zu lesen, ein Buch zu hinterfragen, selbst Studenten kaum mehr. Heute liest man noch Sprechblasen, Boulevardpresse ohne jeglichen Inhalt, sitzt vor dem Fernseher. Wer schreibt noch eigene Gedanken und Gefühle nach der Schule selber nieder? Das sind vielleicht noch zwei Prozent der Bevölkerung ... und da sieht man ja, was die Schule alles ausgelöscht hat, was das Kind ursprünglich einmal lernen wollte.

Frage: Wenn Sie eine Lehrerausbildung gestalten könnten, wie sähe diese aus?

HAP: *(lacht laut)* ... die Lehrer abzuschaffen. Wenn ich Schule als Prinzip ablehne, kann ich nicht Lehrer ausbilden wollen. Wir müssen uns vom Begriff Schule lösen, wir brauchen statt Lehrer eine Art Animatoren, die den Kindern für ihr selbständiges Lernen und Neugierde Löschen zur Verfügung stehen.

Frage: Was schlagen Sie vor, müßte sich am schweizerischen Schulsystem verändern?

HAP: Ein System als solches kann man nie verändern. Wir müssen einfach grundsätzlich das Prinzip Schule in Frage stellen. Es darf natürlich nicht so sein, daß wir ein System einfach durch ein nächstes ersetzen, dann bleiben die Strukturen und all die Abhängigkeiten die alten. Die Alternative ist der Glaube an den Menschen, daß er fähig ist, sein Leben autonom zu gestalten, zusammen mit dem Mitmenschen.

Die neue Schulpraxis 9/1989

Wenn die Haifische Menschen wären

„Wenn die Haifische Menschen wären", fragte Herrn K. die kleine Tochter seiner Wirtin, „wären sie dann netter zu den kleinen Fischen?" „Sicher", sagte er. „Wenn die Haifische Menschen wären, würden Sie im Meer für die kleinen Fische gewaltige Kästen bauen lassen, mit allerhand Nahrung drin, sowohl Pflanzen als auch Tierzeug. Sie würden sorgen, daß die
5 Kästen immer frisches Wasser hätten, und sie würden überhaupt allerhand sanitäre Maßnahmen treffen. Wenn zum Beispiel ein Fischlein sich die Flosse verletzen würde, dann würde ihm sogleich ein Verband gemacht, damit es den Haifischen nicht wegstürbe vor der Zeit. Damit die Fischlein nicht trübsinnig würden, gäbe es ab und zu große Wasserfeste; denn lustige Fischlein schmecken besser als trübsinnige.
10 Es gäbe natürlich auch Schulen in den großen Kästen. In diesen Schulen würden die Fischlein lernen, wie man in den Rachen der Haifische schwimmt. Sie würden zum Beispiel Geographie brauchen, damit sie die großen Haifische, die faul irgendwo liegen, finden könnten. Die Hauptsache wäre natürlich die moralische Ausbildung der Fischlein. Sie würden unterrichtet werden, daß es das Größte und Schönste sei, wenn ein Fischlein sich freudig aufop-
15 fert, und daß sie alle an die Haifische glauben müßten, vor allem, wenn sie sagten, sie würden für eine schöne Zukunft sorgen. Man würde den Fischlein beibringen, daß diese Zukunft nur gesichert sei, wenn sie Gehorsam lernten. Vor allen niedrigen, materialistischen, egoistischen und marxistischen Neigungen müßten sich die Fischlein hüten und es sofort den Haifischen melden, wenn eines von ihnen solche Neigungen verriete.
20 Wenn die Haifische Menschen wären, würden sie natürlich auch untereinander Kriege führen, um fremde Fischkästen und fremde Fischlein zu erobern. Die Kriege würden sie von ihren eigenen Fischlein führen lassen. Sie würden die Fischlein lehren, daß zwischen ihnen und den Fischlein der anderen Haifische ein riesiger Unterschied bestehe. Die Fischlein, würden sie verkünden, sind bekanntlich stumm, aber sie schweigen in ganz verschiedenen Sprachen
25 und können einander daher unmöglich verstehen. Jedem Fischlein, das im Krieg ein paar andere Fischlein, feindliche, in anderer Sprache schweigende Fischlein tötete, würden sie einen kleinen Orden aus Seetang anheften und den Titel Held verleihen. Wenn die Haifische Menschen wären, gäbe es bei ihnen natürlich auch eine Kunst. Es gäbe schöne Bilder, auf denen die Zähne der Haifische in prächtigen Farben, ihre Rachen als reine Lustgärten, in denen
30 es sich prächtig tummeln läßt, dargestellt wären. Die Theater auf dem Meeresgrund würden zeigen, wie heldenmütige Fischlein begeistert in die Haifischrachen schwimmen, und die Musik wäre so schön, daß die Fischlein unter ihren Klängen, die Kapelle voran, träumerisch, und in allerangenehmste Gedanken eingelullt, in die Haifischrachen strömten.
Auch eine Religion gäbe es da, wenn die Haifische Menschen wären. Sie würde lehren,
35 daß die Fischlein erst im Bauch der Haifische richtig zu leben begännen. Übrigens würde es auch aufhören, wenn die Haifische Menschen wären, daß alle Fischlein, wie es jetzt ist, gleich sind. Einige von ihnen würden Ämter bekommen und über die anderen gesetzt werden. Die ein wenig größeren dürften sogar die kleineren auffressen. Das wäre für die Haifische nur angenehm, da sie dann selber öfter größere Brocken zu fressen bekämen. Und die größeren, Po-
40 sten habenden Fischlein würden für die Ordnung unter den Fischlein sorgen, Lehrer, Offiziere, Ingenieure im Kastenbau usw. werden. Kurz, es gäbe überhaupt erst eine Kultur im Meer, wenn die Haifische Menschen wären."

Bertolt Brecht

Text 6

Tricks, die helfen, sich vieles besser zu merken

Manche Menschen scheinen ein phänomenales Gedächtnis zu haben. Andere sind bekannt für ihre Vergeßlichkeit. Die jedoch müssen sich nicht mit ihrem Schicksal abfinden. Man kann das Gedächtnis zwar nicht trainieren, man kann ihm aber sehr wohl auf die Sprünge helfen. Mit welchen Tricks – das erfahren Sie hier. Und zur richtigen Einstimmung geht die Geschichte gleich mit einem interessanten Test los.

Diese Bilder sollen Sie sich merken

1. Test

Auf der Bildtafel hier sehen Sie 12 Gegenstände. Schauen Sie sich diese Gegenstände eine Minute lang an, und versuchen Sie, sich so viele wie möglich zu merken. Dann notieren Sie alle Gegenstände, an die Sie sich erinnern können.

2. Test

Im zweiten Testdurchgang geht es um Wörter; Sie sollen sich von den folgenden 12 Wörtern so viele wie möglich merken. Sie haben wieder eine Minute Zeit dafür. Schreiben Sie anschließend die Wörter auf, an die Sie sich erinnern können.

Diese Wörter sollen Sie sich merken

Baum	Erlebnis
Tafel	Brille
Liebe	Erfolg
Buch	Freundschaft
Freude	Feuerzeug
Zeitung	Gerechtigkeit

Was der Test über Ihr Gedächtnis sagt

Nur wenn Sie bereits zu den Gedächtnis-Künstlern gehören, konnten Sie sich in beiden Testdurchgängen an alles erinnern, was Sie sich merken sollten. Viel wahrscheinlicher jedoch ist: Sie konnten sich an deutlich mehr Bilder als Wörter erinnern.

Das liegt daran, daß Sie die Bilder auf zweifache Weise in Ihrem Gedächtnis verankert haben: durch das Bild selbst, also durch die optischen Signale, und durch das Wort, das den dargestellten Gegenstand bezeichnet.

Aus einem ähnlichen Grund haben Sie sich von den Wörtern eine bestimmte Gruppe wahrscheinlich leichter gemerkt als eine andere. Sie konnten sich sicher ziemlich leicht an Wörter wie „Baum", „Tafel", „Buch", „Feuerzeug" und „Brille" erinnern. Aber Sie hatten größere Probleme, sich Wörter wie „Gerechtigkeit", „Freundschaft" oder „Freude" zu merken. Denn bei dieser zweiten Wortgruppe ist es wesentlich schwieriger, sich geistig ein Bild von dem zu machen, was das Wort bezeichnet. Diese Wörter sind abstrakt, sie benennen keinen konkreten Gegenstand wie die aus der ersten Gruppe. Sie hatten also nur die Möglichkeit, diese Wörter ausschließlich über ihren Wortsinn zu speichern, ohne eine optische Vorstellung.

„Visualisieren" heißt das Zauberwort, mit dem man die Gedächtnisleistung stark verbessern kann. „Visualisieren" bedeutet nichts anderes, als etwas in Bilder umsetzen.

Wer zum Beispiel französische Vokabeln paukt und sich das Wort für Kirche merken will, der sollte sich dabei vor seinem inneren Auge eine Kirche vorstellen. Wer nur immer wieder das Wort vor sich hin murmelt, ohne eine bildliche Vorstellung davon zu entwickeln, der muß den Lernvorgang viel öfter wiederholen, damit die Vokabel sitzt.

Am allerbesten bleibt die Vokabel im Gedächtnis haften, wenn wir sie aktiv benutzen, wenn wir also zum Beispiel französisch sprechen.

Die beste Art, etwas zu lernen, ist deshalb: Gelerntes in der Praxis anwenden. Dann bleibt es so gut wie unauslöschlich in unserem Gedächtnis haften.

Soviel behalten wir im Gedächtnis

Wenn wir hören	20 %
Wenn wir sehen	30 %
Wenn wir hören und sehen	50 %
Wenn wir hören, sehen und tun	90 %

Freundin 10/1986 (gekürzt)

Wie das Gedächtnis funktioniert

In einem Punkt zumindest ist der Mensch noch jedem Computer überlegen: Sein Gehirn faßt mehr Informa-
5 tionseinheiten (das sind die „bit"). Wie Professor Wolf D. Keidel aus Erlangen errechnet hat, verfügt ein Durchschnitts-bürger am Ende eines sieb-
10 zigjährigen Lebens über ein Gedächtnis von ungefähr 100 Billionen bit (das ist eine Eins mit 14 Nullen). Wie das Ge-dächtnis entsteht und wie es
15 funktioniert, das weiß kein Mensch ganz genau. Darüber gibt es nichts als Theorien, von denen folgende zur Zeit als wahrscheinlich gilt. Sie un-
20 terscheidet drei Arten von Ge-dächtnis.

1. Ultrakurzzeitgedächtnis (UZG). Es umfaßt alle die Informationen, die ständig vom Bewußtsein erlebt werden; das
25 sind etwa 100 bit pro Sekunde. Sie kreisen in Form von elektronischen Impulsen in den kleinen grauen Zellen des Großhirns, und zwar nur 20 Sekunden lang. Werden also die Informationen nicht innerhalb dieses Zeit-
30 raums weiterverarbeitet, dann sind sie auch schon wieder völlig vergessen. Dieses Ultra-kurzzeitgedächtnis ist beispielsweise beim Telefonieren sehr nützlich: Man sucht sich die richtige Nummer aus dem Telefonbuch her-
35 aus und merkt sie sich gerade so lange, bis man gewählt hat; danach braucht man die Nummer nicht mehr und vergißt sie konse-quenterweise.

2. Kurzzeitgedächtnis (KZG). Nur jede zehn-
40 te Information von außen wird darin aufge-nommen, indem der elektrische Impuls in einen chemischen Code überführt wird. Die-ser besteht etwa 20 Minuten lang. Wird wäh-rend dieser Zeit die Information nicht weiter
45 gespeichert, dann geht sie dem Gedächtnis wieder verloren.

3. Langzeitgedächtnis (LZG). Das ist der Wissensspeicher des Menschen. Hier wird die Information endgültig gelagert, und zwar in
50 Form von Veränderungen im Eiweiß der Ge-hirnzellen. Diese bleibende Erinnerung in stofflicher Form wird, über das ganze Gehirn verteilt, in vielen Punkten gleichzeitig gespeichert.
55 Diese Vorgänge laufen bei al-len Menschen gleich ab. War-um die einen dennoch ein besseres Gedächtnis haben als die anderen ist durch an-
60 dere Faktoren zu erklären. Die drei wichtigsten davon sind:

● Die Einstellung zum Ler-nen: Je lieber man etwas
65 erlernt, desto besser be-hält man es, und desto besser kann man sich dar-an erinnern. So war's auch in der Schule: Den Stoff
70 des Lieblingsfachs hatte man leichter parat.

● Die emotionale Besetzung des Materials: Was einem gleichgültig ist, das vergißt man am schnellsten. Wer über die politi-
75 schen Verhältnisse eines Landes liest, das ihn im Moment wenig berührt, vergißt das Gelesene schnell. Will er jedoch in dem Land bald Urlaub machen, merkt er sich's
80 leichter. Wobei man Gefühle empfindet – egal ob zustimmende oder ablehnende –, das prägt sich am besten ein.

● Die Anordnung des Materials: Sinnvolle Sätze werden leichter gespeichert als
85 sinnlos aneinandergereihte Wörter. So geht's einem zum Beispiel, wenn man einen Satz in einer fremden Sprache hört.

Dennoch kann es selbst Menschen mit sonst gutem Gedächtnis passieren, daß sie sich
90 beim besten Willen nicht erinnern können. Schuld daran sind fast immer äußere Einflüs-se – etwa Angst vor dem Versagen oder übermäßiger Streß bei der Prüfung, die beide zu Gedächtnisschwäche führen. Leichter
95 Streß dagegen kann gut für die Erinnerung sein, weil dabei alle drei Formen des Ge-dächtnisses auf Impulse besser ansprechen.

Freundin 5/1981 (gekürzt)

Aufgaben:

1. Bitte ergänzen Sie die Strukturskizze:

> **Gehirn und Computer**

> **Kapazität des Gedächtnisses**

> **Funktion des Gedächtnisses: Theorie**

1
Name: _____
_____
Speicherdauer: _____

2
Name: _____
_____
Speicherdauer: _____

3
Name: _____
_____
Speicherdauer: _____

> Gründe für Unterschiede im Gedächtnis:

1. _____
2. _____
3. _____

> Gedächtnisschwäche durch äußere Einflüsse:

1. _____
2. _____

> Leichter Streß = gut
> Grund:

_____
_____

Du, ich hab' da was unheimlich Interessantes über das Gedächtnis gelesen...

2. Bitte berichten Sie einem Freund anhand der Strukturskizze, was Sie über das Gedächtnis gelesen haben.

Sprachführer

I In einer fremden Stadt

Entschuldigen Sie, wie heißt diese Straße(-ser Platz)? Verzeihen Sie – steht diese Burg (Kathedrale) schon längere Zeit (die ganze Woche) hier? Ich habe ein bißchen die Orientierung verloren, vielleicht können Sie mir Auskunft geben – wie heißt diese Gasse (Straße, Provinz, -ses Land)?

II Im Restaurant

1) Ich esse kein Fleisch (kein Gemüse, nichts Süßes, keine Teigwaren etc.). Ich esse nichts Gekochtes (Gebratenes oder Gebackenes). Das ist mir zu schwer. Ich muß Diät halten, ich bin nämlich magen-(leber-, gallen-, nieren-, darm-)leidend. Kann mir die Spezialität des Hauses künstlich verabreicht werden?
2) Das habe ich nicht bestellt. Schicken Sie das in die Küche (den Stall) zurück! Ich kann mich nicht mehr erinnern, was ich bestellt habe – ist der alte Oberkellner noch im Dienst(verhältnis)? Ist das die Suppe? (Von wem ist dieses Fleisch?) Bitte zahlen, ich warte schon drei Stunden (Tage, Monate)!

VIII Wir suchen ein Zimmer

Kann ich ein anderes (eine andere Art) Zimmer sehen? Haben Sie auch (vielleicht) ein Zimmer mit einem Bett (einer Tür, -nem Fenster)? Gibt es ein Zimmer mit WC? Gibt es im Hotel ein WC? Irgendwo im Ort? Lassen Sie mein Klavier von der Gepäckaufbewahrung holen.

X Unterwegs

1) Hallo Taxi – zum Hauptbahnhof! Wo ist der Bahnsteig I? Wo ist der Bahnsteig? Wo sind die Geleise?
2) Wie komme ich zum Dampfer? Wie kommt denn hier ein Dampfer her? Wie bin ich auf diesen Dampfer gekommen? Ich bin doch nicht auf einem Dampfer?! Pardon, Sie tragen meinen Koffer (Anzug)! Herr Kapitän, ich möchte sofort aussteigen!

XIII Das Wichtigste in Kürze

Guten Morgen (Tag, Abend)! Helfen Sie mir. Ich brauche dringend ... Ich muß sofort ... Achtung! Vorsicht! Ich verstehe Sie nicht! Bitte schnell! Hilfe! Sprechen Sie langsamer! Wo ist das Fundbüro (die Apotheke, der Zahnarzt, Arzt, Chirurg, die Feuerwehr, Rettung)? Nicht die Rettung – die Polizei!

XIV Unpäßlichkeiten

Ich habe Kopfweh. Ich habe Beschwerden. Ich habe Schmerzen (stechende, brennende, rasende). Mir ist nicht ganz wohl. Bitte sehen Sie nach, wo mein rechter Arm ist. Ich glaube, der Unterschenkel ist mir abgequetscht worden. Gewiß hatte ich heute morgen (beim Verlassen des Hotels) zwei Hände! Ich bin seit gestern marod (bewußtlos). Können Sie mir eine Salbe empfehlen?

Julian Schutting (gekürzt)

54

Aufgaben:

1. Ist der Text auf S. 54 ein Auszug aus einem authentischen Sprachführer? Welchen Eindruck haben Sie beim ersten Lesen? Begründen Sie Ihre Meinung mit Beispielen aus dem Text.

2. Kennzeichnen Sie in der Übersicht unten, was in einem Sprachführer und einem einsprachigen Wörterbuch steht bzw. nicht steht:

	Sprachführer	Wörterbuch
1. Wörter alphabetisch angeordnet		
2. Enthält Sätze und Wendungen		
3 Angaben zur Aussprache		
4. Angaben zur Herkunft der Wörter		
5. Enthält Übersetzungen		
6. Nach Themen geordnet		
7. Enthält Bedeutungserklärungen		

(× = immer vorhanden, ○ = manchmal vorhanden)

3. Bitte vergleichen Sie Sätze und Wendungen zu einem der Themenbereiche aus einem/Ihrem Sprachführer mit dem Text oben. Welcher Art sind die Unterschiede?

4. Wenn dieser Text nicht aus einem Sprachführer stammt, was für eine Art Text ist es dann?

5. Schreiben Sie einen kleinen — normalen oder lustigen — Sprachführer, auch zu Themenbereichen, die im Text oben nicht vorkommen.

1. Projekte/Erkundungen

a)

Fantasie an die Macht

🌐 <u>Für alle S:</u> Entwerfen Sie das ideale **Studentenzimmer/Arbeitszimmer,** in dem man angenehm leben und effektiv lernen kann. Machen Sie dazu eine Zeichnung mit Beschreibung der besonderen Eigenschaften bzw. Einrichtungsgegenstände. (Das Zimmer rechts ist dem zehnjährigen Harry eingefallen.)

b) Besorgen Sie sich das Programm einer **Volkshochschule** (VHS). Geben Sie der Gruppe einen Überblick über das Kursangebot. Nennen Sie außerdem die allgemeinen Bedingungen und die Kursgebühren.

c) Sehen Sie sich das **VHS**-Angebot der **Sprachkurse** genauer an. Welche Sprachen werden angeboten? Stellen Sie anhand der Namen fest, ob die Unterrichtenden Muttersprachler sein könnten. Nehmen Sie mit einem Sprachlehrer/einer Sprachlehrerin Kontakt auf, der/die eine Sprache unterrichtet, die Sie selbst gelernt haben. Versuchen Sie, einen Besuch zu vereinbaren, und berichten Sie der Gruppe dann von der Art des dort erlebten Unterrichts.

d) Nehmen Sie Kontakt mit einem **Gymnasium** auf, und versuchen Sie die Erlaubnis zu bekommen, am Englisch- oder Französisch-Unterricht in der Oberstufe hospitieren zu dürfen. Berichten Sie anschließend der Gruppe über Inhalte, Lehr- und Lernmethoden, Verhalten von L und S, Atmosphäre usw.

e) Nehmen Sie Kontakt mit einer **Berufsschule** auf. Erkundigen Sie sich nach Funktion und Aufgabe der Berufsschule. Machen Sie eine Grafik, und erklären Sie der Gruppe, wer wann und wie lange die Berufsschule besucht und wie der weitere berufliche Weg nach der Berufsschule aussehen kann.

🌐 **f)** Machen Sie in der Gruppe eine **Umfrage zum Lernen:** Wie kann man ohne besonderen Mehraufwand an Zeit seine Fähigkeiten in den Bereichen Wortschatz, Grammatik, Hörverstehen, Leseverstehen, Schreiben verbessern? Stellen Sie Ihre Ergebnisse im Plenum vor, und diskutieren Sie sie eventuell.

🌐 **g)** Sammeln Sie **Witze,** die in der Schule spielen, sowohl in Ihrer Heimat wie an Ihrem deutschsprachigen Kursort. Präsentieren Sie die Witze auf einer Collage, auf Folie oder als Fotokopie. Welche Einstellungen zu Schule, zu schulischem Leben, zur Rolle von Lehrer/in und Schüler/in werden in den Witzen deutlich?

h) Nehmen Sie Kontakt mit einer **Fahrschule** auf. Erkundigen Sie sich nach den Bedingungen, die für ausländische Studenten gelten, die hier ihren Führerschein machen wollen.

i) Beschaffen Sie sich Informationen über die wichtigsten regionalen und überregionalen **Tageszeitungen** und **Zeitschriften.** Informieren Sie sich, welche politischen Tendenzen die jeweiligen Zeitungen/Zeitschriften vertreten und an welche Leserschaft sie sich wenden. Geben Sie Ihre Informationen an das Plenum weiter. Bringen Sie als Anschauungsmaterial jeweils ein Exemplar von allen vorgestellten Zeitungen mit, und kommentieren Sie dabei kurz Aufmachung und Aufbau.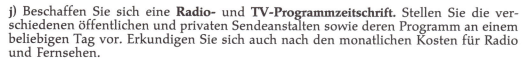

j) Beschaffen Sie sich eine **Radio-** und **TV-Programmzeitschrift.** Stellen Sie die verschiedenen öffentlichen und privaten Sendeanstalten sowie deren Programm an einem beliebigen Tag vor. Erkundigen Sie sich auch nach den monatlichen Kosten für Radio und Fernsehen.

k) Bilden Sie mehrere **Expertengruppen** für die verschiedenen **Regionen Ihres Kurslandes.** Zum Beispiel für die Bundesrepublik Deutschland: Norddeutschland, Ruhrgebiet, Rheinland, Thüringen, Sachsen, Bayern. Bilden Sie darüber hinaus jeweils weitere Gruppen für die anderen deutschsprachigen Länder. Die Gruppen erstellen eine große Landkarte dieser Regionen mit den wichtigsten physischen Merkmalen: Flüsse, Gebirge, Städte usw. Diese Karte wird im Laufe des Kurses immer detaillierter und durch Anschauungsmaterialien (Fotos, Ansichtskarten, Prospekte usw.) ergänzt.
Die Gruppen sammeln alle Informationen über „ihre" Region, die sie durch die Medien, durch eigene Reisen oder Berichte von Freunden und Bekannten bekommen können. Sie berichten über besondere Ereignisse (Ausstellungen, Festspiele, Sportveranstaltungen, Naturkatastrophen usw.), z. B. einmal pro Woche über alles Wichtige, was sich zugetragen hat. Die wichtigsten Ereignisse können mit Datum unter oder in die Landkarte eingetragen werden.

l) <u>Ihr</u> Projektvorschlag: Formulieren Sie ein Projekt zum Thema der Einheit, das Sie gerne machen möchten. Hängen Sie es im Kursraum auf, und suchen Sie Partner. Präsentation wie die anderen Projekte.

Beispiel:

Halina Komachewski

Ich mache mit:

MEIN PROJEKT: Ich will sehen, wie hier Kinder, möglichst schon in der Grundschule, eine Fremdsprache lernen. Dazu will ich eine Schule besuchen (oder einen Kinderkurs an der Volkshochschule.) Ich möchte die LehrerInnen und einige Kinder interviewen und, wenn möglich, einige Male am Unterricht teilnehmen.
Bei der Projektvorstellung möchte ich auch zeigen, wie das bei uns in Polen gemacht wird (Ich habe auch mal Kinder unterrichtet.) und was wir daraus für unseren Deutschkurs hier lernen können.

2. Kurzreferat zur Landeskunde („Das 20. Jahrhundert")

I. 1900 – 1928

„Als wir vierzehn waren, hatten wir Krieg."
R. O. Wiemer

Wählen Sie ein Thema (oder mehrere zusammenhängende Themen) aus dem Kasten unten aus. Informieren Sie sich darüber bei Freunden, Bekannten, Kommilitonen oder in Lexika, Enzyklopädien usw. Schreiben Sie ein Kurzreferat von ca. 200 Wörtern mit einer Gliederung sowie Angaben darüber, woher die Informationen stammen, besonders wenn es sich um Zitate handelt.

Verwenden Sie beim Vortrag des Kurzreferats möglichst viele visuelle Hilfen (Fotos, Plakate, Collagen, Karikaturen, Schaubilder, Tabellen usw.). Einiges davon können Sie zusammen mit Ihrem Namen, dem Thema und der Gliederung auch auf einer einseitigen Handreichung ('handout') für alle S kopieren.

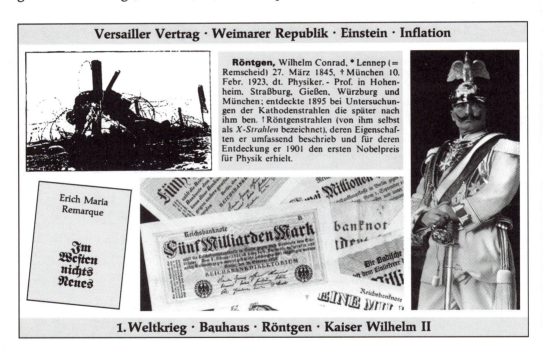

Versailler Vertrag · Weimarer Republik · Einstein · Inflation

Röntgen, Wilhelm Conrad, * Lennep (= Remscheid) 27. März 1845, † München 10. Febr. 1923, dt. Physiker. - Prof. in Hohenheim, Straßburg, Gießen, Würzburg und München; entdeckte 1895 bei Untersuchungen der Kathodenstrahlen die später nach ihm ben. †Röntgenstrahlen (von ihm selbst als *X-Strahlen* bezeichnet), deren Eigenschaften er umfassend beschrieb und für deren Entdeckung er 1901 den ersten Nobelpreis für Physik erhielt.

Erich Maria Remarque

Im Westen nichts Neues

1. Weltkrieg · Bauhaus · Röntgen · Kaiser Wilhelm II

3. Redensarten/Sprichwörter

Der Geist ist willig, aber das Fleisch ist schwach.
Übung macht den Meister.
Lehrjahre sind keine Herrenjahre.
Wer nicht hören will, muß fühlen.
Er hat ein Gedächtnis wie ein Sieb.
Man lernt nie aus.

Was Hänschen nicht lernt, lernt Hans nimmermehr.
Nicht für die Schule, sondern für das Leben lernen wir.
Es ist noch kein Meister vom Himmel gefallen.
Früh übt sich, wer ein Meister werden will.

4. Spiele

VORTEIL

*Hunde bellen
diejenigen an, die
sie nicht kennen.*
Heraklit

"Dieter zum Diktat, bitte!"

Diese Zeiten sind für die **taz**

längst passé. Göttin sei Dank.

Es war ein langer Kampf:

Aber heute ist bei der **taz**

jede zweite Frau ein Mann.

Das merken unsere LeserInnen.

Und das macht die **taz**

auch für Männer lesenswert.

Täglich.

1. a) Versuchen Sie, den Begriff *Vorurteil* zu definieren. Verwenden Sie dabei die folgenden Redemittel:

Unter Vorurteil versteht man ...
Vorurteil bedeutet, daß ...
Man spricht von Vorurteilen, wenn ...
Mit Vorurteil bezeichnet man ...

b) Bitte lesen Sie den folgenden Textausschnitt, und formen Sie ihn anschließend mit den synonymen Ausdrücken rechts um.

Vorurteile	vorgefaßte Meinungen
im allgemeinen Sinn:	in allgemeiner Bedeutung
Vor-Urteile sind <u>vorschnelle</u>	voreilige
Urteile. Es sind <u>völlig</u> oder	vollkommen/ganz
<u>teilweise</u> falsche Urteile,	zum Teil
denen <u>mangelhafte</u> Informationen	unzureichende/ungenügende
<u>zugrunde liegen</u>. ...	(die auf mangelhaften I.) basieren
Vorurteile im engeren Sinn	
<u>werden</u> als soziale Vorurteile	nennt man
<u>bezeichnet</u>. Zwei <u>Merkmale</u> werden	typische Kennzeichen/Eigenschaften
dabei besonders <u>hervorgehoben</u>:	betont/herausgestellt
a) <u>Von Interesse</u> sind dabei	wichtig
<u>vor allem</u> negative Vorurteile.	besonders/in erster Linie
Den <u>Angehörigen</u> einer Fremdgruppe	Mitgliedern
werden negative Eigenschaften	
<u>zugesprochen</u>. Für die	nachgesagt
Eigengruppe <u>gilt</u> dann	ist ... gültig
<u>in der Regel</u> das positive Merkmal. ...	normalerweise
b) Da das Andere, das Fremde	
<u>oft</u> als gefährlich und als	häufig
bedrohlich <u>empfunden</u> wird,	wahrgenommen/angesehen
<u>vor allem</u> in Krisensituationen,	insbesondere, Ausnahme
sind <u>solche</u> Vorurteile stark	derartige
<u>gefühlsmäßig verankert</u>. ...	emotional, verfestigt

(Aus: „Ein Blick ins Lexikon", Zeitlupe Nr. 21)

2. Brainstorming zum Begriff *Vorurteil*
Bitte sammeln Sie an der Tafel/auf einer Folie, gegen wen oder was man an Ihrem Kursort oder in Ihrem Heimatland positive oder negative Vorurteile hat. Schreiben Sie diese Wörter anschließend in Ihr Buch.

Frauen ← Vorurteil → Fremde

Redemittel für Interviewfragen

3. Welche Meinungen/Vorurteile hatten Sie über die deutschsprachigen Länder und deren Bewohner, bevor Sie hierher kamen?

— *Ich dachte, ... wäre .../hier würde ...*
— *Ich habe geglaubt, die (Leute in) ... wären ...*
— *In meiner Vorstellung waren die ...*

4. Haben sich Ihre Meinungen/Vorurteile inzwischen geändert? Wenn ja, in welcher Weise?

— *Ja, ich habe inzwischen festgestellt, daß ...*
— *Also, meine Meinung hat sich insofern geändert, als ...*
— *Nein, meine Meinung hat sich eigentlich bestätigt.*

5. Welche Vorurteile gibt es bei Ihnen gegenüber anderen Ländern oder Regionen?

— *Bei uns in ... haben viele Menschen*
  Vorurteile gegen ..., weil ...
— *Der typische ... ist für mich/uns*
  jemand, der immer lächelt, höflich ist und ...

> Steigerung
>
> urteilen
> vorurteilen
> verurteilen
>
> *Axel Holm*

6. Bitte zeichnen Sie den 'typischen' Deutschen, Japaner, Schotten, Italiener, Amerikaner ... (bzw. Deutsche, Japanerin usw.), wie man ihn/sie bei Ihnen sieht. Machen Sie daraus eine Collage, und stellen Sie diese im Plenum vor.

Katsutoshi Iwamoto, Osaka

7. Wortfeld und Wortfamilie

a) Wie müßten die Menschen sein, damit es keine Vorurteile, keine Feindbilder, keinen Rassismus mehr gibt? Bitte schreiben Sie um das Bild herum entsprechende Adjektive:

hilfsbereit

interessiert (an + D)

b) Bitte bilden Sie Wortfamilien zu den Adjektiven unter a) nach folgendem Beispiel:

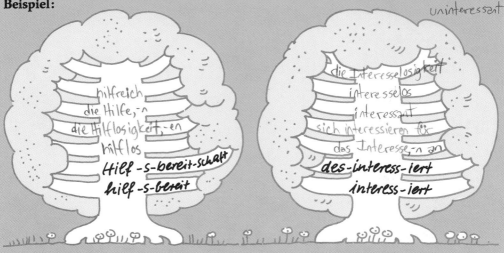

uninteressant

hilfreich
die Hilfe, -n
die Hilflosigkeit, -en
hilflos
Hilf-s-bereit-schaft
hilf-s-bereit

die Interesselosigkeit
interesselos
interessant
sich interessieren für
das Interesse, -n an
des-interess-iert
interess-iert

c) Welche Präfixe und welches Suffix drücken eine gegenteilige Bedeutung aus?

8. Wie müßten Kinder für eine Gesellschaft ohne Feindbilder, ohne Rassismus in **Elternhaus und Schule erzogen werden?**

9. Sehen und behalten

a) Bitte sehen Sie sich Bild 1 auf der Collage-Seite genau an, schließen Sie dann das Buch, und beschreiben Sie die abgebildeten Personen und ihre Kleidung.

b) Bitte ergänzen Sie die folgende Bildbeschreibung, bei der von jedem zweiten Wort die Hälfte der Buchstaben fehlt.
(Achtung: Wenn ein Wort z. B. drei Buchstaben hat, fehlen zwei!)

1. Die Deut_sche_ haben ei_n_ für ih_r_ Region typi_sche_ Klei-dung a___, die i_n_ Bayern beso_nders_ auf d_em_ Land a_m_ Sonn- u_nd_ Feiertagen getr_agen_ wird. 2. Diese Klei_dung_ besteht a_n_ einer dunk_ele_ Strickjacke, ei_nen_ weißen Hemd, ein_e_ dreiviertellangen (dunkel)grü_ne_ oder schw_arze_ Lederhose m_it_ Hosenträgern. 3. Dazu tra_gen_ sie Kniest_____ aus Wo_ll_. 4. Auf d_em_ Kopf tra_gen_ sie grü_n_ oder schw_arz_ Hüte m_it_ Federn. 5. Sie ste_hen_ auf d_em_ Gehweg v_or_ einem Schauf_____. 6. Der ei_ne_ sieht ziem_lich_ unfreundlich a_n_ zwei Ausl_änder_ hinunter, d_ie_ auf d_em_ Bürgersteig sit_zen_. 7. Der lin_ke_ hat ei_n_ Turban a_uf_ dem Kop_f_ und trä_gt_ einen dun_klen_ Vollbart. 8. Er h_at_ eine he_lle_ Jacke, e_inen_ kariertes Hem_d_ und ei_ne_ einfarbige Ho_se_ an. 9. Zwischen sei_ne_ Beinen st_eht_ eine he_lle_ Umhängetasche. 10. Der and_ere_ hat dun_kle_ Haare. 11. Er h_at_ eine ku___ Jacke a___ und tr_ägt_ Jeans und Turns_____. 12. Links ne_ben_ ihm st_eht_ ein klei_ner_ Koffer.

10. Rollenspiel: (Zu Bild 1 der Collage)

a) Formen Sie die folgenden Sätze in Redebeiträge (möglichst mit Partikeln!) um. Anschließend Korrektur im Plenum.

1. Einer der **Deutschen** sagt unfreundlich zu den Ausländern, sie sollen von der Straße aufstehen. Er duzt sie dabei.
2. Der linke der beiden **Ausländer** duzt den Einheimischen ebenfalls und fragt, ob es ihn stört, wenn sie da sitzen.
3. Der **Deutsche** fragt verärgert, warum er ihn duzt.
4. Der **Ausländer** erwidert, daß der Deutsche ihn zuerst geduzt hat.

b) Wie könnte das Gespräch weitergehen?
(Eine positive Variante finden Sie auf der nächsten Seite.)

Positive Variante:

1. Der Deutsche ist überrascht. Er sagt etwas freundlicher als vorher, daß er nicht wissen konnte, daß sie so gut Deutsch sprechen.

2. Die **Ausländer** stehen auf und sagen, daß sie schon eine Weile hier sind und inzwischen Deutsch gelernt haben.

3. Der **Deutsche** fragt, woher sie kommen und warum sie hier sind.

4. Der **Ausländer** antwortet, daß sie aus Pakistan sind und aus politischen Gründen hier sind.

5. Der **Deutsche** will wissen, ob sie schon eine Arbeit gefunden haben.

6. Der **Ausländer** erwidert, daß sie Asyl beantragt haben und deshalb nicht arbeiten dürfen.

7. Der **Deutsche** fragt, wovon sie leben.

8. Der **Ausländer** sagt, daß sie eine monatliche Unterstützung bekommen.

c) Nach einigen Tagen treffen die beiden Ausländer einen der Deutschen in einem Stehcafé. Sie kommen ins Gespräch und unterhalten sich über ihre Flucht aus dem Heimatland.

 Bitte schreiben Sie einen möglichen Dialog mit den folgenden Vorgaben:

Deutscher: Gründe ...?
Ausländer: politische Aktivitäten, Bedrohung, Verhaftung, Folter
Deutscher: Art und Weise der Flucht
Ausländer: Hilfe von Freunden, Verkleidung, falsche Pässe, Bestechung (mit Geld)
Deutscher: Zukunftspläne ...?

 d) Wie könnte das Gespräch auch weitergehen? Schreiben Sie eine negative (realistischere?) Variante zu b).

11. Schaubild versprachlichen

a) Bitte ergänzen Sie mündlich anhand des Schaubilds die Berufe und Prozentzahlen in den Sätzen auf S. 65. Schreiben Sie dann den Text noch einmal auf, und variieren Sie dabei das Vorfeld, wo es sinnvoll ist.

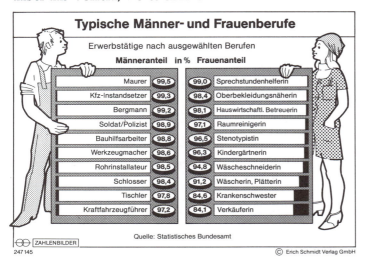

1. Bei den Männern stehen die ... mit ... Prozent an erster Stelle.
2. Es folgen die ... auf Platz zwei mit ... Prozent.
3. Die ... nehmen mit ... Prozent den dritten Platz ein.
4. Bei den ... werden auch fast nur Männer beschäftigt — nämlich ... Prozent.
5. Bauhilfsarbeiter und ... sind weitere typische Männerberufe, und zwar zwischen ... und ... Prozent.
6. Bei den Frauen arbeiten demgegenüber die meisten in den Fertigungs- und Dienstleistungsberufen.
7. Als ... arbeiten die meisten (... Prozent).
8. Frauen arbeiten am zweithäufigsten als ... (... Prozent).
9. Die ... folgen an dritter Stelle mit ... Prozent.
10. Mit ... Prozent ist ... ein weiterer typischer Frauenberuf.
11. Sehr häufig arbeiten Frauen auch als ..., ..., ..., ..., ..., nämlich zwischen ... und ... Prozent.

b) Gibt es bei Ihnen auch typische Männer- und Frauenberufe? Welche sind das? Gibt es Vorurteile in bezug auf bestimmte Berufe?

12. Bewerbung

Bitte bewerben Sie sich schriftlich um einen in der Zeitung inserierten Ferienjob für den Monat August. Verwenden Sie dabei die folgenden inhaltlichen Vorgaben:

— Nennen Sie Namen, Alter, Beruf und Herkunftsland und Ihre augenblickliche Tätigkeit.

— Schreiben Sie, daß Sie sich für den inserierten Job sehr interessieren. Begründen Sie dieses Interesse, und nennen Sie Erfahrungen aus vorangegangenen ähnlichen Tätigkeiten.

— Schreiben Sie, daß der Monat August wegen der Semesterferien für Sie sehr günstig ist.

— Schreiben Sie, daß Sie gern bereit sind, sich vorzustellen, um nähere Einzelheiten zu besprechen.

— Schließen Sie in der Erwartung einer positiven Antwort.

Betr.: _____

ich möchte mich auf Ihre Anzeige vom _____ bewerben.

1. a) Welches der Bilder auf der Collage-Seite spricht Sie am meisten an? Warum?
Berichten Sie von einem lustigen, traurigen, peinlichen, frustrierenden oder einfach interessanten persönlichen Erlebnis zu diesem Bild oder von einer Begebenheit, von der Sie gehört oder gelesen haben. Schreiben Sie zunächst ein paar Stichwörter auf, und berichten Sie im Plenum. Weitere Übungen siehe 1. b) und c) S. 13)

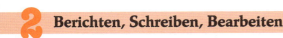

Stichwortzettel

Textbearbeitung

2. Arbeitsschritte für die Textbearbeitung (siehe 2. a) - e) S. 13)

f) <u>Kommaregeln:</u> Numerieren Sie alle Kommafehler, und schreiben Sie die entsprechenden Regeln auf:

_____

_____

_____

g) Text:

Vorurteile
Die Macht der Vorurteile ist sehr
stark. Ich habe etwas Unglaubliches
erlebt, kurz ~~vorher~~ *bevor* ich hierher ~~fahre~~. *gefahren bin*
Ich fuhr mit dem Bus nach Hause. Es war
5   ungefähr ~~um~~ sechs Uhr, ~~so gabs es viele~~ *deshalb war der Bus ziemlich voll*
~~Leute.~~ Nur ein Platz war frei, um mich
hin zu setzen und daneben ~~war~~ ein Neger ~~ge-
sessen.~~ Eine Dame hat sich setzen wollen, aber ~~wenn~~ sie sich neben ~~einen~~ *den*
10   Neger setzen sollte, hat sie gesagt,
„Ich will mich nicht ~~daneben~~ ~~sitzen!~~ *setzen*
Sie sind schmutzig und ~~zu~~ stinken! "
Sie sprach natürlich von dem Neger.
~~Davon~~ *Hier* sehen wir die Macht der Vorurteile.
15   Diese Dame kannte diesen ~~Herrn~~ *Mann* nicht,
sie hatt ihn nie gesehen, und sie war
unglaublich frech und grob (und das vor
vielen Leuten), ohne Grund zu haben.
Sie hasste diesen Mann, weil er ein~~X~~
20   Neger war, und sie Vorurteile gegen die
Neger hatte.

(François, Student mit Französisch als Muttersprache)

3. Bitte ergänzen Sie nominalisierte Adjektive und Verben:
Zu Z. 2 + 3:

> *Ich habe etwas unglaubliches erlebt kurz vorher ich hierher fahre.*

1. Vorurteile sind nichts ___Neues___ , können aber etwas sehr
   (neu)
   ___Gefährliches___ sein.
   (gefährlich)

2. Vielen Menschen ist alles* ___Fremde___ verdächtig.
   (fremd)

3. Egal, ob es sich um Menschen, Meinungen oder Objekte handelt, sie begegnen

   dem ___Unbekannten___ mit Mißtrauen.
   (unbekannt)

4. Im Krieg wird durch Vorurteile sogar das ___Töten___ legal.
   (töten)

5. Viele Menschen sind oft nur durch persönliches ___Kennenlernen___ oder
   (kennenlernen)

   aufgrund eigener Anschauung bereit, ihre Vorurteile abzubauen.

6. Generell sollte man das in der Gesellschaft ___Überlieferte___ nicht kritiklos
   (überliefert)

   übernehmen.

> Adjektive und Verben können zu Nomen mit neutralem Genus werden:
>
> neu   überliefert   töten
>
> ↓   ↓   ↓
>
> nichts **Neues**   das **Überliefterte**   das **Töten**
>
> *alles **Neue** (*alles* ist definites Artikelwort!)

4. Logische Relationen: Zeit und Grund
Zu Z. 2 + 3

> *Ich habe etwas Unglaubliches erlebt kurz vorher ich hierher fahre.*

a) Was paßt zusammen?

Bitte bilden Sie aus diesem Silben-'Salat' acht weitere Wörter, und beginnen Sie jeweils mit einer mit 1 markierten Silbe.

nachher

vorher

nachdem

deshalb

zuvor

her2 nach1 vor1 da1 zu1 bei1 dem2 hin2 her2 nach2 vor1 des1 nach1 halb2 des1 da1 vor2 vor2 her2

bevor

daher

nachher

vorhin

davor

b) Bitte ergänzen Sie den folgenden Text mit Wörtern aus a):

1. François wollte Germanistik studieren, _nachdem_ er die Oberschule beendet hatte. 2. Er wollte besser Deutsch lernen, _bevor_ er mit dem Studium anfing. 3. Er wollte in Wien einen Sprachkurs belegen, _davor_ / _zuvor_ mußte er eine Sprachprüfung machen. 4. Er bestand die Prüfung, _danach_ blieb er ein Semester in Wien. 5. Der Kurs war sehr intensiv, _deshalb_ / _darum_ sprach er am Ende schon recht gut Deutsch. 6. Jetzt studiert François in Lausanne, _vorher_ war er noch zwei Wochen in Berlin. 7. _Vorhin_ (vor einigen Minuten/Stunden) habe ich mit ihm am Telefon gesprochen. 8. _Nachher_ (in wenigen Minuten/Stunden) will er mich zurückrufen.

c) Bitte schreiben Sie den Text aus b) wie im Beispiel in die folgende Grafik:

	Vorfeld	V₁ / Subj.	Mittelfeld	V₂	V₁
1.	François	wollte	Germanistik	studieren,	
		nachdem	er die Oberschule	beendet	hatte.
2.					
3.					
4.					
5.					
6.					
7.					
8.					

d) Welche der ergänzten Wörter in b) können auch im Mittelfeld stehen? Formulieren Sie jeweils nur diese Sätze entsprechend um.

Vorfeld	V₁ / Subj.		Mittelfeld	V₂	V₁

e) Bitte ergänzen Sie mit den Wörtern aus a):

1. ___Bevor___ François hierher kam, hatte er ein unglaubliches Erlebnis.
2. ___Nachdem___ er in einen Bus eingestiegen war, suchte er sich einen Sitzplatz. Aber es war nur noch einer frei, und davor stand eine Frau. Sie wollte sich zwar setzen, aber nicht neben einen Afrikaner. 3. Der sollte ___vorher___ aufstehen. Aber er blieb sitzen. 4. ___Deshalb___ fing sie an, laut auf alle „Neger" zu schimpfen. 5. So etwas hatte François noch nie ___zuvor___ erlebt. 6. Als er kurz ___nachher___ mit dem Afrikaner an derselben Haltestelle ausstieg, stellte er fest, daß sie beide im gleichen Institut Deutsch lernten. 7. „Warum hast du eigentlich der Frau ___vorhin___ im Bus nicht widersprochen?" 8. „Das nützt ja doch nichts", antwortete der resigniert, „außerdem ist mein Deutsch noch nicht so gut." 9. ___Nachdem___ sie im Institut angekommen waren, verabschiedeten sie sich voneinander. 10. ___Zuvor___ hatten sie sich noch für die große Pause verabredet. 11. „Tschüß, bis ___später___ ", sagte der Afrikaner und ging in den Unterricht, um weiter die Sprache zu lernen, in der er kurz ___vorhin___ beleidigt worden war.

5. Zeitpunkt oder Zeitdauer?

 Wie spät? → `Ein` Uhr.

Wann → `Um ein` Uhr.

 Wie lange? → `Eine` Stunde.

Wie lange? → `Eine` Woche.

 → `Für eine` Woche. (Meist für Zeitraum **nach** der Sprechzeit!)

Bitte beantworten Sie die Fragen (Benutzen Sie dabei immer das Zahlwort *ein*.):

1. <u>Wie spät</u> ist es?   _____.

2. <u>Wann</u> fährt der Bus ab?   _____.

3. <u>Wie lange</u> fährt der Bus?   _____.

4. <u>Für wie lange</u> brauchen Sie das Auto?   _____.

5. Gehen Sie <u>(für) länger</u> in die USA?   _____.

6. <u>Wie lange</u> waren Sie in Salzburg?   _____.

7. <u>Wie lange</u> sind Sie jetzt schon hier?   _____.

8. <u>Wie lange</u> wollen Sie eigentlich hier bleiben?   _____.

6. a) *So* und Alternativen:
Zu Z. 4–6:

Es war ungefähr um sechs Uhr, so gab es viele Leute.

So steht vor Verben, Adjektiven oder Adverbien.

Wichtigste Bedeutungen:

1. 'auf diese Weise':   *So* kann man das nicht machen.

2. 'sehr/besonders':   Das ist (ja) nicht *so* wichtig.

                              Das ist mir schon *so* oft passiert.

3. 'derartig'
(*so* ist immer betont!):   Es war *so* spät, *daß* kein Bus mehr fuhr.

also kann Hauptsätze verbinden. *also* kann nicht nach Konjunktoren stehen.

Bedeutung:
'es gibt/gab keine andere
Möglichkeit':   Der Bus war weg, *also* mußte ich auf den nächsten warten.

deshalb/deswegen kann Hauptsätze verbinden.

Bedeutung:
'aus diesem Grund':   Es war gegen sechs Uhr, *deshalb* waren viele Leute im Bus.

so daß verbindet Haupt- und Nebensätze.

consequence / not intention ("wie damit")

Bedeutung:
'die Folge ist/war':   Am Bahnhof stieg jemand aus, *so daß* ich mich setzen konnte.

b) Bitte formulieren Sie die folgenden Sätze mit *so, also, deshalb/deswegen* oder *so daß* um, und schreiben Sie nur die schräg gedruckten Sätze umgeformt in die Grafik unten: (Zum Teil sind mehrere Lösungen möglich.)

Ich hatte verschlafen. Ich sah auf die Uhr:
1. In 10 Minuten fuhr mein Bus. *Aus diesem Grund konnte ich mal wieder nicht frühstücken.* 2. Als ich atemlos an der Haltestelle ankam, war der Bus gerade weggefahren; *es gab keine andere Möglichkeit: Ich mußte trampen.* 3. Es nahm mich auch gleich jemand mit, aber es war Hauptverkehrszeit, *aus diesem Grund brauchten wir sehr lange.* 4. *Schließlich war es (derartig) spät geworden,* daß ich nicht mehr in den Unterricht gehen wollte. 5. Ich wollte bis zur Pause vor der Klasse warten. Da kam die Sekretärin vorbei und meinte: „Na, *auf diese Weise lernen Sie aber nie Deutsch.* Warum gehen Sie denn nicht rein?" 6. Ich wußte nicht, was ich sagen sollte; *es gab keine andere Möglichkeit: Ich ging schnell hinein.* 7. Es war mir sehr unangenehm, *die Folge war: Ich bekam einen roten Kopf.* 8. Ich entschuldigte mich, *daß ich (derartig) viel zu spät gekommen war.*

	Vorfeld	V₁ / Subj.	Mittelfeld	V₂	V₁
1.	Deshalb	konnte	ich mal wieder nicht	frühstücken.	
2.	Also	muß	ich	trampen	
3.	Deswegen	brauchten	wir sehr lange		
4.	Schließlich	war	es so spät	geworden	warden
5.	So	können	Sie aber nie Deutsch	lernen	
6.	Also	ging	ich schnell	hinein	
7.	so daß	ich	einen roten Kopf		bekam
8.	daß	ich	so viel zu spät	gekommen	war

c) Bitte schreiben Sie den umgeformten Text noch einmal vollständig auf.

7. *Es gibt,* und was es noch gibt.
Zu Z. 4–6:

Es war ungefähr um sechs Uhr, so gab es viele Leute.

a) *Es gibt* kann stehen
● in festen Wendungen, z. B.:
Was gibt es im Fernsehen/Kino/Theater?
Was gibt's Neues?
Was gibt's zu essen?
Was gibt's denn da zu lachen? ...

● meist bei nicht zählbaren Mengen, z. B.: *Gibt es in Deutschland Moscheen?*

● bei allgemeinen Fragen und Feststellungen in der Bedeutung: 'bestehen, vorhanden sein, existieren, vorkommen, erhältlich sein', z. B.: *Gibt es in Köln eine U-Bahn?*
Es gibt noch immer viel Rassendiskriminierung in der Welt.

b) Bitte benutzen Sie — wenn möglich — Formen von *sein (sind)*, *haben (wir haben)* oder anderer Verben, die den Zustand oder die Handlung genauer beschreiben als *es gibt/gab*.

1. In dem Bus gab es nur den Busfahrer und zwei Fahrgäste.
2. Gibt es hier Schulbusse?
3. Für Schüler und Studenten gibt es verbilligte Monatskarten.
4. In meinem Sprachkurs gab es zwei Afrikaner, acht Studenten aus Ostasien und fünf Europäer.
5. Hier gibt es nur wenige Moslems.
6. Gibt es in der Gruppe auch einen Buddhisten?
7. Am Ende des Kurses gibt es immer eine Prüfung.
8. In der Fabel gibt es einen Fuchs und einen Raben. *handelt ... von*
9. Hier gibt es einen Stuhl zu wenig!
10. Hier gibt es ein spanisch-deutsches Wörterbuch! Wem gehört das?

8. Wiederaufnahme durch Pronominaladverb (z. B. *darüber*) oder Präposition + Pronomen (z. B. *über ihn*).
Zu Z. 9—11:

> ... sich neben einen Neger setzen sollte, hat sie gesagt,
> „Ich will mich nicht daneben sitzen!"

Bitte ergänzen Sie:

1. Im Bus saß ein Afrikaner. Auf dem Platz

    _____neben ihm_____ stand eine große Tasche
    (neben dem Afrikaner)

    und _____daneben_____ eine Plastiktüte.
    (neben der Tasche)

2. Ich zeigte auf den Platz _____neben ihm_____ und fragte,
    (neben dem Afrikaner)

    ob der noch frei war, und setzte mich.

3. Bald darauf wollte ich aussteigen. Ich ging zur Tür, aber ich kam nicht so schnell

    raus, weil eine Frau mit ihrem Kinderwagen _____davor_____ stand.
    (vor der Tür)

4. Als die Tür schon wieder zuging, hielt ein Mann seinen Fuß

    _____dazwischen_____, so daß sie noch einmal aufging und ich aussteigen konnte.
    (zwischen die Tür)

9. Aktion oder Position?
Zu Z. 11:

> Ich will mich nicht daneben sitzen.

a) Übersicht:

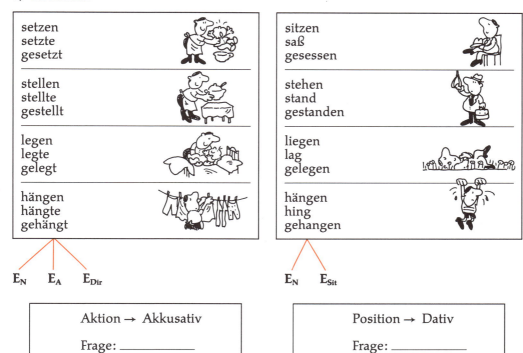

setzen setzte gesetzt		sitzen saß gesessen	
stellen stellte gestellt		stehen stand gestanden	
legen legte gelegt		liegen lag gelegen	
hängen hängte gehängt		hängen hing gehangen	

E_N E_A E_{Dir} E_N E_{Sit}

| Aktion → Akkusativ

Frage: _____ | Position → Dativ

Frage: _____ |

b) **Bitte ergänzen Sie mit den passenden Verben aus a):**

1. Letzten Mittwoch sind wir mit dem Bus nach Berlin gefahren. 2. Unsere Gruppe wollte gerne zusammen __*sitzen*__ , deshalb hatten wir beschlossen, uns im Bus alle ganz nach hinten zu __*setzen*__ . 3. Als der Bus ankam, __*stellten*__ sich einige von uns an die Tür, um schnell einsteigen zu können. 4. Sie sollten irgendetwas auf die hintersten Sitze __*legen*__ und drinnen __*sitzen*__ bleiben, während wir anderen draußen bei den Koffern __*standen*__ . 5. Alle mußten ihre Koffer in den Gepäckraum __*legen*__ bzw. __*stellen*__ . 6. Als dann alle eingestiegen waren, gab es bei den freigehaltenen Sitzplätzen Probleme, weil sich andere auf die Plätze __*gesetzt*__ hatten, auf denen unsere Sachen __*lagen*__ . 7. Sie hatten ihre Taschen schon ins Gepäcknetz __*gelegt*__ , ihre Mäntel an die Haken __*gehängt*__ und wollten nicht mehr auf__*stehen*__ . 8. Schließlich kam einer der Lehrer, ließ sich die Situation erklären und bat die anderen, sich weiter nach vorn zu __*setzen*__ .

10. *ss* oder *ß*?
Zu Z. 19:

> *Sie hasste diesen Mann, weil er einen Neger*
> *war und sie Vorurteile gegen die Neger hatte.*

Regel: Nur zwischen zwei kurzen Vokalen steht *ss*, sonst immer *ß*!

Bitte ergänzen Sie mit *ss* oder *ß*:

1. Die Türen schlo____en sich, und wir fuhren ab. 2. Zuerst mu____ten wir mit unseren gro___en Bu___en durch die engen Ga___en der Altstadt, dann ging es auf der vom Hochwa___er fast überfluteten Bundesstra___e am Flu___ entlang in Richtung Autobahn. 4. Wir hatten die Stadt gerade hinter uns gela___en, als eine Studentin aus Li___abon, die neben mir sa___, plötzlich in ihre Tasche fa___te und feststellte, da___ sie ihren Pa___ verge___en hatte. 5. Ich lachte und rief den anderen zu: „Habt ihr auch eure Pä___e vergessen?" 6. „Ja!" riefen sie zurück, und da begriff meine Nachbarin endlich, da___ man auf einer Fahrt nach Berlin keinen Pa___ mehr vorzeigen mu___.

11. a) Bitte ergänzen Sie die fehlende Hälfte der angefangenen Wörter:

1. Man ka____ sich eigen_____ überhaupt ni____ vorstellen, d____ es he_____ noch sol_____ Vorurteile gi____. 2. Also, i____ hab' d___ neulich w____ erlebt – d___ war ku___ bevor i___ hierher geko_____ bin. 3. Ich wol____ so ge___ sechs m____ dem B____ nach Ha_____ fahren, u___ natürlich w____ es ziem_____ voll, we____ Hauptverkehrszeit w____. 4. Nur e___ einziger Sitz_____ war no___ frei. 5. Eine Fr____ wollte si___ setzen, ab___ als s___ gesehen h____, daß s___ dann ne_____ einem Farb_____ sitzen wü_____, hat s___ angefangen z____ schimpfen: 6. „Ne_____ so ei_____ setze i____ mich ni_____, die si___ schmutzig u___ stinken!" 7. Da_____ hatte s___ einen Afri_____ gemeint. 8. Ist do___ unglaublich, ni____? 9. Dabei h____ sie d___ Mann über_____ nicht gek_____ und ha____ auch g____ keinen Gr_____, so ungla_____ grob u____ unverschämt z____ sein, u___ das v_ allen Leu_____. 10. Aber wahrsch_____ waren ih__ Vorurteile s__ stark, d__ sie i__ nur we____ seiner Haut_____ haßte.

b) Bitte lesen Sie den Text noch einmal. Handelt es sich um einen schriftlichen Erlebnisbericht oder um die Transkription eines mündlichen Berichts? Geben Sie Gründe an.

(Bitte wählen Sie eine der drei folgenden Aufgaben.)

1. Bildgeschichte

Bitte sammeln Sie Wörter und Wendungen zu diesen Zeichnungen, füllen Sie die letzte Sprechblase, und erzählen Sie, was hier passiert ist.

2. Wörtergeschichte

Bitte erzählen Sie aus den
nebenstehenden Wörtern
eine Geschichte.

dicker Junge –
einziges Kind – reich –
verwöhnt – neu zuge=
zogen – keine Freunde –
Ereignis – Bewunderung –
viele Freunde

3. Fotogeschichte

 a) **Was fällt Ihnen an diesem Foto besonders auf?**

 b) **Bitte erzählen Sie eine Geschichte dazu.**

c) <u>Rollenspiel:</u> **Gespräch zwischen einem Interviewer und einer der Personen auf dem Foto.**

1. Diskussionsformeln

Bitte ergänzen Sie weitere Formulierungen für die folgenden Redeabsichten.

a) Vorsichtige Meinungsäußerung

> Soviel / Soweit ich weiß, ...
> Meines Wissens...
> Wenn ich mich nicht irre / täusche, ...

b) Eigene Meinung bekräftigen

> Aber es ist ganz sicher so, daß...
> Also für mich gibt es da keinen Zweifel, ...
> Ich bin ganz / hundertprozentig / absolut sicher, daß...

c) Meinungen/Argumente bezweifeln

> Also, ich kann mir nicht vorstellen, daß...
> Da habe ich aber (starke) Zweifel, ob...
> Ich bezweifle, daß...

d) Nachfragen nach Inhalt/Bedeutung

> Entschuldige,
> - kannst du das mal etwas genauer / konkreter / deutlicher sagen?
> - was verstehst du (eigentlich) unter ...? / - was meinst du mit?

2. Diskussionsorganisation (informelle Diskussion)

Formeln für Diskussionsteilnehmer:

a) Rederecht anmelden
— Dazu möchte ich kurz (et)was sagen/fragen.
— Darf ich (hier) mal kurz unterbrechen?
— Entschuldige, wenn ich dich unterbreche, aber ...
— Darf/Kann ich da (gerade mal) eine kurze Zwischenfrage stellen?
— Vielleicht noch einen Satz/eine Ergänzung dazu ...

b) Rederecht verteidigen

Neutral:
Moment,/Einen Augenblick,
— darf ich das gerade noch zu Ende führen/bringen?
— ich möchte das gerade noch abschließen.
— ich bin gleich fertig.
— nur noch einen Satz.

Leicht verärgert:
Entschuldigung, aber
— ich habe noch nicht ausgeredet.
— laß mich (doch) mal ausreden!
— du mußt mich schon ausreden lassen.
— kann/darf ich bitte mal ausreden?

3. Diskussionsthema

Halten Sie es für unproblematisch, wenn Angehörige verschiedener Kulturen heiraten und Kinder bekommen?

Argumente pro:	Argumente contra:
Wenn Partner diesen Schritt genau überlegen	Nicht pauschal beantwortbar, je nach Rasse und Kultur unterschiedlich
Kinder sehr anpassungsfähig, lernen mit Situation zu leben	Kinder aus Mischehen ohne 'Heimat'
Wenn Gesellschaft tolerant, kaum Probleme	Bei starken Vorurteilen: Scheitern auch bei guten Voraussetzungen
Auch Probleme, wenn Ehepartner aus verschiedenen sozialen Schichten	Fast immer Schwierigkeiten bei Kindern aus Mischehen
Auch Vorteile für Kinder aus Mischehen: viel Aufmerksamkeit, besonderer Status	'Etwas Besonderes sein' für Kinder oft negativ
Veränderung der Welt nicht durch Vermeidung von Schwierigkeiten	Unfair gegen Kinder, sie leiden lebenslang unter Entscheidung der Eltern

 4. Weitere Diskussionsthemen

 Bitte sammeln Sie zu den folgenden Diskussionsthemen zunächst Pro- und Contra-Argumente in Partnerarbeit, und verwenden Sie dabei die bisher unter Diskussion angegebenen Diskussionsformeln. Führen Sie die Diskussion anschließend mit einem Diskussionsleiter noch einmal im Plenum durch.

- Haben Sie Verständnis dafür, wenn Eltern sich dagegen wehren, daß ihr Kind jemanden aus einer anderen (tieferen) sozialen Schicht heiratet?
- Kann man Vorurteile besser überwinden, wenn Angehörige verschiedener Nationalitäten und Kulturen möglichst eng zusammenleben?
- Haben Vorurteile etwas mit Intelligenz zu tun?

 5. Wie denkt man in Ihrem Heimatland über die obigen Diskussionsthemen? Bitte berichten Sie.

6. Bitte schreiben Sie einen Kommentar (d. h. Ihre eigene Meinung) zu einem im Plenum besprochenen Diskussionsthema.

7. Informationstext:
Bitte schreiben Sie einen Bericht über traditionelle Vorurteile (z. B. gegen Minderheiten) in Ihrem Heimatland. Wie sind sie entstanden, und welche Meinung haben junge Leute heute dazu? (ca. 150 Wörter)

Nebensätze (final)

1. Der Journalist Gerhart Kromschröder (K) lebte eine Woche lang als türkischer Hilfsarbeiter in Frankfurt. Er wird darüber von einem Reporter-Kollegen (R) in einem Interview befragt:

a) R: Herr Kromschröder, warum haben Sie dieses Experiment gemacht?

b) K: Ich wollte herausfinden, wie stark die Vorurteile gegen Ausländer wirklich sind.

c) R: Und wie haben Sie sich in einen Türken verwandelt?

d) K: Ich habe mir die Haare und den Schnauzbart schwarz gefärbt und mich 'türkisch' angezogen. Niemand sollte mich als Deutschen erkennen können.

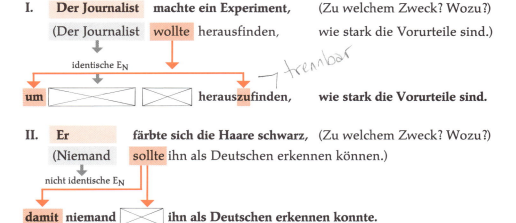

I. **Der Journalist** **machte ein Experiment,** (Zu welchem Zweck? Wozu?)

(Der Journalist **wollte** herausfinden, wie stark die Vorurteile sind.)

identische E_N ↗ trennbar

um ⨯⨯⨯ ⨯⨯ **herauzufinden,** **wie stark die Vorurteile sind.**

II. **Er** **färbte sich die Haare schwarz,** (Zu welchem Zweck? Wozu?)

(Niemand **sollte** ihn als Deutschen erkennen können.)

nicht identische E_N

damit niemand ⨯⨯ **ihn als Deutschen erkennen konnte.**

2. Bitte ergänzen Sie die folgende Regel:

> — In Sätzen mit **identischer E_N** (siehe I.) ist der Subjunktor _____ ... *zu* **immer möglich.**
>
>   Im *um ... zu*-Satz fällt das Modalverb *wollen* weg.
>
> — In Sätzen mit **nicht identischer E_N** (siehe II.) ist der Subjunktor _____ **obligatorisch.**
>
>   Im *damit*-Satz fällt das Modalverb *sollen* weg.

> **Gedächtnisstütze:**
>   Identische E_N →   identische Vokale (**um ... zu**)
> Nicht identische E_N → nicht identische Vokale (**damit**).

79

3. Rundfragen:

a) In was für eine Person (oder in was für ein Tier) möchten Sie sich gern einmal verwandeln? Zu welchem Zweck? Was wollen Sie dabei herausfinden?

b) Was würden Sie mit den Ergebnissen Ihres Experiments machen? Zu welchem Zweck würden Sie diese Ergebnisse verwenden?

Nebensätze (konzessiv)

 4. Fortsetzung zu dem Interview in 1. (oben)

e) R: Können Sie uns vielleicht über einige Ihrer Erlebnisse als Türke berichten?

f) K: Ja, also am ersten Tag bin ich in ein Café gegangen. *Es war fast leer*, trotzdem durfte ich mich zunächst nicht setzen.

g) *Ich hatte nicht reserviert,* aber ich habe mich trotzdem hingesetzt.

h) *Die Kellnerin hatte nicht viel zu tun*, trotzdem hat sie mich einfach nicht bedient.

j) *Ich mußte länger als 20 Minuten warten*, aber ich habe nichts gesagt.

k) Schließlich bin ich zum Oberkellner gegangen und habe einen Kaffee bestellt. *Ich war nicht unhöflich*, und trotzdem hat er mich beschimpft und rausgeworfen.

5. a) Bitte formulieren Sie die schräg gedruckten Hauptsätze in 4. nach folgendem Beispiel mit *obwohl* um:

Zu 4. f) *Obwohl das Café fast leer war, durfte er sich zunächst nicht setzen.*

Zu 4. g) *Obwohl er nicht reserviert hatte,* hat er sich hingesetzt.

Zu 4. h) *Obwohl die Kellnerin* nicht viel zu tun hatte, hat sie ihn einfach nicht bedient

Zu 4. j) *Obwohl* er länger als 20 Minuten warten mußte, hat er nichts gesagt.

Zu 4. k) *Obwohl* er nicht unhöflich war, hat der Oberkellner ihn beschimpft und rausgeworfen

> ***Obwohl*** ist ein Subjunktor und leitet einen **Nebensatz** ein.
> ***Trotzdem*** ist ein Konjunktionaladverb und leitet einen **Hauptsatz** ein.
> *Trotzdem* drückt eine unerwartete Folge/Fortsetzung aus. Z. B.:
> *Das Café war leer, trotzdem durfte er sich nicht setzen.*

b) Bitte formen Sie die Aussagen des Türken in einen Erlebnisbericht (in der dritten Person Singular Präteritum) um. Benutzen Sie dabei Satzkonstruktionen mit *obwohl* oder *trotzdem.* Vermeiden Sie Wiederholungen im nachfolgenden Satz. Beispiel:

Am ersten Tag ging er als Türke verkleidet in ein Café. ...

c) Bitte übernehmen Sie die Rolle des Türken, und berichten Sie von 'Ihrem' Erlebnis im Café. Benutzen Sie dabei das Perfekt, wo es möglich ist. Beispiel:

Ja, also, am ersten Tag bin ich in ein Café gegangen ...

d) Rollenspiel:
S1 übernimmt die Rolle des Reporters und S2 die des Türken. Benutzen Sie möglichst viele Konstruktionen mit *obwohl* und *trotzdem.*

Position der Nebensätze

6. Nebensätze mit den Subjunktoren *um ... zu, damit* und *obwohl* können im Vorfeld oder im Nachfeld stehen.
Bitte formen Sie die folgenden Sätze so um, daß der Nebensatz im Nachfeld (Satz 1 + 2) bzw. im Vorfeld (Satz 3) steht.

Vorfeld	V₁	Mittelfeld	V₂	Nachfeld
1. Um echt zu wirken,	verkleidete	er sich.		
Er	*verkleidete*	*sich,*		
2. Damit man ihn nicht erkannte,	färbte	er sich die Haare.		
3. Er	wurde	nicht bedient,		obwohl wenig zu tun war.

> Mit dem Subjunktor **obwohl** ist das weniger gebräuchliche **obgleich** synonym.

7. Hatten Sie oder Freunde von Ihnen auch schon einmal Schwierigkeiten, obwohl Sie/sie sich korrekt verhalten hatten? Bitte berichten Sie.

8.a) Bitte machen Sie aus den schräg gedruckten Hauptsätzen in dem folgenden Bericht eines amerikanischen Studenten Nebensätze mit den Subjunktoren *um ... zu/damit* oder *obwohl*:

1. *Ich hatte nicht viel Geld,* trotzdem wollte ich während meines Europaaufenthalts auch die Türkei kennenlernen.
2. Ich kaufte mir einen Türkisch-Sprachführer für Touristen. *Ich wollte wenigstens ein bißchen Türkisch sprechen.*

81

3. *Das Buch gab die Aussprache in phonetischer Umschrift an.* Trotzdem war ich mir nicht sicher, ob ich die Wörter richtig aussprach.
4. *Ich wollte nichts Falsches einüben* (,) und (ich) bat einen türkischen Kommilitonen, mir bestimmte Sätze vorzulesen.
5. *Ich konnte sie zunächst gut wiederholen.* Trotzdem hatte ich zu Hause die richtige Aussprache schon wieder vergessen.
6. *Das sollte mir nicht noch mal passieren.* Ich bat ihn bei unserem nächsten Treffen, mir einiges auf Cassette zu sprechen.
7. Ich besuchte zusätzlich noch einen Türkisch-Kurs an der Volkshochschule. *Ich wollte möglichst schnell Türkisch können.*
8. Ich hatte beschlossen, in die Türkei zu trampen. *Ich wollte nicht die Hälfte meines Geldes für die Reisekosten ausgeben.*
9. *Mein türkischer Kommilitone hielt das für keine gute Idee,* aber ich hatte keine Probleme.
10. Ich hatte mir ein großes Schild gemacht: „STUDENT NACH ISTANBUL". *Die Autofahrer sollten wissen, wohin ich wollte.*
11. *Von hier in die Türkei sind es über 2000 km.* Trotzdem war ich in drei Tagen da.
12. Istanbul war wunderbar. Ich machte zunächst eine Stadtrundfahrt. *Ich wollte die historischen Sehenswürdigkeiten kennenlernen.*
13. Am nächsten Tag ging ich auf den Bazar. *Ich wollte mein Türkisch beim Einkaufen anwenden.*
14 Ich tat immer so, als ob ich Deutscher wäre. *Die Türken sollten nicht immer Englisch mit mir sprechen.*
15. Von Istanbul trampte ich weiter ostwärts. *Die Leute auf dem Land sind meist ziemlich arm.* Trotzdem waren sie sehr gastfreundlich.
16. Insgesamt war ich vier Wochen unterwegs, und ich mußte die ganze Zeit Türkisch sprechen. *Die Leute sollten mich verstehen können.*
17. In meinem Studentenheim will ich demnächst einen Diavortrag über die Türkei halten. *Meine Kommilitonen sollen etwas mehr über die Türkei und die Türken erfahren.*

Besonders in der gesprochenen Sprache wird häufig **bei gleicher E_N** in Haupt- und Nebensatz statt **um ... zu** der Subjunktor **damit** benutzt, und zwar meist dann, wenn der Sprecher im Nebensatz das 'Wollen' ausdrücken möchte und zusätzlich das

— 'Können'   *Ich ließ einen Türken auf Band sprechen,* **damit** *ich alles richtig einüben* konnte. (Ich wollte alles richtig einüben können.)

— 'Nicht-Müssen'   *In der Türkei spielte ich einen Deutschen,* **damit** ich nicht Englisch sprechen mußte. (Ich wollte nicht Englisch sprechen müssen.)

— 'Dürfen'   *Ich besorgte mir eine Arbeitserlaubnis,* **damit** ich jobben durfte. (Ich wollte jobben dürfen.)

Wenn der Nebensatz sowohl 'Wollen' ausdrückt als auch die Bedeutung 'die Folge soll sein, daß ...' haben kann, ist **damit** auch möglich:

Ich muß meinen Paß verlängern lassen, **damit** *ich keine Schwierigkeiten bekomme.* (Ich will keine Schwierigkeiten bekommen./ Die Folge soll sein, daß ich ...)

Im *damit*-Satz fallen die Modalverben *wollen* und *sollen* weg.

b) In welchen Sätzen von Übung 8.a) kann man statt *um...zu* auch *damit + können/ nicht müssen* einsetzen?

c) Bitte lesen Sie den folgenden Text, und versuchen Sie, ihn möglichst genau wiederzugeben.

Der Zweckdiener

Herr K. stellte die folgenden Fragen:
„Jeden Morgen macht mein Nachbar Musik auf einem Grammophonkasten. Warum macht er Musik? Ich höre, weil er turnt. Warum turnt er? Weil er Kraft benötigt, höre ich. Wozu benötigt er Kraft? Weil er seine Feinde in der Stadt besiegen muß, sagt er. Warum muß er Feinde besiegen? Weil er essen will, höre ich."
Nachdem Herr K. dies gehört hatte, daß sein Nachbar Musik mache, um zu turnen, turne, um kräftig zu sein, kräftig sein wolle, um seine Feinde zu erschlagen, seine Feinde erschlage, um zu essen, stellte er seine Frage: „Warum ißt er?"

Bertolt Brecht

Nominaler oder verbaler Ausdruck

9.a) Übersicht:

Vorfeld	V₁	Mittelfeld	V₂
1. **Trotz** der vielen freien Plätze im Operncafé	durfte	sich der verkleidete Journalist nicht	setzen.
2. **Obwohl** im Operncafé viele Plätze frei waren,	durfte	er sich nicht	setzen.
3. Er	konnte	keine Reservierungs-schilder sehen,	
trotzdem	durfte	er sich nicht	setzen.

Präposition: *Trotz* (mit Genitiv)
Subjunktor: *Obwohl* ...,
Konjunktionaladverb: ..., *trotzdem* ...

b)

> **Nominale Ausdrucksweise,** z.B. Nominalphrasen mit Präpositionen (Satz 1), benutzt man eher in der **geschriebenen Sprache.**
>
> **Verbale Ausdrucksweise,** z.B. Nebensatzkonstruktionen mit Subjunktoren (Satz 2), benutzt man dagegen eher in der **gesprochenen Sprache.**
>
> Sätze mit **Konjunktionaladverbien** (Satz 3) werden in der **geschriebenen und in der gesprochenen Sprache** verwendet. Sie drücken oft eine besondere Emphase aus.

c) Bitte ergänzen Sie in der folgenden Übersicht die schon bekannten Subjunktoren. Z. B.:

Präp.: *Trotz der Kälte ...* Subj.: *obwohl* ... Konj.-adv.: *... , trotzdem ...*	Präp.: *Beim Aussteigen ...* Subj.: *wenn / als* ... Konj.-adv.: *... , dann ...*
Präp.: *Wegen seiner Krankheit ...* Subj.: *Weil / da* ... Konj.-adv.: *... , deshalb/darum ...*	Präp.: *Zur Erholung ...* Subj.: *Um ... zu / damit* ... Konj.-adv.: Ø
Präp.: *Ohne Gruß ...* Subj.: *ohne daß / ohne zu* ... Konj.-adv.: Ø	Präp.: *Statt einer Antwort ...* Subj.: *anstatt zu* ... Konj.-adv.: *... statt dessen ...*
Präp.: *Nach dem Abitur...* Subj.: *nachdem* ... Konj.-adv.: *... , danach/dann/darauf ...*	Präp.: *Vor dem Studium ...* Subj.: *bevor* ... Konj.-adv.: *... , vorher/davor ...*
Präp.: *Seit seiner Verlobung ...* Subj.: *seitdem* ... Konj.-adv.: *... , seitdem ...*	Präp.: *Bis zu seiner Hochzeit ...* Subj.: *bis* ... Konj.-adv.: *... , bis dahin ...*
Präp.: *Während des Essens ...* Sub.: *während* ... Konj.-adv.: *... , währenddessen ...*	

10.a) Bitte formulieren Sie die folgenden Redebeiträge von K. (Fortsetzung des Interviews unter 4. oben) in einen Bericht um. Bilden Sie dabei aus den schräg gedruckten Nebensätzen Nominalphrasen nach folgendem Beispiel:

Ohne zu protestieren, habe ich das Café verlassen. (r Protest)

Ohne   Protest   verließ er   das Café.

R: 1. Sind Sie noch öfter so schlecht behandelt worden?
K: 2. Ja, also, *nachdem ich aus dem Café rausgeworfen worden war,*   (r Rauswurf)
wollte ich mit dem Bus nach Hause fahren. 3. *Als ich in den*
Bus eingestiegen bin, hat mich ein junger Mann als 'Kanake'   (s Einsteigen)
beschimpft. 4. *Obwohl er mich beleidigt hatte,* habe ich nichts   (e Beleidigung)
gesagt.

R: 5. Das hätten Sie sich aber doch nicht gefallen lassen müssen.
K: 6. Vielleicht nicht, *aber seitdem ich mich in einen Türken verwandelt hatte,* war mir klar geworden: 7. *Um zu überleben,* muß man sich hier ducken. 8. *Und bevor man heftig reagiert,* muß man immer an die möglichen Folgen denken. 9. *Während der Bus weitergefahren ist,* habe ich den jungen Mann hinter mir mit seinem Nachbarn schimpfen hören. 10. *„Anstatt die Zahl der Ausländer ständig zu steigern,* sollte man lieber mehr Deutsche aus dem Osten kommen lassen." 11. Der Bus wurde immer voller. 12. Plötzlich stand der junge Mann vor mir und schrie mich an: „Du aufstehen, deutsche Frau sitzen!" 13. *Weil seine Stimme ziemlich drohend klang,* stand ich schnell auf. 14. *Obwohl ich unheimlich wütend war,* ließ ich mir nichts anmerken. Ich wollte nur raus. 15. *Aber bis der Bus anhielt,* schien es eine Ewigkeit zu dauern.

(e Verwandlung)
(s Überleben)
(e Reaktion)

(e Weiterfahrt)
(e Steigerung)

(r Klang)
(e Wut)
(s Anhalten)

b) Bitte formulieren Sie die Sätze 4., 10., 13., 14. unter a) mit Konjunktionaladverbien um. Z. B.:
2. Ich war aus dem Café rausgeworfen worden. **Danach** *wollte ich mit dem Bus nach Hause fahren.*

11. Bitte formulieren Sie den folgenden mündlichen Bericht in einen schriftlichen um.

Eine Regierungsdelegation reiste in die Türkei zu Gesprächen über Reintegrationsprobleme türkischer Gastarbeiter. Ein Mitglied dieser Delegation berichtete:

Beispiel: *Als   wir   in Ankara ankamen,*   wurden wir von Vertretern der türkischen
Regierung auf dem Flugplatz empfangen.
Bei unserer Ankunft in Ankara ...

1. *Obwohl wir große Verspätung hatten,* wurden wir sehr herzlich begrüßt. 2. *Weil die Straßen glatt waren,* brauchten wir fast zwei Stunden, *bis wir im Innenministerium ankamen.* 3. *Bevor wir mit unseren Arbeitsgesprächen begannen,* hielt der türkische Wirtschaftsminister eine kurze Begrüßungsrede. 4. *Nachdem der formelle Teil beendet war,* führten wir sehr konstruktive Gespräche mit unseren türkischen Kollegen. 5. Es ging vor allem um die Probleme, die Gastarbeiter haben, *wenn sie in ihre Heimat zurückkehren.* 6. Die meisten haben Probleme, *denn seitdem sie vor 10 oder 20 Jahren ausgewandert sind,* hat sich vieles verändert. 7. Dazu kommt, daß viele Jugendliche in ihren Gastländern bleiben wollen; *aber ohne daß ihre Eltern zustimmen,* dürfen sie das nicht. 8. *Während sie sich in Deutschland aufgehalten haben,* ist ihre Muttersprache oft vernachlässigt worden. 9. *Obwohl sie in Deutschland oft gute Noten hatten,* haben sie Schwierigkeiten, in den türkischen Schulen mitzukommen. 10. Auch die Eltern haben Schwierigkeiten, *wenn sie eine Wohnung oder einen Arbeitsplatz suchen.* 11. Viele haben zudem Gesundheitsprobleme, *weil sie jahrelang hart in der Industrie gearbeitet haben.* 12. *Anstatt ihre Ersparnisse sinnvoll zu investieren,* machen sich viele ohne Erfahrung selbständig und kommen häufig in finanzielle Schwierigkeiten. 13. *Weil alle diese Probleme sehr komplex waren,* gab es natürlich auch Meinungsverschiedenheiten zwischen den beiden Delegationen. 14. *Aber nachdem wir eine Woche intensiv beraten hatten,* hatten wir das Gefühl, für die dringendsten Probleme Lösungen gefunden zu haben.

Zweigliedrige Konnektoren

12. Bitte unterstreichen Sie in der folgenden Fortsetzung des Interviews mit dem Journalisten Kromschröder von Übung 10. die zweigliedrigen Konnektoren, und zwar diejenigen, die <u>Satzteile verbinden</u>, mit schwarzem Stift und die, die <u>Hauptsätze verbinden</u>, mit rotem.

R: 1. Ich nehme an, daß viele Leute Ihre Erfahrungen entweder für Zufall oder für Ausnahmen halten.

K: 2. Ja, genau das wollten wir ja herausfinden. 3. Aber ich halte die vielen Erlebnisse, die wir auf unserer Reise gehabt haben, weder für Zufälle, noch sehe ich sie als Ausnahmen an. 4. Zwar könnte ich auch von einigen positiven Erfahrungen berichten, aber die negativen überwiegen doch bei weitem. 5. Und das ist etwas, was viele Leute entweder nicht wissen oder nicht wahrhaben wollen.

R: 6. Haben Sie ihre Erfahrungen hauptsächlich in Großstädten gemacht?

K: 7. Nein, wir sind sowohl in den Städten gewesen als auch auf dem Land. 8. Auf dem Land waren die Vorurteile zum Teil noch stärker. 9. Ich möchte Ihnen dafür noch ein letztes Beispiel erzählen: Auf dem Foto sehen Sie meinen indischen Kollegen und mich sowie christliche Pilger auf dem Weg zu einer Kapelle.

R: 10. Und wie waren die Reaktionen der Leute?

K: 11. Sehr interessant: Teils haben sie uns ignoriert, teils haben sie uns heimlich Blicke zugeworfen. 12. Wir konnten weder freundliche Reaktionen erkennen, noch hat uns irgendjemand Hilfsbereitschaft signalisiert. 13. Wir haben entweder negative Bemerkungen gehört, oder man hat uns aufgefordert, wieder dahin zurückzugehen, wo wir hergekommen sind.

13. Bitte ergänzen Sie mit den in Übung 12. unterstrichenen Konnektoren, die <u>Satz-teile</u> verbinden.

1. Mein Kollege ___und___ ich ...   (Wir beide.)
2. Sowohl mein Kollege ___als___ ___auch___ ich ...   (Er + ich, **beide** betont)
3. Nicht nur mein Kollege, ___sondern___   (Er + ich, **ich** betont)
   ___auch___ ich ...
4. Mein Kollege ___und___ ich ___sowie___   (Wir beide, dazu
   einige Pilger ...   noch/zusätzlich ...)
5. (Entweder) mein Kollege ___oder___ ich ...   (**Einer** von uns beiden)
6. Weder mein Kollege ___noch___ ich ...   (**Keiner** von uns beiden)
7. Sie beschimpften ___teils___ meinen Kollegen,   (manchmal ihn,
   ___teils___ mich.   manchmal mich)
8. Wir wurden ignoriert ___oder___ beschimpft.   (das eine oder das andere)

14. Wo passen die folgenden zweigliedrigen Konnektoren, die Satzteile verbinden?

nicht nur ... sondern auch	teils ... teils
sowohl ... als auch	weder ... noch
und (... sowie)	(entweder) ... oder

1. An der Wallfahrt nahmen Erwachsene ___und___ Jugendliche ___sowie___
einige Kinder teil. 2. ___Sowohl___ mein Kollege ___als___ ___auch___
ich hielten den Pilgern Schilder hin. 3. ___Nicht nur___ er, ___sondern___ ___auch___
ich sahen wie echte Inder aus. 4. Die Pilger sprachen ihre Gebete ___teils___ laut,
___teils___ leise. 5. Wir stellten fest, daß die Pilger uns ___entweder___ gar nicht
beachteten ___oder___ beschimpften. 6. Einige warfen mir ___und___ meinem Kollegen auch nur unfreundliche Blicke zu. 7. ___Weder___ von den Erwachsenen ___noch___ von den Kindern hörten wir ein freundliches Wort.

> **Frage**
> wie geht man mit seinen gastarbeitern um
> antwort
> man umgeht sie
>
> *Ingrid Kötter*

Positionen im Satz

15. a) Bitte schreiben Sie aus Übung 12. die Sätze mit zweigliedrigen Konnektoren, die <u>Hauptsätze</u> verbinden, in die folgende Grafik mit jeweils einer Positionsvariante wie im Beispiel:

	Konj.	Vorfeld	V_1	Mittelfeld	V_2
3.		Ich	halte	die Erlebnisse weder für Zufälle/	
		Weder	halte	ich die Erlebnisse für Zufälle,	
		noch	sehe	ich sie als Ausnahmen	an.
4.					
11.					
12.					
13.					

b) Wo kann der erste der zweigliedrigen Konnektoren im jeweils ersten Hauptsatz stehen? Machen Sie (mit blauem Stift) in der Grafik oben einen Kreis um diese Elemente.

Wo können die zweigliedrigen Konnektoren im jeweils zweiten Hauptsatz stehen? Umkreisen Sie sie (wieder mit blauem Stift).

Wo stehen im zweiten Hauptsatz *aber* und *oder*? Umkreisen Sie sie oben (mit rotem Stift).

16. Bitte verbinden Sie die Hauptsätze mit den folgenden zweigliedrigen Konnektoren:

entweder ... oder	weder ... noch
zwar ... aber	teils ... teils

1. Asylanten kommen zum Teil als Wirtschaftsflüchtlinge.
   Sie werden zum Teil politisch verfolgt.
2. (Sie müssen beweisen, daß sie politisch verfolgt wurden.)
   Sie müssen entsprechende Dokumente vorlegen.
   Sie müssen Zeugen benennen.
3. Sie dürfen hier zunächst nicht arbeiten.
   Sie dürfen den Landkreis ihres Aufenthaltsortes nicht verlassen.
4. Sie werden als Flüchtlinge anerkannt.
   Sie müssen (sonst) das Land wieder verlassen.
5. Sie fühlen sich hier nicht bedroht.
   Sie leiden unter der Unsicherheit ihrer Situation.
6. Der Asylantrag wird bei den meisten abgelehnt.
   Viele der abgelehnten Asylbewerber bleiben doch — legal oder illegal —
   in Deutschland.
7. Zum Teil sind sie alleine hier.
   Zum Teil haben sie ihre Familien mitgebracht.
8. Einige können sich auf deutsch verständigen.
   Die meisten haben große Sprachschwierigkeiten.

Partikeln

17. a) Positionen der Partikeln im Satzfeld

Kann man denn das Asylverfahren   nicht verkürzen?
Kann man   das Asylverfahren denn nicht verkürzen?

Die Partikeln stehen immer nach Personalpronomen und *man* bzw. vor dem Teil des Satzes, den sie näher bestimmen.

b) Partikeln und Partikelkombinationen in Fragen

Partikeln:	Beispiele und Bedeutung:
denn	*Wie wollen Sie denn das Problem lösen?* (interessierte Frage/Ratlosigkeit)
eigentlich	*Was machen die Leute eigentlich hier?* (ernsthafte/vorwurfsvolle Frage)
etwa	*Wohnen sie etwa immer noch im Hotel?* (starker Zweifel)
überhaupt	*Wissen Sie überhaupt, wie Asylanten hier leben?* (leichter Zweifel)

denn in den Partikelkombinationen *denn eigentlich, denn etwa, denn überhaupt* intensiviert die o.a. Bedeutung.

c) Bitte formulieren Sie die schräg gedruckten Teile des folgenden sachlich-nüchternen Dialogs mit den obigen Partikeln bzw. Partikelkombinationen um, damit eine stärkere emotionale Beteiligung der Sprecher deutlich wird.

- 1. Das Asylantenproblem müssen Sie ganz nüchtern sehen.
- 2. *Wissen Sie*, wie viele Asylanten jährlich nach Deutschland kommen?
- 3. Es geht doch nicht um Zahlen, sondern um Menschen in Not.
- 4. *Ja sollen wir alle in Not geratenen Menschen aus der ganzen Welt aufnehmen?*
- 5. *Was wollen Sie machen?*
- 6. *Wollen Sie die Grenzen schließen?*
- 7. Aber gucken Sie sich die Mehrheit dieser Leute doch einmal an!
  8. *Sind das alles politisch Verfolgte?*
- 9. Wahrscheinlich nicht. *Aber wie stellen Sie sich das vor?*
  10. *Sollen die Beamten auf den Flughäfen oder an den Grenzen* diese Leute befragen und eventuell wieder zurückschicken?
- 11. Natürlich nicht. *Aber warum kann man den Beamten keine Listen* mit den Ländern geben, in denen es noch politische Verfolgung gibt?
- 12. *Können Sie sich vorstellen,* wieviel zusätzliches Personal das bedeuten würde?
  13. *Würde der Steuerzahler das* noch bezahlen wollen?

Albanische Familie
im Asylantenwohnheim

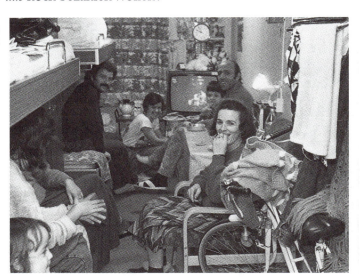

d) Bitte formulieren Sie die schräg gedruckten Teile in dem Dialog unten mit den folgenden Partikeln um:
also, denn, doch (2×), eigentlich, ja, (vielleicht) mal, ruhig, überhaupt

- 1. *Hast du schon das Buch 'Europa wach auf' gelesen?*
- 2. Nein, noch nicht. *Von wem ist das?*
- 3. Von ..., *du jetzt hab' ich den Namen vergessen!*
- 4. *Na, vielleicht fällt er dir noch ein.*
  5. *Erzähl mir erst mal, worum es in dem Buch geht.*
- 6. Ja, *da geht's um Menschen aus Afrika,* die sich in großer Zahl in Richtung Europa auf den Weg machen und um Asyl bitten.
- 7. Ach, davon hab' ich doch schon gehört. *Kannst du mir das leihen?*
- 8. Klar, *das kannst du eine Weile behalten,* ich hab's schon ausgelesen.

1. HV-Text: Rassismus

(„Papa – Charly hat gesagt ...")

1. Schreiben Sie auf, was Ihnen zum Wort *Rassenvorurteile* einfällt:

schlechte Bildungschancen

Rassenvorurteile

Erstes Hören

2. Kreuzen Sie das Zutreffende an:

a) Worum geht es hauptsächlich in diesem Gespräch?

Entstehung des Rassismus	☒	Rassenvorurteile im Beruf	☐
Unterdrückung anderer Rassen	☐	Überlegenheit einer Rasse	☐

b) Für wie alt halten Sie den Sohn?   5 ☐   8 ☒   11 ☐ Jahre.
Begründen Sie Ihre Meinung!

c) Der Sohn ist

		Der Vater ist	
wißbegierig	☐	gleichbleibend freundlich	☐
frech	☐	liebevoll	☐
intelligent	☐	geduldig	☐

Zweites Hören

3. Durch welche sprachlichen oder stilistischen Mittel wirkt dieser Dialog umgangssprachlich?

4. Beantworten Sie folgende Fragen zum Inhalt:

1. Wie ist nach Meinung des Vaters Rassismus entstanden?
2. Was sagt der Vater über Rassismus unter Hitler?
3. Welche Unterschiede zwischen Schwarz und Weiß führt er an?
4. Welches sind seine Gründe gegen Mischehen?

DU SCHWARZ

ICH WEISS

5. Ist der Vater Ihrer Meinung nach ein Rassist? Welche seiner geäußerten Meinungen sprechen dafür, welche dagegen?

Rassist	Nicht-Rassist

Drittes Hören

 6. Perspektivenwechsel: Machen Sie sich beim dritten Hören einige Notizen, und übernehmen Sie die Rolle des Sohnes, wie er seinem Freund Charly etwas von diesem Gespräch berichtet.

 ## 2. HV- und Wiedergabetext: König Drosselbart

(Aufgaben wie in Einheit 1, siehe S. 43/44)

3. HV-Text: Dienstreise ins Jenseits (Kurzkrimi)

4. HV-Text: „Kennen Sie den schon?" (Witze)

Achten Sie beim Hören und beim Wiedererzählen besonders auf den letzten Satz (Pointe)!

Vorschlag für die Arbeit mit den Lesetexten s. S. 261 f.

Text 1

Haare

Der Vater döst sanft über seinem Bier.

Sohn: Papa, Charly hat gesagt, sein Großvater hat gesagt ...

Vater: Na, was hat Charlys Großvater gesagt?

Sohn: Charlys Großvater hat gesagt, er lehnt aus Prinzip lange Haare ab. Alle Langhaarigen sind Gammler, die nicht arbeiten wollen, hat er gesagt.

5 Vater: So, hat er das gesagt? Der ist doch schon ziemlich verkalkt?

Sohn: Ich lach mir 'n Ast. Das gleiche hat Inge auch gesagt.

Vater: Wer ist Inge?

Sohn: Charlys Schwester. Die ist Klasse. Die hilft uns immer bei den Aufgaben. Die geht ins Gymnasium.

10 Vater: Und das gibt ihr das Recht, sich über ihren Großvater lustig zu machen? Hör zu. Wir brauchen Charlys Schwester nicht. Du weißt, daß du jederzeit zu mir kommen kannst, wenn du was nicht weißt.
Schicken die das Kind ins Gymnasium! Kommen sich wohl fortschrittlich vor.

Sohn: Was ist denn fortschrittlich, Papa?

15 Vater: Fortschrittlich ist, wenn man sich zeitgemäß gibt, modern denkt, an den Fortschritt glaubt.

Sohn: Und keine Vorurteile hat?

Vater: Natürlich.

Sohn: Bist du nicht fortschrittlich, Papa?

20 Vater: Schon – aber auf eine etwas andere Weise als diese Leute. Jedenfalls bemühe ich mich, die Dinge klar zu sehen und mir nichts vorzumachen.
Du hättest es übrigens selber nötig, mal wieder zum Friseur zu gehen.

Sohn: Warum?

Vater: Du weißt, daß Mama nicht will, daß du so rumläufst.

25 Sohn: Aber wenn du willst?

...

Sohn: Papa, hast du früher auch nie lange Haare haben wollen?

Vater: Zu meiner Zeit gab es keine langen Haare. Da wurden die Jungens noch zu richtigen Männern erzogen.

Sohn: Wann war denn deine Zeit?

30 Vater: Naja, ich meine, als ich so alt war wie du.

Sohn: Wann war denn das?

Vater: Das war so kurz vor dem Krieg. Da gab's diese Sudelheinis noch nicht. Damals herrschte noch Ordnung, da gammelte keiner rum, und für langhaarige Nichtstuer war erst recht kein Platz.

35 Sohn: Charlys Schwester sagt aber, früher, im Krieg und so, da war es ganz schlimm. Stimmt das?

Vater: Charlys Schwester ist viel zu jung, um das zu wissen.

Sohn: Die haben das aber in der Schule durchgenommen, in der Gemeinschaftskunde.

Vater: Das ist alles nur graue Theorie.

40 Sohn: Charly hat gesagt, sein Vater hat gesagt, daß es damals schlimm war und daß alle nichts hätten tun dürfen, was sie selber hätten tun wollen. Hat es deshalb keine langen Haare gegeben?

Vater: Charlys Vater! Charlys Vater! Du bringst das alles ein bißchen durcheinander. Das eine hat mit dem andern nichts zu tun. Ich bin bestimmt gegen vieles, was damals so
45 passiert ist, aber was wahr ist, ist wahr, und diese ungewaschenen Langhaarigen, die gab es eben nicht. Man braucht wirklich keine Vorurteile zu haben, um diese Typen einfach zum Kotzen zu finden. Und deshalb läßt du dir die Haare nicht wachsen. Hier bestimme ich. Immer noch. Und damit basta.

Sohn: Hat Mama nichts zu bestimmen?

50 Vater: Sicher hat Mama auch zu bestimmen, in einer Familie bestimmen beide, Vater und Mutter, aber der Vater hat etwas mehr zu bestimmen, weil er der Mann ist.

Sohn: Und warum hat der Mann mehr zu bestimmen?

Vater: Weil der Mann der Haushaltsvorstand ist und weil er das Geld verdient.

Sohn: Und ich lasse mir doch die Haare wachsen, wie Charly.

55 Vater: Schluß jetzt mit der Diskussion. Ich werde doch noch mit meinem Herrn Sohn fertigwerden.

Sohn: Siehst du, du läßt mich auch nicht tun, was ich will. Du bist wie die Leute damals. Wie Charlys Großvater bist du! Und du hast gesagt, daß du keine Vorurteile hast.

Vater: Ich habe keine Vorurteile, aber ich habe Prinzipien!

60 Sohn: Papa, bist du dann nicht auch verkalkt?

Eugen Helmlé

Aufgaben:

1. An welchen Stellen im Text wird die wahre Meinung des Vaters offen deutlich und wo nur verdeckt?

2. a) Wie könnte das Gespräch zwischen Vater und Sohn nach Zeile 25 weitergehen? Versuchen Sie, diesen Teil zu ergänzen.

 b) **Rollenspiel 1:** Machen Sie anschließend aus diesem ergänzten Teil ein Rollenspiel. Variante: Rollenspiel zwischen Vater — Mutter — Sohn.

3. **Rollenspiel 2:** Zwölf Jahre später. Der Sohn ist jetzt zwanzig. Wie könnte ein Gespräch (über Haare, Kleidung usw.) zwischen Vater und Sohn verlaufen?

DIE KANINCHEN, DIE AN ALLEM SCHULD WAREN. rabbit

Es war einmal – selbst die jüngsten Kinder erinnern sich noch daran – eine Kaninchenfamilie, die unweit von einem Rudel Wölfe lebte. Die Wölfe erklärten immer wieder, daß ihnen die Lebensweise der Kaninchen ganz und gar nicht
5 gefalle. (Von ihrer eigenen Lebensweise waren die Wölfe begeistert, denn das war die einzig richtige.) Eines Nachts fanden mehrere Wölfe bei einem Erdbeben den Tod, und die Schuld daran wurde den Kaninchen zugeschoben, die ja, wie jedermann weiß, mit ihren Hinterbeinen auf den Erdboden häm-
10 mern und dadurch Erdbeben verursachen. In einer anderen Nacht wurde einer der Wölfe vom Blitz erschlagen, und schuld daran waren wieder die Kaninchen, die ja, wie jedermann weiß, Salatfresser sind und dadurch Blitze verursachen. Die Wölfe drohten, die Kaninchen zu zivilisieren, wenn sie
15 sich nicht besser benähmen, und die Kaninchen beschlossen, auf eine einsame Insel zu flüchten.
Die anderen Tiere aber, die weit entfernt wohnten, redeten den Kaninchen ins Gewissen. Sie sagten: „Ihr müßt eure Tapferkeit beweisen, indem ihr bleibt, wo ihr seid. Dies ist keine
20 Welt für Ausreißer. Wenn die Wölfe euch angreifen, werden wir euch zu Hilfe eilen – höchstwahrscheinlich jedenfalls."
So lebten denn die Kaninchen weiterhin in der Nachbarschaft der Wölfe. Eines Tages kam eine schreckliche Überschwemmung und viele Wölfe ertranken. Daran waren die Kaninchen

Kaninchen Wölfe

Erdbeben — earthquake

to cause

der Blitz

Insel

conscience bravery

Ausreißer

Überschwemmung — flood

25 schuld, die ja, wie jedermann weiß, Mohrrübenknabberer mit
langen Ohren sind und dadurch Überschwemmungen verursachen. Die Wölfe fielen über die Kaninchen her – natürlich
um ihnen zu helfen – und sperrten sie in eine finstere Höhle
– natürlich um sie zu schützen.

30 Wochenlang hörte man nichts von den Kaninchen, und
schließlich fragten die anderen Tiere bei den Wölfen an, was
mit ihren Nachbarn geschehen sei. Die Wölfe erwiderten, die
Kaninchen seien gefressen worden, und da sie gefressen worden seien, handle es sich um eine rein innere <u>Angelegenheit</u>.

35 Die anderen Tiere drohten jedoch, sich unter <u>Umständen</u> gegen die Wölfe zusammenzuschließen, wenn die Vernichtung
der Kaninchen nicht irgendwie begründet würde. Also gaben
die Wölfe einen Grund an.

„Sie versuchten auszureißen", sagten die Wölfe, „und wie ihr

40 wißt, ist dies keine Welt für Ausreißer."

Moral: Laufe – nein, galoppiere schnurstracks zur nächsten
einsamen Insel.

James Thurber

Aufgaben:

1. Bitte ergänzen Sie das Flußdiagramm.

2. Welche Unterschiede bestehen zwischen dieser und den traditionellen Fabeln?

3. Welche Parallele zur neueren Geschichte sehen Sie in dieser Fabel? Wann könnte
sie geschrieben worden sein?

4. Bitte erzählen Sie die Fabel entweder aus der Sicht der Wölfe, der Kaninchen oder
der anderen Tiere.

5. Bitte machen Sie diesen Text zum 'Vorlesetext': Setzen Sie nach dem Hören vom
Band Satzakzente, Intonationspfeile und Grenzsignale.

6. Erzählen Sie die Fabel noch einmal anhand der Wörter im Flußdiagramm.

 7. Gibt es bei Ihnen ähnliche Fabeln, Geschichten oder Märchen über Vorurteile und
die Folgen?

Der andorranische Jude

In Andorra lebte ein junger Mann, den man für einen Juden hielt. Zu erzählen wäre die vermeintliche Geschichte seiner Herkunft, sein täglicher Umgang mit den Andorranern, die in ihm den Juden sehen: das fertige Bildnis, das ihn überall erwartet. Beispielsweise ihr Mißtrauen gegenüber seinem Gemüt, das ein Jude, wie auch die Andorraner wissen, nicht haben
5 kann. Er wird auf die Schärfe seines Intellektes verwiesen, der sich eben dadurch schärft, notgedrungen. Oder sein Verhältnis zum Geld, das in Andorra auch eine große Rolle spielt: er wußte, er spürte, was alle wortlos dachten; er prüfte sich, ob es wirklich so war, daß er stets an das Geld denke, er prüfte sich, bis er entdeckte, daß es stimmte, es war so, in der Tat, er dachte stets an das Geld. Er gestand es; er stand dazu, und die Andorraner blickten sich an,
10 wortlos, fast ohne ein Zucken der Mundwinkel. Auch in Dingen des Vaterlandes wußte er genau, was sie dachten; sooft er das Wort in den Mund genommen, ließen sie es liegen wie eine Münze, die in den Schmutz gefallen ist. Denn der Jude, auch das wußten die Andorraner, hat Vaterländer, die er wählt, die er kauft, aber nicht ein Vaterland wie wir, nicht ein zugeborenes, und wiewohl er es meinte, wenn es um andorranische Belange ging, er redete in ein
15 Schweigen hinein, wie in Watte. Später begriff er, daß es ihm offenbar an Takt fehlte, ja man sagte es ihm einmal rundheraus, als er, verzagt über ihr Verhalten, geradezu leidenschaftlich wurde. Das Vaterland gehörte den andern, ein für allemal, und daß er es lieben könnte, wurde von ihm nicht erwartet, im Gegenteil, seine beharrlichen Versuche und Werbungen öffneten nur eine Kluft des Verdachtes; er buhlte um eine Gunst, um einen Vorteil, um eine An-
20 biederung, die man als Mittel zum Zweck empfand auch dann, wenn man selber keinen möglichen Zweck erkannte. So wiederum ging es, bis er eines Tages entdeckte, mit seinem rastlosen und alles zergliedernden Scharfsinn entdeckte, daß er das Vaterland wirklich nicht liebte, schon das bloße Wort nicht, das jedesmal, wenn er es brauchte, ins Peinliche führte. Offenbar hatten sie recht. Offenbar konnte er überhaupt nicht lieben, nicht im andorrani-
25 schen Sinn; er hatte die Hitze der Leidenschaft, gewiß, dazu die Kälte seines Verstandes, und diesen empfand man als eine immer bereite Geheimwaffe seiner Rachsucht; es fehlte ihm das Gemüt, das Verbindende; es fehlte ihm und das war unverkennbar, die Wärme des Vertrauens. Der Umgang mit ihm war anregend, ja, aber nicht angenehm, nicht gemütlich. Es gelang ihm nicht, zu sein wie alle anderen, und nachdem er es umsonst versucht hatte, nicht aufzu-
30 fallen, trug er sein Anderssein sogar mit einer Art von Trotz, von Stolz und lauernder Feindschaft dahinter, die er, da sie ihm selber nicht gemütlich war, hinwiederum mit einer geschäftigen Höflichkeit überzuckerte; noch wenn er sich verbeugte, war es eine Art von Vorwurf, als wäre die Umwelt daran schuld, daß er ein Jude ist –

Die meisten Andorraner taten ihm nichts.
35 Also auch nichts Gutes.

Auf der anderen Seite gab es auch Andorraner eines freieren und fortschrittlichen Geistes, wie sie es nannten, eines Geistes, der sich der Menschlichkeit verpflichtet fühlte: sie achteten den Juden, wie sie betonten, gerade um seiner jüdischen Eigenschaften willen, Schärfe des Verstandes und so weiter. Sie standen zu ihm bis zu seinem Tode, der grausam gewesen ist,
40 so grausam und ekelhaft, daß sich auch jene Andorraner entsetzten, die es nicht berührt hatte, daß schon das ganze Leben grausam war. Das heißt, sie beklagten ihn eigentlich nicht, oder ganz offen gesprochen: sie vermißten ihn nicht – sie empörten sich nur über jene, die ihn getötet hatten, und über die Art, wie das geschehen war, vor allem die Art.

Man redete lange davon.
45 Bis es sich eines Tages zeigt, was er selber nicht hat wissen können, der Verstorbene: daß er ein Findelkind gewesen, dessen Eltern man später entdeckt hat, ein Andorraner wie unsereiner –

Man redete nicht mehr davon.

Die Andorraner aber, sooft sie in den Spiegel blickten, sahen mit Entsetzen, daß sie selber
50 die Züge des Judas tragen, jeder von ihnen.

Max Frisch

97

FRAUEN SIND SCHLAUER!

**Die US-Navy hat den Beweis geliefert. Eine von ihr finanzierte Studie ergab jetzt:
Frauen haben eine größere Überlebens-Intelligenz als Männer.**

Alle Zweifel sind zwecklos, die Beweise unschlagbar. Die Stanford-Studie räumt mit einem
5000 Jahre alten Irrtum auf. Und alle sind blamiert: Unsere urzeitlichen Vorfahren, die auf Höh-
lenzeichnungen gerne dem Mann die Rolle des Überlebenskünstlers zuschrieben; aber auch
Wissenschaftler wie Charles Darwin, der im 19. Jahrhundet doch tatsächlich behauptete:
5 „Frauen können nie etwas Besonderes leisten."

Eine ganze Generation berühmter Forscher versuchte, ihre wilden Behauptungen anatomisch
abzusichern. Eine ihrer Lieblingsformeln: Das weibliche Gehirn wiegt 15 Prozent weniger als
das männliche.

Aber das Hirnvolumen taugt als Gradmesser geistiger Fähigkeiten nur bedingt, da sonst jedes
10 Nashorn mehr von der Gravitationstheorie verstehen müßte als Newton. Und heute wissen wir:
Die Leistungsfähigkeit des Gehirns ist vor allem abhängig von der Zahl der Windungen im
Großhirn – und hier gleichen die Frauen das geringere Gesamtgewicht ihres Gehirns durch
eine erhöhte Zahl von Windungen pro Kubikzentimeter aus.

petra sprach mit Henner Er-
15 tel, Diplom-Psychologe und
Leiter der Gesellschaft für
Rationelle Psychologie
(GRP), München, über den
Intelligenzunterschied zwi-
20 schen Frauen und Männern.
petra: Stimmt die Stanford-
Studie?
Ertel: *Frauen sind intelligen-
ter als Männer, wenn man*
25 *den Begriff der Intelligenz
sehr weit auslegt. Es geht
dabei nicht so sehr um intel-
lektuelle, sondern mehr um
psychologische Überlegen-*
30 *heit.*
petra: Wie wirkt sich diese
Überlegenheit aus?
Ertel: *Frauen können besser mit ihren Kräften
haushalten, geraten nicht so leicht in Panik*
35 *und reagieren in Extremsituationen klüger.*
petra: Worin zeigt sich das?
Ertel: *Zum Beispiel täglich im Straßenverkehr.
Aber auch bei Expeditionen oder in der
Raumfahrt. Den Russen ist längst klar, daß*
40 *Frauen längere Raumflüge, etwa zum Mars
oder zur Venus, viel besser meistern würden
als Männer.*
petra: Gibt es auch Unterschiede in der Be-
gabung.

Ertel: *Früher glaubte man,* 45 *Männer seien technisch,
Frauen musisch-künstle-
risch begabter. Heute wissen wir: Frauen können ge-
nauso gute Ingenieure sein.* 50
petra: Welche Rolle spielen
die biologischen Unter-
schiede für die Intelligenz?
Ertel: *Frauen sterben im
Säuglingsalter seltener, ent-* 55 *wickeln sich schneller und
werden früher reif. Sie sind
darauf programmiert, Nach-
wuchs durchzubringen. Das
erforder viel Intelligenz.* 60 *Frauen lernen frühzeitig, die
größere Körperkraft der
Männer durch intelligenteres Verhalten auszu-*
gleichen.
petra: Was bedeutet das für unsere moderne 65
Gesellschaft?
Ertel: *Das einzige Manko der Frau, ihr Mangel
an Körperkraft, spielt heute eine immer geringere Rolle. Wenn die Gesellschaft sich fort-
laufend weiter zur Gleichberechtigung entwi-* 70 *kelt, haben Männer bald keine Chance mehr.*

Petra 10/1987

Der Mann muß hinaus
ins feindliche Leben,
muß wirken und streben
und pflanzen und schaffen,
erlisten, erraffen,
muß wetten und wagen,
das Glück zu erjagen ...
Und drinnen waltet
die züchtige Hausfrau,
die Mutter der Kinder,
und herrschet weise
im häuslichen Kreise,
und lehret die Mädchen
und wehret den Knaben,
und reget ohn' Ende
die fleißigen Hände,
und mehret den Gewinn
mit ordnendem Sinn.

Friedrich Schiller
(Aus: *Das Lied von der Glocke, 1800*)

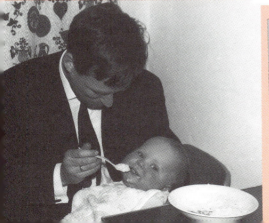

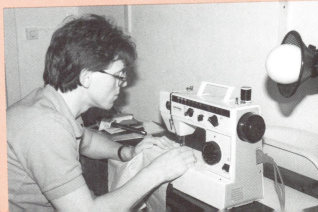

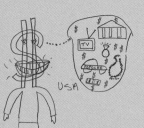

FRANZÖSISCHER LANDWIRTE

DAS ALLES KOMMT MIR SO SPANISCH VOR

Das ist nun mal so: Selbst wer nichts erbt, erbt Vorurteile.
Von Generation zu Generation werden sie weitergereicht: die
fertigen Bilder über die Amerikaner, die Engländer, die Franzosen, die Russen und die Deutschen.

5 Wer zwei Spanier kennengelernt hat, weiß schon alles über
die Spanier. Wer keinen kennengelernt hat, ebenfalls. Denn der
Spanier ist nun mal so: romantisch, arm und stolz. Spanien,
das ist die Mischung aus Sonne, Stierkampf, Paella und Ka-
stagnetten. Der Spanier liebt blonde Frauen und D-Mark. Der

10 Engländer lebt vorwiegend in Clubs, raucht Pfeife, trägt unmöglich karierte Anzüge. Überdies trinkt er Whisky, langweilt sich
und andere, spielt Golf oder ähnlich Unnötiges und ist überhaupt der Erfinder des Spleens. Der Franzose lebt und liebt
gern, trinkt zu viel Wein, hat den Nationalstolz erfunden und Na-

15 poleon, die Tour de France und „Vive la France"! Der Russe
singt Volkslieder oder vergewaltigt fremde Völker und Frauen.
Oder so ähnlich.

Die Welt ist kleiner geworden. Durch Flugzeuge, Fernsehen
und den Tourismus. Unsere Vorurteile aber haben ein zähes

20 Leben. Sie werden eher noch größer: Die Slawen sind falsch,
verschlagen, aber oft erstaunlich blond. Viele Tschechen haben
deutsche Namen. Die Italiener sind sympathisch, faul und feige,
lieben ihre Mamma, aber stellen jeder Blondine nach. Wenn sie
nicht gerade singen ...

25 Fünf Milliarden Menschen leben in ihrem nationalen Zwinger,
eingesperrt in Gewohnheiten, umgeben von Klischees, die
jeder über jeden hat. Das wird noch lange so bleiben. Es sei
denn, wir brechen aus – und lernen uns endlich besser
kennen.

ITALIENER

1. Projekte/Erkundungen

a)

Für alle S: Überlegen Sie eine Methode, mit der man die Feindschaft zwischen Hund und Katze überwinden kann. Vielleicht liegt diese Feindschaft ja nur an den Vorurteilen, die sie vom jeweils anderen haben. Vielleicht fällt Ihnen auch ein Trick ein, wie dem zwölfjährigen Victor.

zu hoch

Hat Hunger

Hat Hunger

b) Bitte erkundigen Sie sich, welche **Vorurteile/Klischeevorstellungen** es innerhalb der deutschsprachigen Länder **über Bewohner bestimmter Regionen/Länder** gibt. Z. B. über Schweizer, Bayern, Ostfriesen, Berliner, Ostdeutsche, Westdeutsche usw.?
Berichten Sie im Plenum darüber.

Der Besitzer lässt die Tiere hungern.
Das Katzenfutter ist am Hundeschwanz
und das Hundefutter ist am
Katzenschwanz. So müssen sie Freundschaft
schliessen, wenn sie fressen wollen.

c) Sammeln Sie von Bekannten oder aus Zeitungen **Witze** über **typische Eigenschaften** von Deutschen, Österreichern und Schweizern bzw. von Menschen aus einzelnen Regionen oder Städten (z. B. Berliner, Bayern, Sachsen, Wiener, Berner, Ostfriesen). Schreiben oder kleben Sie die Witze auf eine (selbstgemachte) Umrißkarte der deutschsprachigen Länder. Sie kann ausgehängt und im Laufe des Kurses ergänzt werden.

d) Erkundigen Sie sich: Welche **Vorurteile** gibt es **gegenüber** Leuten, die nur **Dialekt** sprechen? Welche Dialekte gelten als angenehm, welche als unangenehm? Wie ist das bei Ihnen?

e) Machen Sie eine Collage (auf Tapetenrückseite) über **nationale** oder **kulturelle Vorurteile,** die Sie an Ihrem deutschsprachigen Kursort oder in Ihrem Heimatland gehört oder gesehen haben. Diskutieren Sie bei der Präsentation mögliche Gründe für diese Vorurteile.

f) Sehen Sie sich deutsch(sprachig)e **Reiseprospekte** oder **Reiseführer** über Ihr Heimat- land an. Was fällt Ihnen auf? Ist das Bild Ihres Landes realistisch oder einseitig? Zu welchen (Vor)Urteilen kann (oder soll) der Leser kommen?

g) Wie müßte ein **Spion** einer fremden Macht aussehen und sich verhalten, damit er **in** **Deutschland** nicht auffällt?

h) Wie müßte ein 'deutscher' Spion aussehen und sich verhalten, damit er in Ihrem Heimatland nicht auffällt?

i) Bitte erkundigen Sie sich: Welche **stereotypen Meinungen** gibt es an Ihrem deutsch- sprachigen Kursort über bestimmte **Berufe**, z. B. Beamte, Apotheker, Lehrer, Pfarrer, Metzger, Professoren, Soldaten, Polizisten, Ärzte? Fragen Sie Bekannte/Freunde und zeigen Sie zur Illustration auch Meinungen, die in Wort- und Bildwitzen enthalten sind.

j) Bitte erkundigen Sie sich: Welche **Vorurteile** gibt es an Ihrem deutschsprachigen Kursort gegenüber **Frauen** allgemein und im Berufsleben? Vergleichen Sie Ihre Informationen mit der Situation im Heimatland.

k) Wählen Sie eine **Großstadt** in (D) (A) (CH) aus, und präsentieren Sie aus Prospekten, Lexikonartikeln, Ansichtskarten, Berichten und eventuell eigenen Erfahrungen der Gruppe ein Bild dieser Stadt. Welche typischen Eigenschaften hat die Bevölkerung. Gibt es darüber Geschichten, Witze usw.?

l) <u>Ihr</u> **Projektvorschlag:** Formulieren Sie ein Projekt zum Thema der Einheit, das Sie gerne machen möchten. Hängen Sie es im Kursraum auf, und suchen Sie Partner. Präsentation wie die anderen Projekte.
(Beispiel s. S. 57)

2. Kurzreferat zur Landeskunde („Das 20. Jahrhundert")

II. 1929–1938 *„Als wir dreiunddreißig waren, hatten wir Adolf."*
R. O. Wiemer

Wählen Sie ein Thema (oder mehrere zusammenhängende Themen) aus dem Kasten unten aus, und schreiben Sie ein Kurzreferat von ca. 200 Wörtern. (Für die genaue Aufgabenbeschreibung s. S. 58.)

Weltwirtschaftskrise · Autobahnbau · Machtergreifung

Anschluß Österreichs · Otto Hahn · Reichstagsbrand · Reichskristallnacht

3. Redensarten/Sprichwörter

— Was der Bauer nicht kennt, das frißt er nicht.
— Der Prophet gilt nichts im eigenen Land.

4. Spiele

ANGST

1

2

Heimat ist, wo man
keine Angst haben muß.
Harald Grill

3

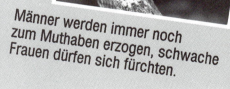

4

Männer werden immer noch
zum Muthaben erzogen, schwache
Frauen dürfen sich fürchten.

5

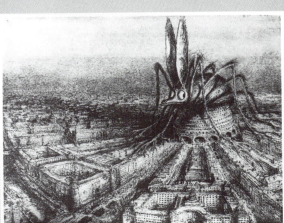

6

1. Wovor kann man Angst haben? Bitte sammeln Sie an der Tafel/auf einer Folie, was Ihnen spontan einfällt.

Dunkelheit

Angst vor

Hunden

2. Bitte lesen Sie den folgenden Text, und formen Sie ihn anschließend mit den synonymen Ausdrücken am Rand um.

Wir sagen heute im Deutschen:	
'Furcht, sich fürchten'	
und 'Angst, sich ängstigen',	
und <u>aus dem Vorhandensein</u>	aus der Existenz
<u>zweier Ausdrücke</u> hat man die	von zwei Begriffen
<u>verschiedensten</u> philosophischen	unterschiedlichsten
<u>Konsequenzen</u> ziehen wollen.	Folgerungen
Aber alle <u>Spekulationen</u> über die	Vermutungen
<u>Verschiedenheit</u> von 'Furcht' und 'Angst'	Verschiedenartigkeit
<u>lassen sich nicht halten.</u>	sind nicht haltbar
<u>Trotzdem</u> empfinden wir oft einen	dennoch
stilistischen Unterschied zwischen	
'Angst' und 'Furcht'. <u>Generell</u>	allgemein
<u>läßt sich jedoch sagen</u>, daß in der	kann man aber
Umgangssprache das Wort 'Angst'	
<u>auf Kosten</u> von 'Furcht' immer	zuungunsten
<u>populärer</u> wird.	beliebter

Ha! Schleicht nicht dort aus jener Tür
Ein greulich Phänomen herfür??!!

Wilhelm Busch

3. Wortfamilie

a) Bitte schreiben Sie weitere Wörter:

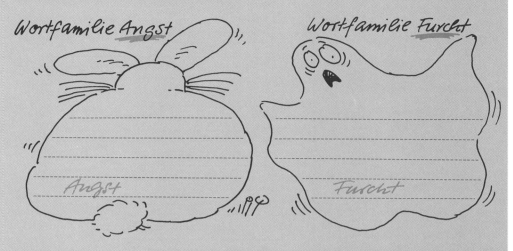

b) Wie kann man diese Wörter im Kontext verwenden? Bitte schreiben Sie <u>in</u> diese Übung nichts hinein, sondern ergänzen Sie die Wörter am Rand. Wiederholen Sie die Übung an mehreren Tagen, indem Sie die Wörter am Rand verdecken.

Welche der folgenden Wörter bzw. Ausdrücke passen unten?
(Manchmal passen zwei.)
Angst haben, Angst (vor), ängstlich, beängstigend. Furcht (vor), furchterregend, fürchten, sich fürchten, befürchten

1. Sie ... einen Überfall.

2. Sie ..., daß man sie überfällt.

3. ..., überfallen zu werden.

4. Wer ... den Tod nicht?

5. Ich ..., daß er Aids hat.

6. Ich .., ihm nicht helfen zu können.

7. Sie ... ... im Dunkeln/vor Hunden.

8. im Dunkeln/vor Hunden ... ...

9. In Tokio lebt man mit der .../... vor einem großen Erdbeben.

10. ein ... Typ/Anblick/Drache

11. ... Kinder/Blicke/Fragen

12. ... Inflation/Kindersterblichkeit/ Ansteigen der Kriminalität

4. Angst-Statistik

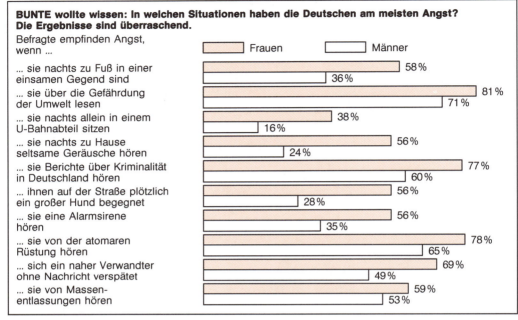

BUNTE wollte wissen: In welchen Situationen haben die Deutschen am meisten Angst? Die Ergebnisse sind überraschend.

Befragte empfinden Angst, wenn ...

☐ Frauen   ☐ Männer

Situation	Frauen	Männer
... sie nachts zu Fuß in einer einsamen Gegend sind	58 %	36 %
... sie über die Gefährdung der Umwelt lesen	81 %	71 %
... sie nachts allein in einem U-Bahnabteil sitzen	38 %	16 %
... sie nachts zu Hause seltsame Geräusche hören	56 %	24 %
... sie Berichte über Kriminalität in Deutschland hören	77 %	60 %
... ihnen auf der Straße plötzlich ein großer Hund begegnet	56 %	28 %
... sie eine Alarmsirene hören	56 %	35 %
... sie von der atomaren Rüstung hören	78 %	65 %
... sich ein naher Verwandter ohne Nachricht verspätet	69 %	49 %
... sie von Massenentlassungen hören	59 %	53 %

Bunte 13/1985 (gekürzt)

5. Bitte schreiben Sie die passenden Wörter aus Übung 3.b) an den Rand, und verdecken Sie diese bei späteren Wiederholungen:

1. Frauen sind ... als Männer, und Singles

   ... ... mehr als Familienmitglieder. _____

2. In den Großstädten ist ... ... am größten. _____

3. Frauen empfinden es z. B. abends oder nachts als ...,

   in eine öffentliche Tiefgarage zu gehen, weil sie ..., _____

   überfallen zu werden.

4. In einigen Großstädten gibt es in Tiefgaragen eine

   besonders überwachte Etage, wo Frauen ohne ... _____

   parken können.

5. Auch in den U-Bahnen haben die Fahrgäste nachts

   oft ... ... Überfällen, wenn sie mit _____

   ... Typen allein im Abteil sitzen. _____

6. Deshalb plant z. B. die Stadt Hamburg, Arbeitslose

   in Uniform zum Schutz für ... Fahrgäste einzusetzen. _____

6. Warum haben Menschen oft Angst voreinander? Schreiben Sie auf, was Ihnen spontan dazu einfällt.

Warum haben Menschen oft **ANGST** *voreinander?*

Weil jeder anders gesinnt ist.
Weil Stärkere oft die Schwächeren
  angreifen, anstatt sie zu beschützen.
Weil sie unterschiedlich sind und sich erst kennenlernen müssen.
Weil ihnen ihr Aussehen, ihr Charakter und ihr Wesen fremd sind.
Weil sie sich so wenig kennen, oder weil es manchmal verschiedene
  Geschlechter sind, die Angst voreinander haben.
Weil andere stärker, mächtiger und einflußreicher sind.
Weil sie schüchtern sind.
Weil die Menschen habgierig und angeberisch sind.
Ein paar fühlen sich auch zu stark.

(Original-Antworten von Kindern) ·

7. a) Bitte sehen Sie sich das Bild rechts genau an. Versuchen Sie – zunächst mit eigenen Worten – die körpersprachlichen Signale der Prüfer und Prüferinnen zu beschreiben, die in dieser Situation Angst erregen können.

b) Bitte ordnen Sie die folgenden körpersprachlichen Ausdrucksformen den fünf Prüfern zu:

☐ sieht abwesend und uninteressiert in die Ferne.

☐ sieht die Kandidatin mit einem prüfenden Blick und heruntergezogenen Mundwinkeln skeptisch an.

☐ ignoriert die Kandidatin mit arrogantem Gesichtsausdruck.

☐ sieht die Kandidatin mit leicht zurückgelehntem Oberkörper abschätzend an.

☐ sieht die Kandidatin mit verschränkten Armen kritisch an.

c) Welche der folgenden Adjektive können Ihrer Meinung nach auf die Kandidatin in dieser Atmosphäre zutreffen? Bitte kreuzen Sie an:

| erschrocken ängstlich | ☐ | aufgeregt nervös | ☐ | verunsichert gleichgültig | ☐ | unruhig ungeduldig | ☐ |

8. a) Welche der folgenden körperlichen Reaktionen haben Sie schon in eigenen Prüfungssituationen erfahren? Drücken Sie sie verbal aus:

Beispiel:

Atemnot   *Ich bekam kaum noch Luft.* _____

Herzklopfen   _____

Zittern der Stimme   _____

bleich/rot werden   _____

Magenschmerzen   _____

feuchte Hände   _____

Schwindelgefühl   _____

b) Bitte demonstrieren Sie in Ihrem Heimatland typische körpersprachliche Signale, die Angst ausdrücken oder erregen können, und erklären Sie sie.

c) Welche körpersprachlichen Signale sind Ihnen hier schon aufgefallen?

9. a) Die Kandidatin aus der Abbildung in Ü. 7. erzählt Freunden von Ihrer Prüfung. Bitte ergänzen Sie die fehlenden Worthälften:
(Achtung: Wenn ein Wort drei Buchstaben hat, fehlen zwei!)

1. Das w_____ eine furch_____ Prüfung! 2. So ge_____ 11 Uhr ha_____ sie mi_____ reingerufen. 3. Ich w_____ so aufg_____ und veruns_____, daß i_____ ganz r_____ geworden b_____ und me_____ Stimme so_____ etwas gezi_____ hat, a_____ ich mei_____ Namen ges_____ habe. 4. Das h_____ einfach a_____ dieser furch_____ negativen Atmos_____ gelegen, d_____ die d_____ verbreitet ha_____. 5. Der ält_____ Prüfer h_____ mich m_____ heruntergezogenen Mundw_____ so skep_____ angeguckt, daß me_____ Herz angef_____ hat, no_____ stärker z__ klopfen. 6. Die and_____ haben au_____ alle unhei_____ verschlossen, arr_____ und krit_____ ausgesehen. 7. Die ei_____ Prüferin h_____ mich ga_____ offensichtlich igno_____ und i__ ihren Papi_____ geblättert. 8. Ein and_____ hat uninter_____ zum Fen_____ rausgesehen, u_____ ein no_____ ziemlich jun_____ Typ h_____ mich s_____ abschätzend ange_____. 9. Daß i_____ die Prü_____ überhaupt best_____ habe, i_____ ein abso_____ Wunder.

b) Bitte beschreiben Sie eine unangenehme Prüfung, die Sie selbst erlebt haben.

c) Was müßten Prüfer/innen Ihrer Meinung nach machen, um eine angstfreie Prüfung zu ermöglichen?

10. Rollenspiele

Rollenspiel 1: Spielen Sie die Parodie einer Prüfung, eine Horror-Prüfung. Die Prüfer/innen versuchen, sich so unmöglich zu benehmen, wie sie können. Der Prüfling muß sich wehren, so gut er/sie kann.

Rollenspiel 2: Vier S übernehmen die Rollen der Prüfenden und stellen möglichst schwierige Fragen (z. B. zur Landeskunde oder zur Literatur), um die Deutschkenntnisse einer ausländischen Kandidatin/eines Kandidaten zu messen. Ein S übernimmt die Rolle des Prüflings, der statt Angst Selbstbewußtsein zeigt.

Mögliche Redemittel für Prüflinge:

Nachfragen:
— Das habe ich jetzt akustisch nicht genau verstanden.
— Ich weiß nicht, ob ich die Frage genau/richtig verstanden habe.
— Meinen Sie, daß ...?
— Was meinen Sie mit ...?
— Was verstehen Sie unter ...?
— Könnten Sie die Frage vielleicht noch einmal wiederholen?
— Können Sie die Frage vielleicht noch einmal anders formulieren?

Thematische Alternative anbieten:
— Darüber weiß ich nicht so genau Bescheid, (aber) über ... weiß ich wahrscheinlich etwas mehr.
— Ich habe mich mehr mit .... beschäftigt.
— Ich interessiere mich mehr für ...

Mit Prüfern ins Gespräch kommen:
— ... Ist das hier eigentlich auch so?
— ... Sind Sie auch der Meinung, daß ...
— ... Sehen Sie das auch so?

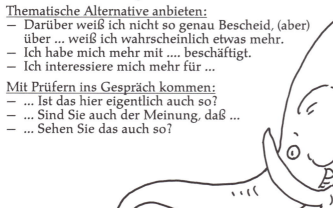

Jens hat sich für die mündliche Prüfung in Biologie besonders auf das Thema „Ameisen" vorbereitet. Aber die Lehrerin ruft ihn auf und bittet ihn, etwas über Elefanten zu sagen. „Ah, äh," stottert Jens, „Elefanten sind sehr große Tiere, äh — sie fressen vor allem — äh — Pflanzen, aber auch — äh — kleine Tiere, zum Beispiel Ameisen. *(Und dann spricht er sehr schnell weiter:)* Die Ameisen zerfallen in drei Arten, erstens ...

1. a) Welches der Bilder auf der Collage-Seite spricht Sie am meisten an? Warum? Berichten Sie von einem lustigen, traurigen, peinlichen, frustrierenden oder einfach interessanten persönlichen Erlebnis zu diesem Bild oder von einer Begebenheit, von der Sie gehört oder gelesen haben. Schreiben Sie zunächst ein paar Stichwörter auf, und berichten Sie im Plenum.

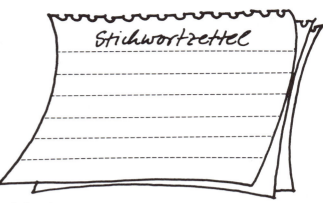

Stichwortzettel

Weitere Übungen siehe 1. b) und c) S. 13)

Textbearbeitung

2. Arbeitsschritte für die Textbearbeitung (siehe 2. a)–e) S. 13):

f) <u>Kommaregeln:</u> Numerieren Sie alle Kommafehler, und schreiben Sie die entsprechenden Regeln auf:

_____

_____

_____

_____

_____

g) Text:

> Angst
> Ich bin ein normaler Student, der wie
> alle Leute, Angst hat. Obwohl ~~man~~ eiger sehr
> sicher ist, daß er sehr stark und
> rational ist, kann ~~man~~ es viele Angst
> 5 zuweilen haben.
> Wie fast alle Leute, habe ich Angst vor
> meinem Tod. Ich fühle mich, daß ~~mein~~ das
> Leben sehr wertvoll ist, und ich kenne nicht,
> was nach dem Leben liegt: Davor habe
> 10 ich Angst. Ich versuche nicht zu oft über an
> den Tod nach zu denken, weil, wenn ich darüber
> nach denke, ich ein bißchen traurig werde.

Ich habe auch Angst vor nicht genug
Geld zu haben. Ich weiß nicht, ob ich *entweder*

15 wirklich Angst habe, oder ob ich nur
darum sorge. Aber es ist doch schlimm,
ein abhängiger Student zu sein, und
immer sorgen, ob du genug Geld hast.
Normalerweise habe ich genug Geld,

20 aber wenn ich nicht so viel habe, und zu
Hause anrufen muß, um meinen Vater zu
fragen, ob er mir Geld schicken kann,
habe ich ein bißchen Angst vor das
Geld zu spät zu bekommen. Falls etwas

25 Unerwartitlich passiert, und ich Geld
brauche, habe ich Angst davor, daß ich
nicht genug Geld für die Monat haben
werde.
Eine andere Angst, die ich habe, ist

30 vor Wasser. Obwohl ich sehr gut schwimmen kann, und obwohl ich auf unserem
Boot im Sommer wohne, habe ich Angst
vor Wasser. Wenn ich schwimme, und
Wasser in Mund bekomme, bekomme ich

35 Angst, daß ich ertrinken würde. Ich
versuche immer, mich zu überreden, daß
es nicht passieren wird, aber diese
Angst davor ist sehr stark. Besonders
wenn das Wasser sehr tief ist, habe ich

40 Angst vor Ertränken.

(Mark, Student aus den USA)

3. Indefinite Pronomen
Zu Z. 2 + 3:

Abwohl man sehr sicher ist, daß er sehr stark und rational ist,...

a) Übersicht

man	a) Sprecher/in (generalisiert)	**Man** will nach Hause fahren, und <u>(man)</u> bleibt im Stau stecken.	
	b) die Leute	**Man** darf im Straßenverkehr nur 50 Stundenkilometer fahren, sonst kann <u>man</u> Probleme bekommen. So etwas macht **man** nicht.	
	c) bestimmte Gruppe von Menschen/ eine Institution	Hier will **man** jetzt ein Parkhaus bauen.	
jeder	alle Menschen more specific	**Jeder** weiß, im Parkverbot darf <u>man</u> nur kurz halten.	
einer/ jemand **keiner/ niemand**	(irgend)ein Mensch kein Mensch	*einer von Ihnen* Wenn **einer/jemand** in der Altstadt parken will, muß <u>er</u> einen Parkschein haben. **Keiner/Niemand** weiß, warum <u>man</u> da nicht parken darf.	

b) Bitte ergänzen Sie die Pronomen
ein-, er, jeder, jemand, kein-, man, niemand aus a):

1. Auch wenn _____ (Sprecher) nicht zu den Angsthasen gehört, gibt es doch Situationen, in denen _____ (alle Menschen) von uns Angst hat. 2. Z. B. wenn *einen* (den Sprecher) _____ (ein Mensch) im Straßenverkehr riskant überholt und _____ (Sprecher) bremsen muß, schlägt *einem* (dem Sprecher) das Herz bis zum Halse, auch wenn *niemandem* (keinem Menschen) etwas passiert ist. 3. Und es gibt im Alltag ständig Situationen, in denen

_____ (den Sprecher) die Angst überfallen kann, besonders wenn _____ (Sprecher) als Ausländer fremd in einem Land ist. 4. Am leichtesten kann _____ (Sprecher) diese Angst überwinden, wenn _____ (Sprecher) mit _____ (einem Menschen) reden kann, der

_____ (den Sprecher) versteht und _____ (dem Sprecher) vielleicht auch helfen will. 5. Wenn _____ (Sprecher) aber *niemanden* (keinen Menschen) kennt, mit dem _____ (Sprecher) über seine

Probleme reden kann, fällt es _____ (dem Sprecher) viel schwerer, diese Ängste zu

überwinden.

c) Bitte tragen Sie Akkusativ und Dativ der indefiniten Pronomen aus b) in die folgende Grafik ein:

N	man	jeder	einer	jemand	keiner	niemand
A	*einen*	*jeden*	*einen*	*jemanden*	*keinen*	*niemanden*
D	*einem*	*jedem*	*einem*	*jemandem*	*keinem*	*niemandem*

Wenn Person/en identisch, steht im folgenden meist

(s. 3. a)   man   man   er   er   man   man

d) Zu Z. 16−18:

Aber es ist doch schlimm, ein abhängiger Student zu sein, und immer sorgen, ob du genug Geld hast.

Bei **allgemeinen Aussagen, die den Sprecher miteinschließen** (= „Sprecher generalisiert"), steht meist ***man***.

Richtig ist also:
*Aber es ist doch schlimm, ein abhängiger Student zu sein und sich immer Sorgen machen zu müssen, ob **man** genug Geld hat.*

4. *groß* oder *viel*?
Zu Z. 4 + 5:

... kann man viele Angst zuweilen haben.

a) Bitte tragen Sie die folgenden Nomen unten über den Adjektiven ein, mit denen sie zusammen vorkommen können: (Einige sind mehrfach möglich.)

Fachleute, Geduld, Angst, Geld, Hoffnung, Leute, Mühe, Probleme, Sicherheit, Zeit, Schlösser

_____	_____	_____
_____	_____	_____
_____	_____	_____
_____	_____	_____
_____	_____	_____
groß-	viel* (nach 'Nullartikel')	viel- (mit oder ohne Artikel, Plural)

* Auch *wenig* wird nach 'Nullartikel' im Singular nicht flektiert. Z. B. *wenig Zeit, wenig Geld*

b) *groß-*, *viel* oder *viel-*:

1. Fürchtegott Hasenfuß hatte ..... Angst vor Einbrechern. 2. Deshalb versuchte er, mit ..... Mühe sein Haus sicher zu machen. 3. Er informierte sich bei ..... Fachleuten, wie er eine möglichst ..... Sicherheit für sein Haus erreichen könnte. 4. Eines Nachts versuchte dann wirklich ein Einbrecher, in sein Haus einzudringen. 5. Als er die ..... Schlösser bemerkte, machte er sich ..... Hoffnung auf eine reiche Beute. 6. Obwohl er ..... Probleme mit den ..... Sicherheitssystemen hatte, versuchte er mit ..... Geduld und Geschick in das Haus hineinzukommen. 7. Als er es endlich geschafft hatte, war er etwas enttäuscht: In der Wohnung waren zwar ..... wertvolle Möbel, aber kein Geld. 8. Herr Hasenfuß war ebenfalls sehr enttäuscht, weil er umsonst ..... Zeit und Arbeit in die Sicherheit seines Hauses investiert hatte. 9. Er beschloß daraufhin, sich einen großen Hund zu kaufen.

5. Bitte korrigieren Sie den unterstrichenen Teil des folgenden Satzes aus dem Text 2. g), und tragen Sie zwei verschiedene Varianten in die Tabelle unten ein:
(Sie können statt *weil* auch den Konjunktor *denn* benutzen.)

Zu Z. 10—12:

> Ich versuche, nicht zu oft an den Tod zu denken, weil, wenn ich daran denke, ich ein bißchen traurig werde.

Kon-junktor	Vorfeld	V₁ Subj.	Mittelfeld	V₂	V₁
1. _____		weil			
2. _____					

6. *kennen — wissen — können*
Zu Z. 8 + 9:

> ... und ich kenne nicht, was nach (dem) Leben liegt: ...

Bitte schreiben Sie die Nomen bzw. Verben unter das jeweils passende Bild:

Tennis spielen, Beethovens Neunte Symphonie, Auto fahren, Englisch, Film, Telefonnummer, das Restaurant, das Neueste, München, Rat, kochen, Adresse

(kennen)
Beethoven
Film
das Restaurant
München

(wissen)
Telefonnummer
das Neueste
Rat
Adresse

(können)
Tennis spielen
Auto fahren
Englisch
kochen

Was ist der syntaktische Unterschied zwischen: *Ich weiß einen guten Arzt.*
und: *Ich kenne einen guten Arzt.*

> ***kennen*** hat <u>immer</u> eine akkusativische <u>Kasus</u>ergänzung (E_A):
>
> *Er kennt den Film schon.*
>
> ***wissen*** kann eine Kasusergänzung im Akkusativ (E_A) <u>oder</u>
> eine satzförmige Ergänzung im Akkusativ (SE_A) haben:
>
> *Ich weiß ihre Adresse nicht.*
> *Ich weiß nicht, wo sie wohnt.*
>
> **Also:** *kennen* → E_A *wissen* ↗ E_A
>   ↘ SE_A

7. *vor* oder *davor*?
Zu Z. 13 + 14:

Ich habe auch Angst vor nicht genug Geld zu haben.

a) Übersicht:
1. Ich habe immer Angst ***vor*** dem Ertrinken.
2. Ich habe immer Angst ***davor****, in tiefem Wasser zu ertrinken.
3. Ich habe immer Angst ***davor****, daß ich in tiefem Wasser ertrinke.
4. Ich habe immer Angst   , in tiefem Wasser zu ertrinken.
5. Es ist leicht, in einem See zu ertrinken.
       (Vor dem Ertrinken in einem See)

Davor   habe ich Angst.*

*Das Pronominaladverb hat zwei Funktionen:
  − In komplexen Sätzen auf den Inhalt des Nebensatzes hinzuweisen (Satz 2. + 3. = Korrelatfunktion).
  − Wiederholungen zu vermeiden. (Satz 5.)

b) Bitte ergänzen Sie Präpositionen oder Pronominaladverbien (= *da* + *(r)* + Präposition):
1. Der Student hat Angst ___davor___, nicht genug Geld zu haben. 2. Er macht sich ___um___ alles Mögliche Sorgen. 3. Er rechnet zwar nicht ___damit___, daß ihm seine Eltern kein Geld mehr schicken, aber er hat Angst ___davor___, daß das Geld mal zu spät kommen könnte. 4. Er versucht, zumindest in Gedanken, ___auf___ etwas Unerwartetes vorbereitet zu sein. 5. Es fällt ihm schwer, sich ___an___ seine Abhängigkeit zu gewöhnen. 6. Aber wenn man studiert, muß man sich nun mal ___daran___ gewöhnen, kein eigenes Geld zu verdienen. 7. Besonders ausländische Studenten klagen ___darüber___, daß sie − wenn überhaupt − nur sehr schwer einen Job finden können. 8. Oft hängt es natürlich auch ___von___ ihren Sprachkenntnissen ab, und es kommt ___darauf___ an, wie wichtig fließendes Sprechen für den jeweiligen Job ist.

klagen über (acc)
sich beklagen über (acc)

(Bitte wählen Sie eine der drei folgenden Aufgaben.)

1. Klecksbildgeschichte

Was ist das???
Sind das Menschen? Tiere?
Pflanzen? Monster?

 a) Beschreiben Sie zunächst die einzelnen Klecksbilder mit Hilfe folgender Wendungen:

> *Das sieht aus wie ...*
> *Das könnte ein(e) ... sein.*
> *Das erinnert (mich) an ...*
> *Das hat die Form eines/einer ...*

 b) Verbinden Sie dann – in der angegebenen oder in einer anderen Reihenfolge – die Klecksbilder zu einer Geschichte.

 c) Klecksbilder machen

Nehmen Sie ein Blatt weißes Papier, und falten Sie es in zwei gleiche Hälften. Geben Sie dann in die Mitte des geöffneten Blattes einige Tropfen Tinte, Tusche oder schwarze Wasserfarbe, und pressen Sie das Blatt dann zusammen. Wenn Sie das Blatt wieder öffnen, haben Sie <u>Ihr</u> Klecksbild. Wenn Sie mehrere produziert haben, können Sie daraus wieder eine Geschichte machen.

2. Wörtergeschichte

Bitte ordnen Sie die Stichwörter oben so, daß Sie damit eine Geschichte erzählen können.

3. Fotogeschichte

a) **Was fällt Ihnen an diesem Foto besonders auf?**

b) **Bitte erzählen Sie eine Geschichte dazu.**

c) **Rollenspiel:** Gespräch zwischen einem Interviewer und einer Person, die die Szene beobachtet hat.

1. Diskussionsformeln

Bitte ergänzen Sie weitere Formulierungen für die folgenden Redeabsichten:

a) Anknüpfen an vorher Gesagtes

Was X (vorhin) gesagt hat, finde ich ...
Zu dem, was X eben gesagt hat, meine ich ...
Du hast vorhin davon gesprochen, daß ...

b) Etwas klarstellen

Vielleicht habe ich mich nicht ganz klar ausgedrückt, aber ...
Also was ich gemeint habe, ist eigentlich folgendes ...
Vielleicht ist das nicht ganz deutlich geworden ...

c) Klarstellung/Erklärung verlangen

Was meinst du (genau) mit ...?
Was meinst du denn, wenn du sagst, daß ...?
Was verstehst du eigentlich unter ...?
Was soll denn ... bedeuten?

d) Zurückweisen von falschen Interpretationen

Das habe ich so nicht gesagt.
So etwas würde ich nie behaupten.
Ich glaube, da hast du mich falsch verstanden.

Meinungsfindung!

NACH MEINER MEINUNG ...

Bosc

2. Diskussionsthemen

Bitte sammeln Sie zu den Diskussionsthemen unten zunächst Pro- und Contra-Argumente. Diskutieren Sie dann anhand dieser Argumente in Kleingruppen. Verwenden Sie dabei die bisher im Abschnitt „Diskussion" angegebenen Diskussionsformeln. Bestimmen Sie anschließend einen Diskussionsleiter, und führen Sie die Diskussion noch einmal im Plenum. (Eventuell auch als Podiumsdiskussion mit einem Diskussionsleiter und z. B. je drei Pro- und drei Contra-Diskutanten.)

Beispiel:

Diskussionssequenz zum Thema: „Ist die Angst vor der Kernenergie berechtigt?"
Setzen Sie die möglichen Diskussionsformeln ein:

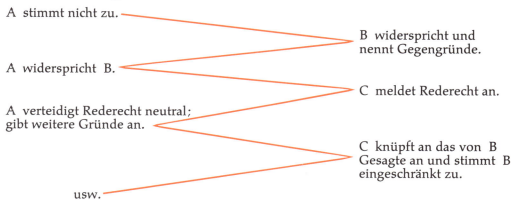

A stimmt nicht zu.

B widerspricht und nennt Gegengründe.

A widerspricht B.

C meldet Rederecht an.

A verteidigt Rederecht neutral; gibt weitere Gründe an.

C knüpft an das von B Gesagte an und stimmt B eingeschränkt zu.

usw.

Wie stehen Sie zu den Aussagen:

„Es hat immer Kriege gegeben,
und es wird immer Kriege geben."?

Angst und Strafe sind gute Erziehungsmittel,
weil sie auf die Realität des Lebens vorbereiten.

*Halten Sie die Angst vor
Umweltkatastrophen für übertrieben?*

3. **Wie denkt man in Ihrem Heimatland über diese Diskussionsthemen? Bitte berichten Sie.**

4. **Bitte schreiben Sie einen Kommentar zu einem im Plenum besprochenen Diskussionsthema.**

5. **Informationstext:**
   Bitte schreiben Sie einen Bericht darüber, was vielen Menschen in Ihrem Heimatland Sorgen oder Angst macht. Wie sind diese Sorgen und Ängste entstanden, und welche Meinung haben die jungen Leute heute dazu? (ca. 150 Wörter)

werden – Passiv/*sein* – Passiv

 1. Der Drache im Bayerischen Wald

Jedes Jahr im August wird in dem kleinen Ort Furth im Wald im Süden Deutschlands das Volksstück „Der Drachenstich" aufgeführt, das an eine historische Schlacht erinnert. Im Mittelpunkt steht ein Drache, der 18 Meter lang, 4 Meter breit und 3,50 Meter hoch ist. Moderne Technik macht es möglich, daß er Feuer speien, mit den Augen rollen, laut brüllen, mit den Flügeln schlagen und sich fortbewegen kann. Damit das Schauspiel jedes Jahr wieder zu einer Attraktion für Tausende von Touristen wird, beteiligen sich fast alle Einwohner an den Vorbereitungen zu diesem großen Folklorefest.

2. Tempora und Bildung

a)

	Vor dem Fest:	**Zu Beginn des Festes:**	
	Was wird gemacht?	Was ist das Resultat?	
	wird	*ist*	

Der Drache			neu angestrichen.
Die Stadt			geschmückt.
Die Ehrentribüne			aufgebaut.

werden-Passiv:	*sein*-Passiv:
Aktion, Prozeß	Resultat, Zustand
(Auch **Vorgangs**passiv)	(Auch **Zustands**passiv)

b) Bitte ergänzen Sie die Übersicht: Die Tempora beim

werden-Passiv ◄──────────────► **_sein_-Passiv**

	Vor dem Fest: Der Drache			**Zu Beginn des Festes:** Der Drache	
Präs.	*wird* angestrichen.		Präs.	*ist* angestrichen.	
Prät.	*wurde* angestrichen.		Prät.	*war* angestrichen.	
Perf.	*ist* angestrichen *worden*.		Perf.	✕	
Plus.-perf.	*war* angestrichen *worden*.		Plus.-perf.	✕	

c)   Wie bildet man das

werden-Passiv? _____ + _____   *sein*-Passiv? _____ + _____

Beim *sein*-Passiv gibt es nur Präsens und Präteritum!

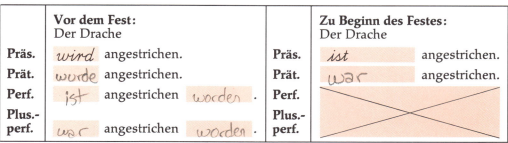

3.a) Bilden Sie Sätze wie im Beispiel:

Was wird in dem kleinen Ort vor dem Drachenfest noch alles gemacht?

1. *Vor dem Ort werden Parkplätze eingerichtet.*
   (Parkplätze vor dem Ort einrichten)

2. Zu den Parkplätzen ...
   (Wegweiser zu den neuen Parkplätzen anbringen)

3. _____
   (Umleitungen ausschildern)

4. _____
   (Getränke und Imbißbuden aufstellen)

5. _____
   (Einladungen an Ehrengäste verschicken)

6. _____
   (Rathaus für den Empfang schmücken)

7. Das Feuerwerk wird vorbereitet
   (Feuerwerk vorbereiten)

8. An die Lokalpresse wird die Termine weitergegeben
   (Termine an die Lokalpresse weitergeben)

b) Wie sehen die Resultate der Aktionen unter a) am Vorabend des Drachenfests aus?

1. *Die Parkplätze vor dem Ort sind eingerichtet.*

2. _____

3. _____

4. _____

5. _____

6. _____

7. Das Feuerwerk ist vorbereitet

8. An die Lokalpresse sind die Termine weitergegeben

Partizip I und II

4.a) Der Drache kommt! Mit diesem Ruf empfangen die vor ihren geschmückten Häusern stehenden Bürger von Furth Jahr für Jahr den furchterregenden feuerspeienden Drachen, der sich mit aufgerissenem Maul und rollenden Augen laut brüllend* durch die überfüllten Straßen bewegt.

* Wenn das Partizip nach dem Nomen steht, hat es (wie Adjektive in dieser Position) keine Endung. Z. B.: *Der Drache bewegte sich brüllend durch die Straßen.*

b) Bitte unterstreichen Sie in a) die Partizipien, die (als Attribute) vor den Nomen stehen.

c) Wie bildet man die Partizipien I und II?

Ein brüllen-**d-er** Drache bewegt sich
  mit rollen-**d-en** Augen und mit

aufgerissen-**em** Maul durch die
  überfüllt-**en** Straßen.

Partizip I: _____

Partizip II: _____

d) Welche Funktion haben diese Partizipien meist?

Wie ein Adjektiv erklären / beschreiben sie _____

e) Was drückt das Partizip I aus?
Das Partizip I drückt etwas
nicht Abgeschlossenes,
eine **Aktion** oder einen **Prozeß** aus.

Was drückt das Partizip II aus?
Das Partizip II drückt etwas
Abgeschlossenes,
ein **Resultat** oder einen **Zustand** aus.

Bitte ergänzen Sie die Partizip I- bzw. Partizip II-Formen unter den Bildern:

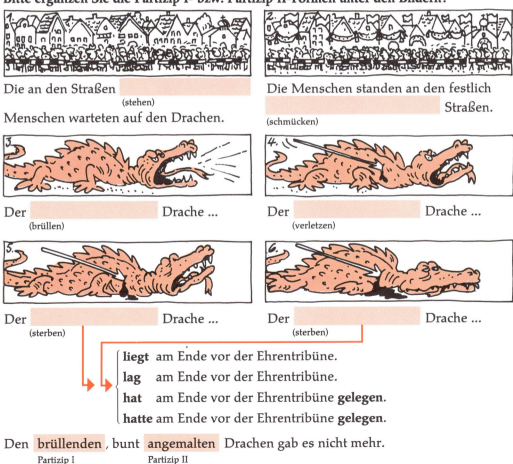

Die an den Straßen ▭
(stehen)
Menschen warteten auf den Drachen.

Die Menschen standen an den festlich
▭ Straßen.
(schmücken)

Der ▭ Drache ...
(brüllen)

Der ▭ Drache ...
(verletzen)

Der ▭ Drache ...
(sterben)

Der ▭ Drache ...
(sterben)

liegt am Ende vor der Ehrentribüne.

lag am Ende vor der Ehrentribüne.

hat am Ende vor der Ehrentribüne **gelegen**.

hatte am Ende vor der Ehrentribüne **gelegen**.

Den **brüllenden** , bunt **angemalten** Drachen gab es nicht mehr.
  Partizip I   Partizip II

123

> **Partizip I** und **Partizip II** sind **zeitlich neutral.** Sie werden hier nicht als
> Verben, sondern wie ein attributives Adjektiv oder adverbial *(brüllend*
> *bewegte er sich ...)* verwendet.
> Das **Partizip I** hat immer **aktivische** und
> das **Partizip II** meist **passivische** Bedeutung.

5. Bitte setzen Sie die passenden Verben als Partizip I oder Partizip II ein:

aufregen, ausreichen, ausschildern, besiegen, besuchen, fotografieren, schließen, schmücken, stehen, steigen, stocken, überfordern, verärgern, warten, zurückfahren

to excite, to soften *decorated* *to overwork* *to annoy*

Drachenstichfest in Furth:

1. Ein viel ____besuchtes____ Volksfest
2. ____Stockender____ Verkehr auf den Straßen
3. keine ____ausreichenden____ Parkmöglichkeiten
4. schlecht ____ausgeschilderte____ Umleitungen *detour*
5. ____überfordete____ Polizisten
6. Überall ____fotografierende____ Touristen
7. wegen Überfüllung ____geschlossene____ Restaurants
8. ____verärgerte____ Menschen
9. ____geschmückte____ Straßen und Häuser
10. an den Straßen ____stehende____ Zuschauer
11. ungeduldig ____wartende____ Kinder
12. ____steigende____ Spannung
13. ____Aufregender____ Kampf zwischen Drache und Ritter
14. ein ____besiegter____ Drache
15. zufrieden nach Hause ____zurückfahrende____ Besucher

6. a) Wo steht die attributive Partizipialkonstruktion?

		den	Drachen	
	den	riesigen	Drachen	
den	riesigen		feuer-speienden	Drachen
den	riesigen	sich durch die Straßen bewegenden	feuer-speienden	Drachen

Die Partizipialkonstruktionen stehen in der Regel zwischen

_____

Besonders bei einer Häufung von Attributen vor dem Nomen kann man Partizipialkonstruktionen (vor allem in der gesprochenen Sprache) in Relativsätze auflösen.

b) Bitte formen Sie im folgenden Satz den schräg gedruckten Teil der Attribute in einen Relativsatz um:

Mit lauten Rufen empfangen die Bürger den furchterregenden, _sich mit aufgerissenem Maul durch die überfüllten Straßen bewegenden,_ feuerspeienden Drachen.

Mit lauten Rufen empfangen die Bürger den furchterregenden
feuerspeienden Drachen, dessen Maul sich aufgerissen wird,
und bewegt er durch die Straßen, die überfüllt war.

7. Bitte machen Sie aus den folgenden Vorgaben einen Text mit möglichst vielen Partizipialkonstruktionen:

1. Drachenstichfest ist Volksfest — wird viel besucht
2. In dieser Zeit — Hotels ausgebucht — viele Touristen können kein Zimmer finden
3. Alle Besucher wollen Drachen sehen — Drache brüllt, rollt mit Augen
4. Häuser geschmückt — Menschen stehen davor — applaudieren dem Drachen — Drache speit Feuer
5. Auf Tribüne — voll besetzt — Menschen jubeln Ritter zu — Ritter kämpft gegen Drachen
6. Drache im Kampf verletzt — Drache liegt schließlich vor Tribüne — Drache stirbt langsam
7. Ritter winkt Zuschauern zu — Zuschauer klatschen begeistert — Ritter lacht

Partizip und Relativsatz

8. Was sind reservierte Plätze?

Beispiel:

Plätze, die (für jemand) reserviert **worden sind.**

Plätze, die reserviert **sind.**

Ergänzen Sie bitte:

Wenn man das _____-Passiv benutzt, sieht man mehr die **vorangegangene Aktion.**

Wenn man das _____-Passiv benutzt, sieht man mehr das **Resultat** der vorangegangenen Aktion.

125

Beide Sätze sind also richtig. Nur die **Perspektive** ist unterschiedlich.

Was sind:

1. nicht abgeholte Karten

_____

2. zurückgelegte Karten

_____

3. gestohlene Karten

_____

4. ermäßigte Eintrittskarten

_____

5. verschmutzte Straßen

_____

9. Bitte formen Sie die Relativsätze in dem folgenden Text in Partizipialkonstruktionen um:

Sie können die Umformung in folgenden Schritten machen:

a) Relativsatz unterstreichen.
b) Bezugswort, das der Relativsatz erklärt, unterstreichen.
c) Senkrechten Pfeil <u>direkt</u> vor das Bezugswort setzen.
d) Relativpronomen (und eventuelle Hilfsverben) wegstreichen.
e) Relativsatz vor Pfeil einsetzen, dabei aus dem Hauptverb ein Partizip machen (Infinitiv + *d* oder Partizip Perfekt + entsprechende Adjektivendung).

Beispiel:
    Eine ↓Touristenattraktion, die alljährlich wiederkehr*ende*, ist der „Drachenstich" in dem kleinen Ort Furth im Wald.
→   Eine alljährlich wiederkehrende Touristenattraktion ist der „Drachenstich" in dem kleinen Ort Furth im Wald.

1. In Furth wird die Beliebtheit dieses Folklorefestes, das weithin bekannt ist, überall deutlich, insbesondere an den Hotels, die alle schon lange vor dem Fest ausgebucht sind. 2. Die Besucher, die von überallher herbeiströmen *(überallher herbeiströmenden)*, wollen den berühmten Drachen sehen, der sich in überdimensionaler Größe durch die Straßen bewegt *(bewegenden)*. 3. Sie wollen das Feuer sehen, das aus den Nasenlöchern des Drachen hervorzischt *(hervorzischende)*. 4. Sie erleben den Ritter, der mutig gegen den Drachen kämpft. 5. Und sie wollen schließlich sehen, wie der Drache, der von Menschenhand besiegt worden ist, stirbt.

10. Bitte formen Sie im folgenden (eher schriftsprachlichen) Text die kursiv gedruckten Satzteile in Relativsätze (= eher gesprochene Sprache) um:

Beispiel:

Das Drachenstichspiel ist das älteste *in Bayern noch erhaltene* Volksschauspiel.

→ Das Drachenstichspiel ist das älteste Volksschauspiel, das in Bayern noch erhalten ist.

1. Im Mittelpunkt steht eine *in alten Chroniken überlieferte* Schlacht. 2. Eine junge Rittersfrau nimmt die *vor den Soldaten fliehenden* Bauern in ihrem Schloß auf. 3. Ein *das Böse symbolisierender* Drache belagert das Schloß und will Menschenopfer. 4. Nach dramatischen Komplikationen tötet der *aus dem Krieg zurückgekehrte* Ritter Udo den bösen Drachen und rettet Volk und Rittersfrau. 5. Nach der ersten Aufführung des Drachenstichfestspiels gibt der Bürgermeister am Abend einen Empfang im *aus diesem Anlaß prächtig erleuchteten* Rathaus. 6. Dabei führen *aus der ganzen Umgebung kommende* Musik- und Tanzgruppen historische Tänze auf. 7. Höhepunkt des ersten Tages ist das *inzwischen auch zur Tradition gewordene* Feuerwerk.

Nebensätze: Relativsatz (II)
(Einführung der Relativsätze s. STUFEN 3, S. 174 ff.)

11. a) Der Tote auf dem Spielplatz

1. Das ist das Aufregendste, was in dem Frankfurter Vorort seit Jahren passiert ist, und worüber jung und alt aufgeregt reden. 2. Ein Toter, dessen Identität noch nicht geklärt ist, ist auf dem Kinderspielplatz aufgefunden worden. 3. Eine junge Mutter, deren Kinder den Mann entdeckt haben, hat sofort die Polizei alarmiert. 4. Jetzt suchen die Beamten die Bank, wo der Tote saß, systematisch nach Spuren ab. 5. Aber sie finden zunächst nichts, was auf den Täter hinweist. 6. Um den Spielplatz herum stehen Leute aus der Nachbarschaft, deren teils neugierige teils ängstliche Fragen sich alle um den Toten drehen: Wer ist der Mann, und wer hat ihn ermordet?

b) Bitte unterstreichen Sie die Elemente, die die Nebensätze einleiten.

c) Bitte kombinieren Sie die Bezugswörter (links) mit einem Relativsatz (rechts), und ergänzen Sie ihn beliebig:

| Alles,
Das,
Einiges,
Etwas,
Manches,
Nichts,
Vieles,
Weniges,
Das Aufregendste,
Das Schlimmste, | 1 | **was** die Beamten zunächst sehen, ...
was die Leute wissen, ...
was eine junge Mutter beobachtet hat, ...
was eine alte Frau bemerkt hat, ... |
| | 2 | **worüber** sie sich ärgern, ...
wovon sie wissen, ...
woran sie sich erinnern, ...
womit sie rechnen müssen, ... |

Warum stehen in Kasten 2 andere Einleitungselemente als in Kasten 1?

d) Bitte ergänzen Sie *dessen* oder *deren*:

1. Auf der Bank saß **ein toter Mann,**
   (Die Identität **des toten Mannes**
   war noch nicht geklärt.)
   dessen Identität noch nicht geklärt war.

2. Der Tote wurde von einem **Kind** entdeckt,
   (Die Mutter **des Kindes** war in der Nähe.)
   dessen
   Mutter in der Nähe war.

3. Die Polizei wurde von der **Frau** alarmiert,
   (Der kleine Sohn **der Frau** hatte den Toten entdeckt.)
   deren
   kleiner* Sohn den Toten entdeckt hatte.

4. Da waren auch **Leute,**
   (Durch die Neugier **der Leute** wurden die Beamten behindert.)
   durch *deren* Neugier die Beamten behindert wurden.

> * *dessen* und *deren* sind keine Artikelwörter, sondern Pronomen. Weil das Artikel-
> wort des nachfolgenden Nomens wegfällt, werden Adjektive nach *dessen* und
> *deren* wie nach 'Nullartikel' flektiert.

e) Die meisten Relativpronomen sind mit den Formen des definiten Artikels identisch.

**Bitte schreiben Sie die Relativpronomen mit Bleistift in die folgende Übersicht (die
nicht mit den Artikelwörtern identischen Relativpronomen mit Rot):**

	Singular			Plural
	maskulin	neutral	feminin	
Nominativ	der	das	die	die
Akkusativ	den	das	die	die
Dativ	dem	dem	der	denen
Genitiv	dessen	dessen	deren	deren

12. Position des Relativsatzes

Vorfeld	V₁	Mittelfeld	V₂	Nachfeld
1. Eine Frau	rief	die Polizei.	an.	
2. Ein Beamter	fragte	die Frau nach ihrem Namen.		
3. Der Beamte	hat	die Frau	befragt.	

Bitte fügen Sie den Satz *Die Frau war sehr aufgeregt.* **als attributiven Relativsatz zu jedem Satz in das Schema oben ein** (in Satz 3. gibt es zwei Möglichkeiten).

> Die **Relativsätze** stehen in der Regel **im selben Feld wie das Bezugswort.** Ausnahmen aus inhaltlichen oder stilistischen Gründen sind möglich (vgl. auch STUFEN 3, S. 178).

13. Relativadverb *wo*

1. In Frankfurt, **wo** das passiert ist ...
2. Dort,   **wo** der Tote saß, sucht man nach Spuren.

In der Umgangssprache:
3. Die Bank,   **wo** der Tote saß, wurde nach Spuren abgesucht.

In der Standardsprache:
4. Die Bank,   **auf der** der Tote saß, wurde nach Spuren abgesucht.

14. a) Bitte ergänzen Sie die relativsatzeinleitenden Elemente, bzw. bilden Sie Relativsätze.

Der Tote auf dem Spielplatz (Fortsetzung von 11. a), S. 127)

Die Polizei stand vor einem Rätsel.

1. Alles, _____ man wußte, war, daß der Tote ca. 40 Jahre alt war.

2. Nichts, _____ er bei sich hatte, konnte seine Identität klären. 3. In seiner

Jackentasche fanden die Beamten ein Notizbuch, _____

(Die vorderen Seiten

_____ 4. Auf der Innenseite stand eine Telefonnummer,

des Notizbuchs waren herausgerissen.)

_____

(Die letzten beiden Ziffern der Telefonnummer waren unleserlich.)

129

5. Unter der Bank fanden die Beamten einen Handschuh, _____

_____

(An dem linken Daumen des Handschuhs waren Blutspuren.)

6. Dieser Handschuh, _____

_____ ,

(Die Größe des Handschuhs paßte nicht zu der Handgröße des Toten.)

war ein erster Hinweis auf den möglichen Täter. 7. Bei genauerer Untersuchung des Toten fanden die Beamten zunächst nichts, _____ auf die Todesursache hingewiesen hätte. 8. Die Beamten fragten deshalb die umstehenden Leute, ob in der letzten Zeit etwas passiert war, _____ ihnen aufgefallen war. 9. Es gab nichts, _____ sie sich erinnern konnten. 10. Plötzlich kam eine alte Frau, _____

_____

(Die Wohnung der alten Frau lag direkt neben dem Spielplatz.

11. Sie hatte etwas beobachtet, _____ sie mit dem Kommissar sprechen wollte. 12. Von ihrem Schlafzimmer aus, _____

_____ ,

(Die Fenster des Schlafzimmers gingen auf den Spielplatz.)

hatte sie in der Nacht komische Geräusche und leise Stimmen gehört. 13. Weil das etwas war, _____ sich die Frau nicht erklären konnte, war sie aufgestanden. 14. Sie hatte zwei Männer gesehen, _____

(Die Gesichter der Männer hatte sie natürlich nicht erkennen können.)

15. Sie hatten an einer Bank gestanden, _____ ,
    (Auf der Bank lag etwas.)

_____ sie nicht identifizieren konnte. 16. Es schien etwas zu sein, _____ sie sich sehr interessierten und _____ sie sich intensiv beschäftigten. 17. Der eine Mann, _____

(Sie erinnerte sich noch an die große kräftige Gestalt des Mannes.)

verließ dann den Spielplatz. 18. Der andere Mann, _____

_____ ,

(Der leicht hinkende Gang des Mannes war ihr aufgefallen.)

folgte ihm kurz danach. 19. Das war das, _____ sie dem Kommissar zu sagen hatte. 20. Für die Beamten waren ihre Aussagen das Wichtigste, _____ sie an diesem Morgen an Hinweisen erhalten hatten.

Bei den späteren Untersuchungen stellte sich heraus, daß der Mann auf der Bank an einer Überdosis Schlaftabletten gestorben war. Was könnte Ihrer Meinung nach der Grund dafür gewesen sein, und was hatten die beiden Männer damit zu tun?

b) Bitte rekonstruieren Sie den Text unter 11. a) und 14. a) anhand der folgenden Stich-wörter zunächst schriftlich. (Verwenden Sie dabei so viele Relativsätze wie möglich.):

1. Aufregendste — Frankfurter Vorort — passiert — alle reden darüber
2. Toter — Spielplatz — aufgefunden — Identität nicht geklärt
3. Frau — alarmiert Polizei — ihre Kinder Toten entdeckt
4. Beamte finden nichts — nichts weist auf Täter hin
5. Neugierige — wer ist Mann — Mord begangen
6. Polizei — findet Notizbuch — vordere Seiten herausgerissen
7. Unter Bank — Handschuh — paßt Totem nicht — an Daumen Blut
8. Polizei — befragt Umstehende — sollen alles sagen — aufgefallen
9. alte Frau — Wohnung neben Spielplatz — nachts komische Geräusche
10. Frau will mit Kommissar darüber sprechen — hat etwas gesehen
11. Zwei Männer beobachtet — Gesichter nicht erkannt
12. Interesse an etwas auf Bank — Frau konnte nicht erkennen
13. Männer verließen Spielplatz — einer hinkte — fiel Frau auf
14. Für Polizei Wichtigste — an diesem Morgen erfahren
15. Spätere Untersuchungen — Tote — auf Spielplatz gefunden —
    Überdosis Schlaftabletten

c) Bitte erzählen Sie den Text noch einmal anhand der Stichwörter in b) (Pro S eine Stichwortgruppe).

Partikeln

15. a) Partikeln und Partikelkombinationen in Aufforderungen und Bitten

In Imperativsätzen:

Partikeln:	Beispiele und Bedeutung:
doch	*Warten Sie doch noch einen Moment!* (beiläufige Aufforderung)
mal eben/gerade	*Komm mal eben her! Komm mal gerade her!* (informelle Aufforderung)
ruhig mal	*Unterhalten Sie sich ruhig mal mit ihr!* (Es ist in Ordnung/Sie brauchen keine Hemmungen zu haben.)
einfach mal	*Fragen Sie einfach mal die Kinder!* (Es ist leicht/Es macht keine Probleme.)

doch in den Partikelkombinationen *doch mal eben/doch mal gerade, doch ruhig mal, doch ein-fach mal* intensiviert die o. a. Bedeutung.

In Interrogativsätzen:

mal eben/gerade	*Kann ich Sie mal eben sprechen?* (höfliche Bitte)

vielleicht in der Partikelkombination *vielleicht mal eben, vielleicht mal gerade* schwächt die Direktheit der Bitte etwas ab, und die Bitte wirkt höflicher.

b) Bitte formulieren Sie die schräg gedruckten Teile des folgenden Dialogs mit den obigen Partikeln oder Partikelkombinationen um, damit die Aufforderungen und Bitten weniger direkt klingen:

Polizeibeamter (P) — Mutter (M)

P: 1. Entschuldigen Sie, *kann ich Sie etwas fragen?*
M: 2. Ja natürlich.
P: 3. *Schildern Sie mir,* was Sie gesehen haben.
M: 4. Meine Kinder haben mich auf den Mann auf der Bank aufmerksam gemacht.
P: 5. *Können Sie sie herrufen?*
M: 6. Selbstverständlich. Peter, Stefanie, *kommt her!*
P: 7. Hallo, ihr beiden! *Erzählt mir,* wie ihr den Toten entdeckt habt und was euch dabei aufgefallen ist!
    ...

c) Freunde (F) von Peter (P) und Stefanie (S) fragen sie anschließend aus. Bitte formulieren Sie die schräg gedruckten Teile in dem Dialog unten mit den folgenden Partikeln um, damit die emotionale Beteiligung der Sprechenden deutlich wird:

aber, denn, denn, eigentlich, doch, einfach, einfach, etwa, ja, (ja) schließlich, schon, wohl

F: 1. *Was wollte die Polizei von euch?*
P: 2. *Wir sollten nur erzählen,* was wir gesehen hatten.
F: 3. *Habt ihr gesehen,* wie sie den umgebracht haben?
S: 4. *Du spinnst!*
F: 5. *Woher habt ihr gewußt,* daß er tot war und nicht nur geschlafen hat?
S: 6. *Wir sind nicht blöd.* 7. *Wenn einer da sitzt und sich überhaupt nicht bewegt, dann merkt man,* daß da was nicht stimmt.
F: 8. Und was habt ihr dann gemacht?
P: 9: Na ja, *ich bin hingegangen* und hab' ihn was gefragt.
F: 10. *Das war mutig. Hattest du keine Angst?*
P: 11. *Doch, deshalb sind wir dann auch nach Haus gelaufen.*

1. HV-Text: Der Mörder ist immer der Gärtner

a) Was für einen Text erwarten Sie zu diesem Titel?

Erstes und zweites Hören

b) Hören Sie die 1. Strophe des Liedes zweimal, und versuchen Sie, den Text auch mit Hilfe der Bilder zu verstehen.

1. Strophe

c) Schreiben Sie beim zweiten Hören die sinntragenden Wörter und Wendungen/Textteile an die entsprechenden Bilder oben.

Drittes Hören

d) Hören Sie die 1. Strophe noch einmal, und vergleichen Sie den erarbeiteten Wortschatz.

e) Rekonstruieren Sie jetzt den Inhalt der 1. Strophe.

f) Bearbeiten Sie die 2.–4. Strophe wie in b)–e).

2. Strophe

3. Strophe

4. Strophe

Viertes Hören

g) Hören Sie jetzt alle vier Strophen im Zusammenhang. Achten Sie dabei besonders auf die Elemente, die deutlich machen, daß es sich nicht um einen ernst gemeinten Text handelt.

2. HV- und Wiedergabetext:
Der Froschkönig

(Aufgaben wie in Einheit 1, siehe S. 43/44)

 3. HV-Text: Ein schwarzer Tag
für Willy (Kurzkrimi)

Text 1

Invasion der Heuschrecken. Nordafrika ist schon verwüstet.

Kommt jetzt Europa dran?

Der Angriff auf die Hauptstadt begann nachmittags um drei. Ein leises Rascheln kündigte ihn an. Das Rascheln verstärkte sich zum Sirren, der Himmel schien
5 zu vibrieren. Und dann senkte sich die dunkle Wolke aus Millionen Wanderheuschrekken auf Nouakchott, die Hauptstadt Mauretaniens.
    Kinder schrien erschreckt auf. Auf ihren
10 Beinen, auf ihren Armen, im Haar – überall diese bis 14 Zentimeter großen, graubraunen Insekten.

Vorschlag
für die Arbeit
mit den
Lesetexten
s. S. 261 f.

Zehntausende flohen vor den geflügelten Invasoren in ihre Häuser. Aber die Heuschrecken setzten nach, drangen durch Ritzen und jeden Fensterspalt ins Innere der Wohnungen.

Autos kamen nach einer Rutschpartie auf einer Schmierschicht aus toten Insekten zum Stehen. Der Flugverkehr mußte eingestellt werden. Und in einer startbereiten DC9 der „Air Afrique" kämpften Stewardessen und Passagiere an den offenen Türen mit Besen und Schaufeln gegen die Heerschar der hereinquellenden Tiere.

Vor der Stadt kippte die Armee Benzin in Gräben. Aber auch dieser Feuerdamm konnte die Wellen der nächsten Schwärme nicht aufhalten.

Nach vier Stunden war die Hauptstadt kahlgefressen. Blätter, Blüten, Gras, Getreide, Gemüse – nichts gab es mehr, alles war zerstört.

Der Überfall auf Nouakchott ist das unübersehbare Warnzeichen einer Katastrophe, die bald auch Europa erreichen könnte.

Nur fünf Monate alt wird die Wanderheuschrecke. Aber jedes Weibchen legt im Verlauf ihres kurzen Lebens in mehreren Etappen bis zu 400 Eier. Die Folge: eine geradezu explosionsartige Vermehrung.

Riesige Schwärme der afrikanischen Wanderheuschrecke haben bereits 21 Länder in Afrika und auf der arabischen Halbinsel überrollt.

Im Oktober gelang Heuschrecken sogar der Flug über den Atlantik. Jetzt wüten die gefräßigen Insekten auch auf den karibischen Inseln von Barbados bis Kuba und in Mittelamerika.

Vereinzelte Heuschreckenschwärme haben dieses Jahr bereits die Bauern in Italien und Griechenland aufgeschreckt.

Sogar in Rom tauchten die gefräßigen Tiere schon auf. Ein Experte für Schädlingsbekämpfung: „Wir sahen mit Entsetzen, wie einige Heuschrecken hier mitten in der Stadt gegen unsere Bürofenster prallten."

Die Radarbasen der Luftwaffe im Süden Italiens haben Anweisung, alle Schwärme, die auf den Radarschirmen erkennbar werden, sofort zu melden. Flugzeuge sollen dann mit Insektengift gegen die Heuschrecken vorgehen.

Der marokkanische Schädlingsexperte Dr. Hafraoui gibt aber zu bedenken: „Eine Bekämpfung der Heuschrecken ist in Europa sehr problematisch. Die dichte Besiedlung und die intensive Landwirtschaft lassen den konzentrierten Einsatz des sehr giftigen Mittels gar nicht zu. Es wäre eine Umweltgefährdung, die kein Mensch verantworten kann."

Und noch eine Gefahr sieht Dr. Hafraoui: „Ich könnte mir vorstellen, daß die Heuschrecken in Europa eine Angstpsychose oder sogar eine Panik – mit all ihren schlimmen Folgen – auslösen."

Forscher fürchten, daß die Heuschreckenplage noch fünf Jahre anhalten kann. Ein Experte meint bitter: Nur eine lange Dürre in Afrika könnte eine Katastrophe verhindern."

Quick 47/1988 (gekürzt)

Aufgaben:

1. Lesen Sie den Text ein- oder zweimal zügig durch.
Wie viele <u>inhaltliche</u> Abschnitte hat der Text? Finden Sie für diese Teile passende Überschriften.

2. Textstruktur:
Schreiben Sie in die linke Spalte eines Blattes alle Textstellen heraus, die Orte oder Zeitangaben bezeichnen. Ordnen Sie dann in der rechten Spalte die Textstellen zu, die die wichtigsten Ereignisse oder Aussagen beinhalten. Vergleich im Plenum.

Beispiel:

Ort und Zeit	Ereignis/Aussage
nachmittags um drei	*Angriff*
dann	*Millionen Heuschrecken*
Nouakchott, Hauptstadt	*Insekten überall auf Kindern*
Mauretaniens	*Zehntausende flohen*

3. Rundübung (pro S 1—2 Sätze):
Versuchen Sie, den Inhalt des Textes anhand der Angaben auf dem Blatt zu rekonstruieren.

4. Perspektivenwechsel:
Stellen Sie sich vor, diese Heuschreckeninvasion hätte Sie gestern nachmittag um drei Uhr überrascht. Schildern Sie, was Sie zu der Zeit gemacht haben, und wie Sie sich verhalten hätten. Um Ihre Angst sprachlich auszudrücken, können Sie die folgenden Redemittel verwenden:

eigentlich kein Angsthase — Riesenschreck bekommen — vor Angst wie gelähmt — wußte vor Angst nicht, was ich tun sollte —

5. Rollenspiel:
Reporter/in interviewt Augenzeuge/in
der Heuschreckeninvasion:

6. Machen Sie zu dem Bericht, der aus dem Interview entsteht, zwei Schlagzeilen: für eine

a) „seriöse" Tageszeitung: _____

b) Boulevardzeitung: _____

7. Gibt es bei Ihnen ähnliche Naturkatastrophen? Welche? Wenn Sie eine solche schon selber miterlebt haben, berichten Sie im Plenum.

Text 2

Gespräche über Sprechangst

Eine Psychologin (P) und die Studentin Sonja
(S) unterhalten sich über die Probleme der
Sprechangst und was man dagegen tun kann.

S: Jedesmal, wenn ich in der Gruppe etwas
5 sagen möchte, spüre ich, wie mein Herz zu
   klopfen anfängt.
P: Wenn Sie das bemerken, was geht Ihnen
   dann durch den Kopf?
S: Ich sage mir: Verdammt, jetzt fängt es
10 schon wieder an! So was dürfte doch jetzt
   nicht mehr passieren!
P: Wieso dürfte das nicht mehr passieren?
S: Weil ich jetzt schon über vier Jahre stu-
   diere und bald mein Examen mache. Und
15 als Lehrerin kann ich es mir erst recht
   nicht leisten, so aufgeregt zu sein. Ich är-
   gere mich richtig über mich selbst.
P: Hilft Ihnen der Ärger, diese Angst zu reduzieren?
20 S: Nein, überhaupt nicht! Ich werde dann
   meist noch viel aufgeregter. Schon seit
   meiner Schulzeit habe ich versucht, mit
   der Angst fertig zu werden. Aber ich
   schaffe es einfach nicht.
25 P: Zumindest haben Sie es bisher nicht geschafft. Vielleicht liegt es daran, daß Sie
   immer auf die gleiche Weise reagiert haben, indem Sie sich Vorwürfe machen.
S: Sie meinen also, ich müßte anders vor-
30 gehen?
P: Ja, das meine ich allerdings.

Sie einigen sich, daß Sonja an einem Seminar
teilnimmt. Dort soll die Sprechangst mit der
Methode des interessierten Beobachtens
35 unter Kontrolle gebracht werden. In diesem
Kurs ist Sonja natürlich auch nervös, und es
fällt ihr schwer, über ihre Schwierigkeiten zu
sprechen.

S: Jetzt merke ich wieder, daß ich zittere und
40 ganz aufgeregt bin. Ich weiß gar nicht
   mehr, was ich eigentlich sagen wollte.
P: Achten Sie bitte einmal ganz genau darauf,
   was Sie in Ihrem Körper spüren. Wo spüren Sie das Zittern und die Aufregung?
45 S: Eigentlich im ganzen Körper.
P: Und wo besonders stark?

S: Ja, besonders deutlich im Magen.
P: Was genau spüren Sie im Magen?
S: So ein Unwohlsein. Es liegt wie ein Stein
   im Magen.
50 P: Und wie groß ist dieser Stein?
S: Etwa faustgroß.
P: Welche Farbe hat der Stein?
S: Welche Farbe? Hm, also ich würde sagen,
   grau und stumpf sieht er aus. Aber das 55
   Gefühl verändert sich schon.
P: Was passiert genau?
S: Ja, es wird schwächer, und es zieht höher.
   Ich merke es jetzt vor allem im Brustkorb.
P: Was spüren Sie im Brustkorb? 60
S: Das ist so ein Gefühl von Enge. Und ich
   merke, wie mein Herz ganz kräftig schlägt.
P: Achten Sie ganz genau darauf, was pas-
   siert. Lassen Sie es einfach passieren,
   und beobachten Sie, wie es gleichbleibt 65
   oder sich verändert.
S: Ja, jetzt läßt das Pochen nach. Ich kann
   jetzt schon wieder besser durchatmen.
P: Wunderbar. Verändert es sich weiter?
S: Es ist seltsam: Wenn ich das Gefühl ge- 70
   nau beobachte, dann ist es gar nicht so
   schlimm, und es klingt langsam ab. Jetzt
   merke ich nur noch, daß mein Herz etwas
   schneller schlägt, aber ich fühle mich
   schon viel gelöster. ... 75

Nach C.T. Eschenröder: Lebendiges Reden

BIOLOGIE DER ANGST

Sie ist tief im menschlichen Organismus verwurzelt und jeder hat sie schon einmal am eigenen Leib erfahren: Angst. Angst vor Prüfungen, vor Krankheiten, vor der Zukunft, vor dem Versagen und dem Verlust. Sie macht uns unruhig, nervös und kann, wenn sie lange andauert, sogar zu
5 ernsten Krankheiten führen.

Aber neben diesen Langzeit-Ängsten gibt es auch konkrete Angst-situationen, z. B. wenn man sich vor einem bestimmten Tier, einem dunklen Hauseingang, einem seltsamen Geräusch in der Wohnung oder einem öffentlichen Auftritt fürchtet. Wenn man sich in solchen Situationen
10 akut bedroht fühlt, dann schlägt der Körper Alarm. Es kommt zu Reaktionen, von denen jeder schon mal einige erlebt hat, z. B. feuchte Hände, weiche Knie, Atemnot, Herzklopfen, „Kloß im Hals", Zittern der Stimme, Bleichwerden, Druckgefühl im Magen. Diese körperlichen Auswirkungen von Angst können vom Menschen nicht kontrolliert werden, weil sie
15 Reaktionen des vegetativen Nervensystems sind.

Damit ist die Biologie der Angst aber nur zum Teil erklärt. Davor liegen physiologische Reaktionen, die sozusagen die biologische Grundlage für die oben geschilderten körperlichen Vorgänge sind: Nach Einsetzen des akuten Angstgefühls werden vom Körper sofort bestimmte Hormone
20 produziert, die unter anderem den Herzschlag erhöhen und bestimmte Muskeln stärker durchbluten. Weiterhin wird die Energieversorgung durch Veränderungen im Blut rapide gesteigert. Das Blut gerinnt schneller, so daß man bei Verletzungen nicht so viel Blut verliert.

Alle diese physiologischen Vorgänge haben das eine Ziel, dem Men-
25 schen in einer bedrohlichen Situation maximale körperliche Leistungen zu ermöglichen. Der Körper wird radikal auf Flucht oder Kampf eingestellt. So gesehen ist die Angst also etwas Natürliches und eine sinnvolle „Warnanlage" unseres Körpers. Die von ihr bedingten Reaktionen helfen dem Einzelnen zu überleben und historisch haben sie zum Über-
30 leben der ganzen Art beigetragen.

Aufgaben:

1. Textgliederung:
Schreiben Sie zu jedem Absatz einen entsprechenden Gliederungspunkt.

Gliederung:

1. _____
2. _____
3. _____
4. _____
   _____
   _____
   _____

2. Rekonstruktion des Textverlaufs

a) Teilen Sie ein DIN A4-Blatt in vier Spalten. Tragen Sie in der Abfolge des Textes in die zweite Spalte alle Textkonnektoren (z. B. Adverbien, Subjunktoren), in die dritte und vierte Spalte die wichtigsten Nomen bzw. Nominalphrasen und Verbkomplexe wie im Beispiel unten ein. Tragen Sie dann (eventuell abgekürzt) in die erste Spalte die entsprechenden Gliederungspunkte ein. Vergleich und Wortschatzklärung im Plenum.

Beispiel:

1 Gliederung	2 Konnektoren	3 Nomen/Nominalphrasen	4 Verb(komplexe)
1. Langzeit- ängste		*im menschlichen Orga- nismus*	*erfahren*
		Angst	
		Angst vor Prüfungen vor Krankheiten	

b) Versuchen Sie, den Textverlauf anhand Ihrer Übersicht zu rekonstruieren.

3. Rollenspiel:

Gespräch in der Selbsthilfegruppe

Drei bis vier Personen der Selbsthilfegruppe „Angsthase" besprechen ihre verschiedenen Ängste, z. B. beim Fliegen, vor Spinnen, vor Mäusen, vor geschlossenen Räumen oder hohen Türmen. Aufgrund ihrer eigenen Erfahrungen tauschen sie gegenseitig gute Ratschläge aus.

4. Berichten:

a) Haben Sie hier Angst(gefühle), die Sie zu Hause nicht hatten? Wenn ja, berichten Sie über konkrete Erlebnisse/Situationen.

b) Haben Sie heute Angstgefühle, die Sie als Kind nicht hatten? Bitte berichten Sie.

Der Nachtvogel

Ein Junge hatte immer große Angst, wenn er nachts allein in der Wohnung sein mußte. Seine Eltern gingen oft am Abend fort.

Dann konnte der Junge vor Angst nicht einschlafen. Er hörte etwas rauschen, und das war, als ob jemand im Zimmer atmete.

5 Er hörte ein Rascheln und ein Knacken, und das war, als ob sich etwas unter seinem Bett bewegte.

Aber viel schlimmer war der Nachtvogel.

Der Junge sah ihn immer ganz still draußen auf der Fensterbank sitzen, und wenn unten ein Auto vorüberfuhr, schlug der Vogel mit den Flügeln, und der Junge sah den riesigen Schatten

10 von den Flügeln an der Zimmerdecke.

Der Junge erzählte seinen Eltern von der Angst.

Aber sie sagten nur: „Stell dich doch nicht an! Du bildest dir das alles nur ein."

Und sie gingen immer wieder am Abend fort, weil sie den Vogel nicht sehen konnten, weil sie das alles nicht glaubten.

15 Einmal war der Junge wieder allein, und es schellte an der Wohnungstür.

Der Junge wurde steif vor Angst.

Wieder schellte es.

Es schellte und schellte.

Dann war es still, lange Zeit war es ganz still. Dann kratzte etwas an der Hauswand. Das war

20 der Vogel! Jetzt kletterte er mit seinen Krallen an der Mauer hoch. Jetzt war er an der Fensterbank. Und jetzt schlug er mit seinem Schnabel an die Scheibe! Einmal, zweimal, immer wieder, immer lauter, und gleich würde das Glas zerbrechen, gleich würde der Vogel ins Zimmer springen!

Der Junge packte die Blumenvase vom Tisch neben dem Bett. Er schleuderte sie zum

25 Fenster.

Das Glas zersplitterte. Wind fuhr ins Zimmer, daß der Vorhang hoch an die Wand schlug, und der Vogel war fort.

Auf der Straße unten hörte der Junge seine Eltern rufen.

Er rannte auf den Flur, er fand im Dunkeln sofort den Lichtschalter und den Knopf vom Tür-

30 öffner. Er riß die Wohnungstür auf und lief den Eltern entgegen.

Er lachte, so froh war er, daß sie da waren. Aber sie schimpften. Ihre schönen Ausgehkleider waren naß vom Blumenwasser.

„Was soll denn das wieder heißen?" fragte der Vater. „Jetzt ist die Scheibe kaputt!"

„Und mein Mantel! Sieh dir das an!" rief die Mutter. „Der Nachtvogel war am Fenster", sagte

35 der Junge. „Der Nachtvogel hat mit seinem Schnabel ans Fenster gepickt." – „Unsinn!" sagte der Vater. „Wir hatten den Schlüssel vergessen, und du hast das Schellen nicht gehört. Darum haben wir mit einer Stange vom Bauplatz an dein Fenster geklopft."

„Es war der Nachtvogel, wirklich!" sagte der Junge. „Der Nachtvogel war es!"

Aber die Eltern verstanden das nicht. Sie gingen immer wieder am Abend fort und ließen den Jungen allein.

Er hatte immer noch Angst, er hörte immer noch das Rauschen und Rascheln und Knacken. Aber das war nicht so schlimm.

Denn der Nachtvogel kam nie mehr wieder, den hatte er vertrieben. Er selbst hatte ihn vertrieben, er ganz allein.

Ursula Wölfel

Aufgaben:

1. Neuen Schluß erfinden:
Wie könnte die Geschichte auch zu Ende gehen? Erzählen Sie weiter ab Zeile 25.

2. Berichten:
Haben Sie als Kind ähnliche Angstsituationen erlebt? Wenn ja, berichten Sie bitte darüber.

3. Bitte machen Sie diesen Text zum 'Vorlesetext'. Setzen Sie nach dem Hören vom Band Satzakzente, Intonationspfeile und Grenzsignale.

Text 5

+++ FRAGEN SIE DR. SENNBERGER +++

Ich bin im letzten Schuljahr und bereite mich auf mein Abitur vor. In sechs Wochen sind die schriftlichen Klausuren, und dazu brauche ich Ihren Rat.

Nach den Sommerferien hat es angefangen: Ich wurde jedesmal nervös, wenn ich an das Abitur dachte. Obwohl ich bis dahin zu den besten Schülerinnen gehört habe, war ich auf einmal öfter unkonzentriert. Manchmal konnte ich im Unterricht Fragen nicht beantworten, obwohl ich zu Hause alles gewußt hatte. Es war wie ein blackout in meinem Kopf.

Dann hatte ich auch immer mehr das Gefühl, daß meine Mitschüler Konkurrenten oder gar Feinde waren. Es kam mir so vor, als ob sie sich hinter meinem Rücken über mich unterhielten. Deshalb bin ich auch allgemein unsicherer geworden.

Dann kamen Alpträume dazu: Ich saß zum Beispiel in der Mathe-Klausur und keine einzige Formel fiel mir mehr ein. Dann versuchte ich, von meinem Nachbar abzuschreiben, aber das merkte der Lehrer. Er stürzte sich auf mich, nahm mir den Prüfungsbogen ab und lachte höhnisch: „Für dich ist das Abitur gelaufen!" Danach wachte ich schweißgebadet auf.

In der letzten Mathe-Arbeit vor einer Woche habe ich nur 7 Punkte bekommen, obwohl mein Durchschnitt bei 12 Punkten, also 2+, liegt. Manchmal habe ich das Gefühl, überhaupt nichts mehr zu kapieren. Auch in Deutsch, das eigentlich mein Lieblingsfach ist, kann ich mich nicht mehr konzentrieren und meine normale Leistung bringen. Deshalb ist das Abi mittlerweile zu einem Schreckgespenst für mich geworden.

Mein Vater und mein Großvater sind Ärzte. Mein Vater, der seit einem Jahr in Dortmund lebt, möchte unbedingt, daß ich seine Praxis übernehme. Aber wenn ich keine guten Klausuren schreibe, dann kann ich das Medizinstudium vergessen.

Woran kann das alles liegen? Können Sie mir helfen???

Ute B., Darmstadt

Aufgabe:

Wie würden Sie das Problem von Ute B. erklären? Können Sie ihr — z. B. aufgrund eigener Erfahrungen — Ratschläge geben?

Angst achtzig

Mein Telefon klingelte. Ich hob den Hörer ab und meldete mich.

„Johannsen, mein Name", sagte die sanfte Stimme, „ich bitte um Entschuldigung, wenn ich Sie störe. Ihre Rufnummer habe ich aus dem Telefonbuch. Ich bin Lehrer am Ulrich-von-Hutten-Gymnasium ... das heißt ... störe ich Sie auch wirklich nicht?"

5 „Nein", sagte ich zu der sanften Stimme, die gar nicht wie eine Lehrerstimme klang, „nein nein, wirklich nicht."

„Das heißt", fuhr Herr Johannsen fort, „ich bin erst z. A. und also noch nicht ..."

„Was bedeutet ‚z. A.'?" fragte ich.

„Zur Anstellung", erklärte Herr Johannsen. „Also noch nicht beamtet."

10 „Danke", sagte ich. „Und was kann ich für Sie tun?"

Die Frage war rhetorisch. Ich wußte bereits, was der sanftstimmige z. A.-Lehrer wollte. Solche Wünsche kamen öfter, wenn auch nicht immer per Telefon. Da sagte er es schon:

„Ich wollte fragen, ob Sie vielleicht mal eine oder zwei Stunden in meine Klasse kommen könnten – in den Deutschkurs, den ich seit einem halben Jahr leite. Wir haben an einem Pro-

15 jekt zum Thema ‚Kriminalroman' gearbeitet, und da dachte ich –"

„Wie alt sind Ihre Schüler?" unterbrach ich.

„Sechzehn, siebzehn", sagte er. „Acht Jungen und fünf Mädchen."

„Okay", sagte ich und griff nach meinem Kalender. „Wann?"

„Oh, schön", sagte er, „das ist aber sehr freundlich! Wenn es am Donnerstag der nächsten

20 Woche von zehn bis gegen zwölf ginge ..."

„Ja", sagte ich, „das geht".

„Danke, danke vielmals", sagte er so überschwenglich, „ich bin Ihnen sehr dankbar!" Es klang, als hätte ich ihm gerade das Leben gerettet.

„Wenn ich noch zwei Fragen stellen dürfte", sagte er.

25 „Stellen Sie!" sagte ich.

„Erstens: Was entstehen uns da für Kosten, wenn Sie ..."

„Keine", sagte ich. „Und zweitens?"

„Ja ... könnten Sie mir sagen, ob wir Ihnen Fragen vorlegen dürfen, die Mädchen und Jungen, meine ich."

30 „Ja, natürlich", sagte ich und fing an, ein bißchen ungeduldig zu werden, weil ich gern weiter-arbeiten wollte. „Ich mache das immer so, daß ich erst von meinem Beruf berichte, wie ein Autor arbeitet und so, daß ich dann meine Meinung zu Krimis sage, und warum ich welche schreibe, und welchen literarischen Stellenwert ich ihnen beimesse – und dann kommen eigentlich immer Fragen, die ich nach Kräften zu beantworten versuche. Zum Schluß lese ich

35 dann meistens noch eine Viertelstundengeschichte vor – je nachdem, wieviel Zeit noch bleibt ..."

„Wunderbar", sagte Herr Johannsen z. A. „Wissen Sie, was für eine Geschichte Sie dann vor-lesen?"

„Bei Gymnasiasten von sechzehn bis siebzehn habe ich bisher – also seit etwa zwei Jahren –

40 immer eine ganz bestimmte Geschichte gelesen. Sie kommt gut an und hat machmal schon aufgeregte Diskussionen ausgelöst, weil es eine Geschichte aus dem Erfahrungsbereich dieser Zuhörergruppe ist. Sie heißt ‚Hoffetod stirbt nicht' und handelt von einem Schüler, der seinen Lehrer ermorden will."

„Seinen Lehrer ermorden ...?" Johannsen schluckte hörbar. Ist diese Geschichte schon

45 gedruckt?"

Ich sagte ihm den Titel des Buches, in dem die Geschichte gedruckt ist, und er sagte, er wolle sie, um vorbereitet zu sein und vielleicht noch weitere Fragen stellen zu können, vor meinem Besuch unbedingt lesen ...

Ich wünschte ihm gute Unterhaltung dabei, verabschiedete mich und legte auf.
Am Dienstag der nächsten Woche, abends halbzehn, sechsunddreißig Stunden vor dem ver- 50
einbarten Schulbesuch beim Deutschkursus des Herrn Johannsen, Lehrer z.A. am Ulrich-
von-Hutten-Gymnasium, rief der Sanftstimmige wieder an. ...

Hansjörg Martin

Aufgaben:

1. Schluß erfinden:
Bitte erzählen Sie die Geschichte zu Ende.

2. Mit welchen sprachlichen Mitteln wird die unsichere, höfliche und fast unter-
würfige Art des Lehrers ausgedrückt. Machen Sie eine Liste mit diesen Textstellen.

Text 7

Es war einmal eine sehr schöne, sehr weiße und sehr ängstliche Katze, die den lieben langen Tag über nichts weiter tat, als sich zu fürchten. Im Freien fürchtete sie sich vor unbekannten Tieren, im Hause vor unberechenbaren Menschen, und so kam es, daß sie die meiste
Zeit in einem Pappkarton verbrachte, den sie durch Zufall im Keller entdeckt hatte. Dort, mit
dem Rücken zur Wand und nach allen Seiten hin den Blicken entzogen, fühlte sie sich eini- 5
germaßen sicher, wenn auch nicht furchtlos. Denn kaum war die Katze wieder in den schützenden Karton gesprungen, da fürchtete sie bereits jenen Augenblick, an welchem sie ihn
würde verlassen müssen, um sich irgendwo Nahrung zu suchen; und so war dafür gesorgt,
daß sie wirklich rund um die Uhr Angst hatte.
Einige Zeit verging, ohne daß der Katze irgendetwas zugestoßen wäre, was ihre Angst 10
gerechtfertigt hätte, da geschah es. Und als es geschah, da passierte es ausgerechnet dort, wo
sie es am allerwenigsten erwartete.
Gerade wollte die Katze nach einem kurzen Ausflug in ihren Karton zurückkehren, als ihr
jemand mit bebender Stimme „Be... be...setzt!" entgegenrief.
„Wie... wie...bitte?" rief sie zitternd zurück. „Was... was... suchst du denn in meinem Karton?" 15
– „Wie... wie...so in deinem?" erscholl es zurück. „Den habe ich gefunden!", und nun erst erkannte die weiße Katze, wer da im Karton saß, eine andere Katze nämlich, die bis auf einen
weißen Brustlatz vollkommen schwarz war.

Wäre die weiße Katze nicht so schrecklich ängstlich gewesen, hätte sie sehr rasch begriffen,
20 daß es sich bei ihrem Gegenüber um eine sehr furchtsame Katze handelte, um eine, die
zitterte und stotterte und sich verkroch, genau wie sie selber. Doch da sie unglücklicherweise
vor nichts mehr Angst hatte als davor, die schwarze Katze könne sie für ängstlich halten, war
sie dermaßen damit beschäftigt, mutig zu wirken, daß sie gar keine Zeit fand, sich die schwarze Katze einmal genauer anzuschauen. Statt dessen sagte sie so drohend sie konnte: „Ich zähle
25 jetzt bis drei. Wenn du dann nicht aus meinem Karton verschwunden bist, wirst du mich von
einer anderen Seite kennenlernen, du schwarzer Drecksack. Eins..."

Die weiße Katze machte eine lange Pause, in der Hoffnung, die schwarze Katze werde
nach solch mutigen Worten unverzüglich den Karton verlassen. Doch da die beiden Katzen
einander so ähnlich waren, war nun auch die schwarze Katze ausschließlich von der Furcht
30 erfüllt, sie könne auf die weiße einen ängstlichen Eindruck machen, und deshalb antwortete
sie drohend: „Hör zu, du mieser Mehlwurm – so kannst du vielleicht mit deinen Mäusen reden, aber nicht mit mir. Also zieh weiter, Weißwurst!"

„Zwei...", sagte die weiße Katze, wobei sie das Wort so gut es ging in die Länge zog. Aber
irgendwann ist auch die längste „Zwei" vorbei, und wieder mußte die schwarze Katze irgend-
35 was Mutiges sagen: „Mach mal halblang, du mickrige Made. Du bist doch vor Angst schon
bleich wie die Wand. Also zieh Leine, Leichentuch!"

Alles hätte die schwarze Katze der weißen sagen dürfen, nur nichts von Angst. Sofort sah
sie sich gezwungen, besonders mutig zu erscheinen, „Drei!" zu schreien und "Dich bringe ich
auf Null, traniger Trauerrand!", und dann kam es zum nun leider ganz und gar unvermeid-
40 lichen Kampf.

Um es gleich zu sagen: Ein großer Kampf wurde es nicht. Die beiden ängstlichen Katzen
bissen, kratzten und schlugen sich so gut es ging, doch der einzige, den es wirklich erwischte,
war der, der zwischen ihnen stand und der den ganzen Streit ausgelöst hatte: der Pappkarton.
Je länger die Katzen aufeinander einschlugen, desto mehr ging er in Fetzen, schließlich san-
45 ken auch noch die letzten Pappreste zu Boden, und unversehens saßen die beiden Katzen
einander ohne jeden Schutz gegenüber. Erschreckt ließen sie die Pfoten sinken, verwirrt
schauten sie einander an, dann aber – ja, was dann?
In Büchern nehmen solche Geschichten meistens ein gutes Ende – diese hier tut das leider
nicht. Nein, die Katzen erkennen nicht, wie ähnlich sie einander sind. Nein, sie werden keine
50 guten Freunde. Nein, sie lernen nichts aus der ganzen Geschichte, statt dessen werfen sie sich
Beschuldigungen an den Kopf – „Du hast den Karton kaputtgemacht!"
„Nein, du!" –, überbieten sie sich in Beleidigungen – „Schwarzenschwein!" „Schneeziege!"
– haben sie beide Angst, Angst. Angst vor der eigenen Angst, Angst davor, weiter mutig sein
zu müssen, Angst vor der Klopperei, die gleich wieder losgehen wird. Eigentlich schade.
55 Denn eigentlich ist die Geschichte der beiden Katzen ja sehr lehrreich. Eigentlich steckt in
ihr eine schöne Moral verborgen. Aber welche? Das sollte jede Leserin/jeder Leser eigentlich
selber herausfinden und niederschreiben. Nur Mut!

Moral: _____

_____

_____

Robert Gernhardt

Mein Vorschlag: Wenn man nicht den Mut hat, feige zu sein, ist die schönste Angst für die Katz.

1. Projekte/Erkundungen

a)

FANTASIE AN DIE MACHT

Für alle S: Sie wollen eine bestimmte Form der **Angst besiegen.** Sie sind Arzt oder Philosoph oder Psychologe oder Ingenieur oder Pharmazeut oder ... Beschreiben Sie Ihre Lösung im Plenum möglichst mit grafischen Illustrationen.

b) Machen Sie eine kleine **Umfrage** unter Freunden und Bekannten (möglichst mit Tonband): Wovor haben die Menschen an Ihrem Kursort am meisten Angst? Überlegen Sie bei der Präsentation des Ergebnisses, wie das zum Vergleich in Ihrem Heimatland sein könnte.

c) Erkundigen Sie sich: Über welche Themen hat man hier Angst zu sprechen? Welche Themen sind tabu? Ist das je nach Bevölkerungsschicht verschieden? Berichten Sie, und vergleichen Sie das mit den **Tabu-Themen** in Ihrem Heimatland.

d) Erkundigen Sie sich nach den Gefühlen, Sitten und religiösen Riten/Zeremonien im Zusammenhang mit **Sterben** und **Beerdigung** an Ihrem Kursort. Besuchen Sie einen Friedhof (Wenn Sie an einer Beerdigung teilnehmen oder teilgenommen haben: Wie kontrastiert das alles mit Ihrem Heimatland?)

Totenverbrennung auf Bali

Beerdigung in Österreich

e) Ihr Projektvorschlag: Formulieren Sie ein Projekt zum Thema der Einheit, das Sie gerne machen möchten. Hängen Sie es im Kursraum auf, und suchen Sie Partner. Präsentation wie die anderen Projekte.
(Beispiel s. S. 57)

2. Kurzreferat zur Landeskunde („Das 20. Jahrhundert")

III. 1939–1948

> *„Als wir vierzig waren, hatten wir Feindeinflüge.*
> *Als wir fünfundvierzig waren, hatten wir Schutt.*
> *Als wir achtundvierzig waren, hatten wir Kopfgeld."*
>
> R. O. Wiemer

Wählen Sie ein Thema (oder mehrere zusammenhängende Themen) aus dem Kasten unten aus, und schreiben Sie ein Kurzreferat von ca. 200 Wörtern. (Für die genaue Aufgabenbeschreibung s. S. 58)

Stalingrad · Konzentrationslager · 20. Juli 1944 · Luftbrücke

ERSTES REICH
ZWEITES REICH
DRITTES REICH

DRITTES REICHT

Burkhard Garbe

Graf Schenk
von Stauffenberg

Kapitulation · Trümmerfrauen · Währungsreform

3. Sprichwörter/Redensarten

— Ihm standen (vor Angst) die Haare zu Berge.
— Er bekam (vor Angst/Schrecken) eine Gänsehaut.
— Ein Angsthase/Hasenfuß sein
— Vor Angst (fast) sterben
— Vor Angst wie gelähmt sein
— Mit dem Schrecken davonkommen
— Lieber ein Ende mit Schrecken, als ein Schrecken ohne Ende.
— Der Schreck ist mir in die Glieder gefahren.
— Es lief ihr kalt über den Rücken.
— Das Herz rutschte ihm in die Hose.

4. Spiele

WIR KÄMPFEN FÜR UNSERE ZUKUNFT??

ENGAGEMENT

Es gibt nichts Gutes,
außer man tut es.
Erich Kästner

„Erst wenn
der letzte Baum
gerodet, der letzte
Fluß vergiftet, der
letzte Fisch ge-
fangen, werdet Ihr
feststellen, daß man

Geld nicht essen kann!"

STOPPT DIE ATOMTESTS
GREENPEACE

6

1. Wofür man sich engagieren kann. Bitte lesen Sie sich die folgenden Texte kurz durch:

1

**Gitte Haenning,
Sängerin**
Deutsche
Muskelschwundhilfe e.V.

*Die Krankheit ist kaum bekannt,
wird oft mit Multipler Sklerose ver-
wechselt. Es gibt keine Medikamente
und keine gesicherte Therapie.*

4

**Lothar-Günther Buchheim,
Schriftsteller**
Nationales Hauptquartier
der Heilsarmee

*Auch wenn bei der Heilsarmee mal
ein Offizier mit der Kasse durch-
brennt, so weiß ich doch, daß dort
jede Mark gleich in einen Topf Erbsensuppe umgesetzt wird.*

**Wofür würden Sie
sich finanziell
oder mit Ihrer
Arbeitskraft
engagieren?**

2

**Antje Vollmer,
Politikerin**
Gesellschaft für
bedrohte Völker

*Diese Organisation thematisiert das
Schicksal der bedrohten kleinen
Völker der Erde, zum Beispiel der
Indianer, der Sinti und Roma usw.*

5

**Daniel Cohn-Bendit,
Journalist**
amnesty international

*Gern wird die Organisation von
einer politischen Seite benutzt, um
die andere anzuklagen. Aber
amnesty kritisiert Ost und West,
Nord und Süd. Und das gefällt mir.*

7

**Thekla Carola Wied,
Schauspielerin**
SOS Kinderdorf

*Bei den SOS-Kinderdörfern wird
jede Spende zum Baustein eines
neuen Zuhauses für weitere hilflose
Kinder.*

3

**Dieter Hildebrandt,
Kabarettist**
Vereinigung Integra-
tionsförderung

*Das sind junge Leute, die kümmern
sich um Behinderte und alte Menschen. Denen reicht das Geld hinten
und vorne nicht. Mit Kollegen vom
Kabarett trete ich gratis für die auf.*

6

**Dieter Hoeneß,
Ex-Fußballnationalspieler**
Initiative für Leukämie-
kranke Kinder

*Stichwort: Knallbonbon. Die ma-
chen alle zwei Jahre ein großes Fest,
da spiele ich dann Fußball in einer
Prominentenmannschaft. Die Einnahmen gehen an die Initiative, die
sie an die Universitätsklinik in meiner Heimatstadt Ulm weitergibt.*

Stern 48/1988

2. Was ist *Engagement*?

a) Wie kann man *Engagement* mit Hilfe der Texte unter 1 definieren? Bitte benutzen Sie dabei die in Einheit 2 (S. 60) gelernten Redemittel. Z. B.:

Engagement bedeutet, daß...

_____

_____

_____

b) Was steht im Wörterbuch/Lexikon?

En | ga | ge | ment [ãgaʒə'mãː], das; -s, -s [frz. engage-ment]: **1.** ‹o. Pl.› (bildungsspr.) *persönlicher Einsatz aus [weltanschaulicher] Verbundenheit; Gefühl des Verpflich-tetseins zu etw.; Bindung, Verpflichtung:* ein soziales, politisches E.; das militärische E. der USA in Europa; sein E. für Gerechtigkeit, gegen Willkür.

(Aus: DUDEN Deutsches Universal Wörter-buch A–Z)

3. Bedeutung der Komposita

Muskel schwund hilfe

der Muskel, -n

der Schwund,-
(ver)schwinden,
(ver)schwand,
→ (ver)schwunden

die Hilfe, -n

<u>Hilfe beim Leseverstehen</u>: Das wichtigste Wort steht immer am Ende (= Grundwort). Die Wortteile davor bestimmen das Grundwort näher:

Links bestimmt Rechts.

Muskelschwundhilfe bedeutet also zunächst *Hilfe.*
Frage: *Was für eine Hilfe? Hilfe wozu?*
Antwort: *Hilfe für Muskelschwund(kranke)*

Grafisch kann man die Beziehung der Wörter so verdeutlichen:

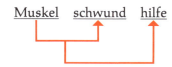

Muskel   schwund   hilfe

Was bedeuten die folgenden Begriffe aus 1.? Welche Wortteile kennen Sie schon? Von welchen bekannten Wörtern bzw. Wortteilen können Sie sie ableiten?

Ex-Fußballnationalspieler, Prominentenmannschaft, Heilsarmee, Integrationsförderung, Kinderdorf, Erbsensuppe, Universitätsklinik, Baustein

4. Welche der folgenden Wörter passen zu den Bedeutungserklärungen unten?
(Die Zahlen beziehen sich auf die Äußerungen der in 1. abgebildeten Personen)

Therapie (1), bedroht (2), Schicksal (2), Behinderte (3), durchbrennen (4), umsetzen (4), anklagen (5), Initiative (6), Einnahmen (6), Spende (7)

a) _____ : Personen mit einem schweren körperlichen oder geistigen Leiden

b) _____ : mit fremdem Geld verschwinden (umgangssprachlich)

c) _____ : gefährdet

d) _____ : Geld, das eine Person oder Institution bekommt

e) _____ : verwandeln (in diesem Kontext)

f) _____ : medizinische Heilbehandlung

g) _____ : Fähigkeit, aus eigenem Antrieb zu handeln

h) _____ : etwas, was das Leben eines Menschen ohne sein Zutun entscheidend bestimmt

i) _____ : Geld für einen guten Zweck

k) _____ : jemanden beschuldigen/für etwas verantwortlich machen

5. a) Wählen Sie jeweils eine Person aus 1. aus, und formulieren Sie mit eigenen Worten möglichst knapp, wofür sie sich engagiert. Benutzen Sie dabei die folgenden Wendungen.

— *sich engagieren für ...*
— *sich einsetzen für ...*
— *... unterstützen*
— *etwas tun für ...*
— *etwas spenden für ...*
— *versuchen, ... zu helfen*
— *sich um ... kümmern*

Beispiel:

Gitte Haenning engagiert sich für Muskelschwundkranke, für die es kaum Hilfen gibt.

b) Für welche der in 1. genannten Organisationen könnten Sie sich auch engagieren? Warum?

6. Sehen und behalten

a) Bitte sehen Sie sich das Bild genau an, schließen Sie das Buch, und schreiben Sie dann in Stichwörtern auf, woran Sie sich erinnern.

b) Bitte ergänzen Sie die folgende Bildbeschreibung, bei der von jedem zweiten Wort die Hälfte der Buchstaben fehlt.

1. Auf die_sem_____ Bild si_eht___ man ei_____ riesigen Fabriksc_____.
2. Am obe_____ Rand d_es___ Bildes st_eht____ in gro_ßen___ Buchstaben d_er___ Name _Robin Wood._ 3. A_n___ der rec_hte_____ Seite d_es___ Schornsteins si_eht___ man ei___ Art Lei_____ auf d_____ im unt_____ Drittel ei_____ Person st_____. 4. Sie hä_ngen___ sich m_it___ der ei_____ Hand a_____ der Lei_____ fest u___ winkt m____ der and_____ nach un_____. 5. Im obe_____ Drittel d_____ Bildes si_____ man ei_____ weitere Per_____, die ger_____ höher hinaufk_____. 6. Auf d_____ linken Se_____ des Schorn_____ sieht m_____ drei Pers_____ , die überei_____ in ei_____ Sitz hän_____.

c) Bitte verdecken Sie den Text, und beschreiben Sie das Bild noch einmal wie in b).

d) Bitte beschreiben Sie Bilder aus der Collage wie in a) vorgeschlagen, zunächst mündlich und zu Hause noch einmal schriftlich.

7. Wortbildung

a) Wie werden aus Adjektiven Verben? Bitte schreiben Sie die folgenden Adjektive in die richtige Kategorie:

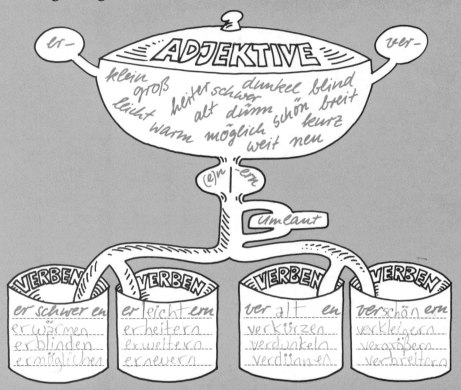

b) Was 'bedeuten' *er-* und *ver-*?
er- und *ver-* drücken in Verbindung mit einem Adjektiv den **Übergang in einen Ziel-zustand** aus:

1. 'X <u>machen</u>', z. B.   erneuern = 'neu machen'
                   verkleinern = 'klein machen'
2. 'X <u>werden</u>', z. B.   erblinden = 'blind werden'
                   verarmen = 'arm werden'

c) Mit welchem Suffix kann man aus den (meisten) Verben in 7.a) Nomen machen? Geben Sie vier Beispiele:

_____ _____ _____ _____

d) Bitte bilden Sie möglichst viele Wörter mit den folgenden Wortstämmen (auch Komposita und Ableitungen): *lang, leicht, alt, neu, schön, groß.*

lang → *Länge*
langsam

Redemittel

8. a) Bitte ergänzen Sie die Präpositionen:

Was sagen Leute, die

sich engagieren   **sich nicht engagieren**

1. Wir engagieren uns ___für___ ...   Wir kümmern uns ___um___ uns selbst.
2. Wir setzen uns ___für___ ... ein.   Wir halten das ___für___ überflüssig.
3. Wir interessieren uns ___für___ ...   Uns interessiert das nicht.
4. Wir tun etwas ___für___ ...   Das ist nur ein Tropfen auf den heißen Stein.
5. Wir sind ___für___ ...   Wir sind nicht ___für___ spektakuläre Aktionen.
6. Wir protestieren ___gegen___ ...   Wir halten nichts ___von___ Protest.
7. Wir demonstrieren ___für___ ...   Wir halten uns da heraus.
8. Wir schlagen Alarm ___wegen___ ...   Wir sind ___gegen___ Panikmache.
9. Wir legen die Hände nicht ___in___ den Schoß.   Wir können sowieso nichts verändern.
10. Wir leisten Widerstand ___gegen___ ...   Das nützt ja doch alles nichts.
11. Wir dürfen nicht ___auf___ die Verantwortlichen hoffen.   Es wird sowieso immer maßlos übertrieben.
12. Wir müssen handeln.   So schlimm ist es doch gar nicht.
13. Wir wollen uns nicht vorwerfen müssen, nichts getan zu haben.   Wir stehen auf dem Standpunkt: Die anderen werden das schon machen.

b) Rollenspiel:
Übernehmen Sie die Rolle eines Engagierten, und versuchen Sie, jemand anderen für Ihre Ziele zu gewinnen. Benutzen Sie dabei die Redemittel aus a).

9. a) Für welche Ziele in der Ausländerpolitik stehen die folgenden vier Parteien? Versuchen Sie herauszufinden, hinter welcher der Parteien A bis D sich die Sozialdemokraten (SPD), die Grünen/Alternativen, die Freien Demokraten (FDP) und die Christdemokraten (CDU) verbergen.

1 Die **Partei A** *lehnt* eine Änderung des Grundgesetz-Artikels 16 („Politisch Verfolgte *genießen* Asylrecht") *ab.* Sie wünscht volle *Integration* der hier lebenden Ausländer.
5 Die Partei A ist gegen eine *Verschärfung der* Sicherheitsgesetze und *setzt* statt dessen *auf* eine verbesserte *Polizei-Fahndung.*

ist gegen
haben Anspruch auf
Eingliederung

größere Härte bei den
vertraut ... auf
polizeiliche Suche

1 Die **Partei B** *verlangt* volles Bürgerrecht für Ausländer, das Asylrecht soll nicht *eingeschränkt,* sondern er-
weitert werden. Politische Flüchtlinge sollen arbeiten
dürfen und nicht mehr *in Lagern* untergebracht wer-
5 den wie bisher.
Die Partei B will alle im Zusammenhang mit der Ter-
roristenfahndung *erlassenen* Sicherheitsgesetze
aufheben. Die Kompetenzen des Bundeskriminalam-
tes sollen eingeschränkt und der Einsatz von
10 *V-Leuten* der Polizei verboten werden.

> fordert
> reduziert/begrenzt
>
> in Massenunterkünften
> (z. B. für Flüchtlinge)
>
> in Kraft gesetzten
> annullieren/für ungültig
> erklären
> Polizei-Agenten
> (V = 'Verbindung')

1 Die **Partei C** fürchtet, daß der *Datenschutz* bei der Zu-
sammenarbeit von Polizei und Geheimdiensten nicht
gewahrt bleibt. Auch eine Änderung des Grundgesetz-Artikels über das Recht auf Asyl wird *abgelehnt.*
5 Die Wartezeiten für Ausländer, die Verwandte nachholen wollen, sollen verkürzt statt verlängert werden.
Ausländer, die in der Bundesrepublik geboren wurden, sollen bei *Volljährigkeit* deutsche Staatsbürger
werden können. Nach fünfjährigem Aufenthalt soll
10 die *befristete* Aufenthaltserlaubnis
unbeschränkt gelten.

> Schutz der Informationen
> zur Person
> gesichert
> nicht akzeptiert/zurück-
> gewiesen
>
> mit 18 Jahren
>
> für begrenzte Zeit gültige
> ohne zeitliche Begrenzung

1 Die **Partei D** fordert, daß die Zahl der hier lebenden
Ausländer *gesenkt,* die Rückkehr in ihre Heimat
gefördert, der Nachzug von Verwandten erschwert
und die Zahl der Asylsuchenden gesenkt wird.
5 Wirtschaftsasylanten sollen *grundsätzlich* nicht aufge-
nommen werden. *Notfalls* denkt die Partei D sogar an
eine Änderung des Grundgesetz-Artikels, der Asyl
garantiert. Die Partei D ist für die Erleichterung des
Datenaustauschs zwischen Polizei und *Nachrichten-*
10 *diensten,* verlangt eine Verschärfung des Demon-
strationsstrafrechts und eine Kronzeugenregelung
für terroristische Gewalttäter.

> reduziert/verkleinert
> unterstützt
>
> prinzipiell
> im schlimmsten Fall
>
> Geheimdiensten

b) Welche der obigen Parteien würden Sie als konservativ, als liberal, als sozial oder
als links-alternativ bezeichnen? Welche der vier Parteien würden Sie wählen? Begründen Sie Ihre Entscheidung.

c) Beschreiben Sie noch einmal die Standpunkte der vier Parteien. Verwenden Sie dabei die Ausdrücke am Rand.

d) Rollenspiel:
Versuchen Sie, einen
Freund davon zu
überzeugen, daß es
sinnvoll und notwendig
ist, sich für politische
oder soziale Ziele zu
engagieren.

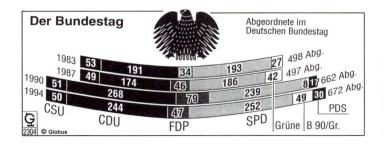

Der Bundestag — Abgeordnete im Deutschen Bundestag

	CSU	CDU	FDP	SPD	Grüne	B 90/Gr.	PDS	
1983	53	191	34	193	27			498 Abg.
1987	49	174	46	186	42			497 Abg.
1990	51	268	79	239	8	17		662 Abg.
1994	50	244	47	252		49	30	672 Abg.

© Globus 2304

154

1. a) Welches der Bilder auf der Collage-Seite spricht Sie am meisten an? Warum? Berichten Sie von einem lustigen, traurigen, peinlichen, frustrierenden oder einfach interessanten persönlichen Erlebnis zu diesem Bild oder von einer Begebenheit, von der Sie gehört oder gelesen haben. Schreiben Sie zunächst ein paar Stichwörter auf, und berichten Sie im Plenum.

Weitere Übungen siehe 1. b) und c) S. 13)

Textbearbeitung

2. Arbeitsschritte für die Textbearbeitung (siehe 2. a)–e) S. 13)

f) <u>Kommaregeln</u>: Numerieren Sie alle Kommafehler, und schreiben Sie die entsprechenden Regeln auf:

_____

_____

_____

_____

g) Text:

> Engagement
> Es handelt sich um ein Beispiel von
> Engagement. Er war ein von meine Freunde
> und hieß Lamit. Er war kein gut
> Student und deshalb fand keine Arbeit.
> 5 Deshalb beschimpften seine Eltern Lamit
> immer noch. Er entschied etwas anders
> zu schaffen. Er besuchte ein Kinderheim.
> Die Kinder, die dort wohnten hatten keine
> Eltern. Er war tief bewegt und entschloß,
> 10 sich für diese Kinder zu engagieren.
> Er liebte sie herzlich als sie seine
> eigene Geschwister waren und versuchte
> ihnen eine gute Erziehung zu geben.
> Obwohl Lamit jetzt kaum Kontakt zu
> 15 eigene Eltern bzw. Verwandte oder
> Freunde hat schadete es ihn nichts,
> weil er immer noch glücklich in seine
> eigene Welt mit Kindern war.
> Wir verloren vielleicht einen guten Freund
> 20 aber wir sind stolz von ihm.
>
> (Srijata, Studentin aus Indien)

3. a) Pronominal gebrauchte indefinite Artikel
Zu Z. 2:

Er war ein von meine Freunde...

Bitte ergänzen Sie die Übersicht:

	maskulin	neutral	feminin	Plural
N	ein Freund ⬇ *einer*	ein Kind ⬇	eine Freundin ⬇	Kinderheime ⬇
A	einen Freund ⬇ _____	*eins*	*eine*	*welche*
D	einem Freund ⬇ _____	einem Kind ⬇ _____	einer Freundin ⬇ _____	in Kinderheimen ⬇ _____

ebenso negativ: *keiner, keins, keine, ...* Plural: *keine, ...*

Er war einer ⟨ *von meinen Freunden.* (gesprochene Sprache)
meiner Freunde. (geschriebene Sprache)

b) Bitte ergänzen Sie die pronominal gebrauchten indefiniten Artikel:

1. Sylvia war ein_____ meiner besten Freundinnen. 2. Ihre Eltern waren bei einem Unfall ums Leben gekommen, deshalb lebte sie zunächst bei ein_____ ihrer Onkel. 3. Aber sie war schwierig und verstand sich mit kein_____ seiner Kinder. 4. Deshalb wollte sie ein_____ der beiden anderen Onkel zu sich nehmen. 5. Aber kein_____ seiner Kinder war damit einverstanden. 6. Sie selbst wollte auch zu kein_____ ihrer Verwandten, sondern in ein_____ der vornehmen Schweizer Internate. 7. Weil sie viel Geld geerbt hatte, fand man schnell ein_____, das sie aufnahm. 8. Als sie 18 Jahre alt war, wollte sie an ein_____ der berühmten amerikanischen Universitäten studieren. 9. Schließlich fand sie in Kalifornien ein_____, die ihr gefiel. 10. Und da habe ich sie auf ein_____ der vielen Campus-Feste kennengelernt. ...

4. a) Adjektivflexion
Zu Z. 3+4:

Er war kein gut Student

Bitte ergänzen Sie die folgende Lernhilfe zur Adjektivflexion:

der neu [ ] Ausweis ein* neu [ ] (maskulin)	das neu [ ] Foto ein* neu [ ] (neutral)	die neu [ ] Telefonnummer eine* neu [ ] (feminin)

Nach allen anderen Formen des definiten, indefiniten und Possessivartikels im Singular und Plural haben die Adjektive die Endung [ ]

'Nullartikel' bei Nomen im Plural:

(di|e| Leute)   (bei   d|en| Leuten)   (die Meinung   d|er| Leute)

jung[ ] Leute   bei jung[ ] Leuten   die Meinung jung[ ] Leute

* ebenso: kein(e), mein(e), dein(e), sein(e), ihr(e), unser(e), euer/eure, Ihr(e)/ihr(e)

b) Bitte ergänzen Sie die Endungen von Artikelwörtern, Indefinitpronomen und (zum Teil nominalisierten) Adjektiven:

1. Samit war ein_____ mein_____ best_____ Freunde. 2. In mein_____ Klasse gehörte er in d_____ meist_____ Fächern nicht zu d_____ best_____ Schülern. 3. Er war auch kein gut_____ Sportler, aber er war trotzdem etwas Besonder_____. 4. Er war ein sehr nachdenklich_____ und sensibl_____ Junge und las am liebsten philosophisch_____ Bücher, die kein_____ von uns interessiert hätten und die auch kein_____ von uns verstanden hätte. 5. Er hatte sehr wohlhabend_____ Eltern, für die es nichts Wichtiger_____ gab, als daß aus ihr_____ einzig_____ Sohn etwas 'Ordentlich_____' wurde. 6. Er sollte später einmal d_____ elterlich_____ Firma übernehmen. 7. Weil sein_____ schulisch_____ Noten nicht d_____ best_____ waren, hatte es schon einig_____ unangenehm_____ Diskussionen gegeben. 8. Aber alle noch so intensiv_____ Bitten sein_____ Eltern nützten nichts. 9. Samit wollte sein_____ eigen_____ Weg gehen und ihn sich von niemand_____ vorschreiben lassen. 10. Nachdem er sein_____ Abschlußprüfung mit relativ schlecht_____ Noten bestanden hatte, versuchte er, irgendein_____ Job zu bekommen. 11. Aber es gab nur sehr wenig_____ für ihn akzeptabl_____ Stellen, und bei sein_____ Bewerbungen hatte er kein groß_____ Glück. So war er denn zunächst arbeitslos. ...

5. Konjunktoren und sprachliche Ökonomie
Zu Z. 3 + 4:

> *Er war kein gut Student und deshalb fand keine Arbeit.*

a) Welche (inhaltlich) identischen Satzteile kann man in den folgenden Sätzen mit Konjunktor (→) wegstreichen, um unnötige Wiederholungen zu vermeiden?

Konjunktor	Vorfeld	V₁ / Subj.	Mittelfeld	V₂
1. → und → und	Samit er deshalb	war fand fand	kein guter Student deshalb keine Arbeit./ er keine Arbeit.	gewesen(,)
2. → oder → oder	Samit „Ich ich vielleicht	sagte möchte möchte arbeite	zu seinen Eltern: Lehrer in einem Kinderheim ich in einem Kinderheim."	werden(,) arbeiten."/
3. → sondern → sondern	Seine Eltern daß sie daß verständ- licherweise	wollten wünschten, wünschten daß	nicht, er eigene Wege er ihre Firma sie, er ihre Firma	ging, übernahm./ übernahm.
4. a) → aber → →	Samit er er er	wollte wollte wollte wollte	einerseits sein eigenes Leben andererseits seine Eltern nicht **aber*** andererseits seine Eltern nicht andererseits **aber*** seine Eltern nicht	führen, enttäuschen./ enttäuschen./ enttäuschen./
4. b) → aber** → aber 	Seine Eltern sie leider Seine Eltern sie	versuchten, hatten hatten versuchten, hatten	 ihm seine Pläne kein Glück bei ihm./ sie kein Glück bei ihm. ihm seine Pläne **aber*** kein Glück bei ihm.	auszureden, auszureden,
5. → denn	Samit er	konnte konnte	den Wunsch seiner Eltern nicht sich ein Leben als Ge- schäftsmann einfach nicht	erfüllen, vorstellen.

* *aber* kann als einziger von diesen Konjunktoren im Mittelfeld stehen. (Inhaltlich) Identisches kann dann im *aber*-Satz wegfallen.

** Wenn nach *aber* die E$_N$ und V nicht in beiden Hauptsätzen identisch sind, muß man alle Satzteile wiederholen.

Nur wenn die E_N im Vorfeld ist,
der 'Konjunktorhund' Identisches und Komma frißt.

Nach *aber* gilt diese Regel nicht immer,
nach *denn* wiederholt man auch Identisches immer.

Wann steht **immer** ein Komma? Vor *sondern, aber, denn!*	Wann steht **kein** Komma? Vor *und, oder,* wenn der 'Konjunktor-hund' etwas gefressen hat. Denn: **Hat der 'Konjunktorhund' Appetit,** **dann frißt er auch das Komma mit.**

b) Bitte ergänzen Sie die passenden Konjunktoren *und, oder, sondern, aber, denn,* und streichen Sie (inhaltlich) identische Satzteile weg, wenn möglich.

Beispiel:

_____*aber*_____ Samit versuchte, zunächst einen Job zu finden,
überall, wo er sich vorstellte, bekam er eine negative Antwort.

1. _____ Er bat weder seine Eltern noch seine Verwandten, ihm zu helfen,
er hatte kaum noch Kontakt zu ihnen.

2. _____ Sie hatten alle kein Verständnis für seine Lebensweise,
sie hielten ihn für komisch.

3. _____ Durch Zufall kam er mit Kindern in Kontakt,
die keine Eltern mehr hatten,
er entschloß sich, für sie zu sorgen.

4. _____ Er wollte sie entweder nur finanziell unterstützen,
er wollte vielleicht auch ganz bei ihnen bleiben.

5. _____ Schließlich entschloß er sich für das letztere,
die Kinder mochten ihn sehr,

_____ auch er hatte sie spontan in sein Herz geschlossen.

6. _____ Er versuchte, sie gut zu erziehen,
er bemühte sich, ihnen eine gute Ausbildung zu geben.

7. _____ In dieser Zeit erhielt niemand ein Lebenszeichen von Samit,
er hatte niemandem von 'seinen' Kindern erzählt.

8. _____ Irgendwann erkundigte ich mich bei Samits Eltern nach ihm,
sie wußten nicht, wo er war,

_____ vielleicht wollten sie es mir auch nicht sagen.

9. _____ Ich gab nicht auf,
ich fragte so lange herum, bis ich ihn schließlich gefunden hatte.

159

c) Reihung von Satzteilen und Nebensätzen mit *oder* bzw. *und*

Beispiel 1:
Samit wußte nicht, ob er Lehrer **oder** Erzieher **oder** Sozialarbeiter werden sollte.
Samit wußte nicht, ob er Lehrer werden (sollte)
oder   (ob er) mit kleinen Kindern arbeiten sollte.

Beispiel 2:
Schließlich erfuhr ich, daß er sich um elternlose Kinder kümmerte,
und   (daß er) dabei sehr glücklich war.

6. Bitte beantworten Sie die folgenden Fragen mit zwei oder mehr Nebensätzen, und vermeiden Sie dabei Wiederholungen:

1. Warum würden Sie gern Lehrer(in)/Politiker(in)/Polizist(in)/Hausfrau/Hausmann werden bzw. warum nicht?

Ich würde nicht gern Politiker(in) werden, weil

und (weil)

2. Was erhoffen Sie sich von Ihrer Zukunft?

Ich hoffe, daß

und (daß)

3. Welche Verhaltensweisen der Leute in (D)(A)(CH) verstehen Sie nicht?

Ich frage mich, ob

und (ob)

4. Was ist Ihnen in bezug auf das Studium unklar?

Ich weiß nicht, ob

und (ob)

Kommaregel:

> **Folgt ein Subjunktor nach *oder, und,*
> dann frißt das Komma der Konjunktorhund.**

Komma

weil
und wenn
daß

7. Wortfeld *entscheiden*
a) Zu Z. 6+7:

Er entschied etwas anders zu schaffen.

1. beschließen/ den Beschluß fassen*, etwas zu tun	= 'den festen Willen haben, etwas zu tun'
2. sich entschließen/ den Entschluß fassen*, etwas zu tun sich entschließen zu +D	= 'nach langem Überlegen beabsichtigen, etwas zu tun'
3. sich entscheiden/ die Entscheidung treffen*, etwas zu tun sich entscheiden zwischen +D sich entscheiden für/gegen +A	= meist: 'zwischen Alternativen auswählen'

* Diese Ausdrücke gebraucht man fast nur in der Schriftsprache.

**b) Bitte ergänzen Sie mit den Verben aus a),
und schreiben Sie sie rechts an den Rand.
Wiederholen Sie die Übung dann
bei verdecktem Rand.**

A: Nach einem Vortrag über Umweltschutz habe ich spontan ...,
mich in einer Umweltorganisation zu
engagieren.

B: Das finde ich wirklich gut.

A: Aber ich kann mich einfach nicht ...,
ob ich bei ‚Greenpeace' oder bei ‚Robin
Wood' mitmachen soll.

B: Also, wichtig ist ja eigentlich auch
nicht, für welche von den Organisationen du dich ..., sondern daß du dich

überhaupt ..., irgendwo mitzumachen.

beschlossen

entscheiden

entscheiden
entschließen

c) Übungsanweisung wie in b)

1. Nachdem der australische Student Tom zwei Jahre lang an der Universität Deutsch gelernt hatte, ... er, ein Semester in einem deutschsprachigen Land zu studieren. 2. Zunächst mußte er sich ..., ob er seine Deutschkenntnisse in der Schweiz, in Österreich oder in Deutschland verbessern wollte. 3. Nach langem Überlegen ... er sich, nach Österreich zu gehen. 4. Er hatte diesen ... schließlich gefaßt, weil sein Großvater einmal aus Österreich nach Australien eingewandert war. 5. Jetzt mußte er sich nur noch ... eine Universität ... . 6. Deshalb ... er, in ein Reisebüro zu gehen und sich Prospekte von Österreich geben zu lassen. 7. Weil ihm die Bilder von Wien so besonders gut gefielen, ... er sich schließlich, in der österreichischen Hauptstadt einen Deutschkurs zu besuchen.

———————

———————

———————

———————

———————

———————

———————

8. Das Wiener Semester war ein voller Erfolg, und er war froh, daß er sich nicht ... Salzburg oder eine andere Universitätsstadt ... hatte. 9. Weil er schon nach einem Semester zum Studium zugelassen wurde, ... seine Familie den ..., ihm noch ein weiteres Semester in Europa zu finanzieren. 10. Er ..., dieses Semester an einer deutschen Universität zu verbringen und ... sich für Heidelberg. 11. Daß er diese ... ... hatte, hat er nie bereut, denn er lernte dort seine spätere Frau kennen.

———————

———————

———————

———————

———————

———————

———————

8. noch – schon – erst – nur ...
Zu Z. 8+9:

> *Die Kinder, die dort wohnten hatte keine Eltern* ✓ ✓ *mehr.*

a) | noch ⟷ nicht mehr/kein-/niemand/nichts/nie mehr |

Bitte ergänzen Sie die folgenden Antworten:
Gespräch in der Klasse:

1. A: Wie lange bleiben Sie **noch** hier?
   B: *Nicht mehr* sehr lange, fürchte ich.

2. A: Willst du nicht **noch einen** Seminarschein machen?
   B: Nein, ich mache jetzt *keinen mehr*.

3. A: Muß nach diesem Semester **noch jemand** nach Haus zurück?
   B: Nein, außer mir *niemand mehr*.

4. A: Möchte jemand **noch etwas** über die Prüfung wissen?
   B: Nein, ich glaube, es ist *nichts mehr* unklar.

5. A: Möchte einer von Ihnen **noch einmal** wiederkommen?
   B: Ja, aber so eine nette Gruppe gibt es sicher *nie mehr / wieder*.

b) | schon ⟷ noch nicht/kein-/niemand/nichts/nie |

Bitte ergänzen Sie die folgenden Antworten.
(Benutzen Sie dabei Alternativen zu *nicht*):

„Na bitte – keine kranken Bäume mehr!"

1. A: Kennen Sie München inzwischen **schon?**
   B: Nein, *noch nicht.*

2. A: Haben Sie hier **schon ein** Zimmer?
   B: Nein, ich habe *noch keins* gefunden.

3. A: Hat Ihnen **schon jemand** die Stadt gezeigt?
   B: Nein, bis jetzt *noch niemand.*

4. A: Haben Sie **schon etwas** von der Umgebung gesehen?
   B: Nein, fast *noch nichts.*

5. A: Waren Sie **schon einmal** in der Schweiz?
   B: Nein, *noch nie / ____.*

163

c) | schon ⟷ erst |

Bitte ergänzen Sie die Übersicht:

		später/länger/mehr als erwartet	früher/kürzer/weniger als erwartet
1. Zeitpunkt	**Wann** wollt ihr heute essen?	**Erst**(!) um zwei Uhr.	**Schon**(!) um zwölf Uhr.
2. Uhrzeit	**Wie spät/Wieviel Uhr** ist es?	_Schon_ zwei Uhr.	_Erst_ zwölf Uhr.
3. Dauer	**Wie lange/Seit wann** seid ihr schon hier?	_Schon_ ein Jahr.	_Erst_ einen Monat.
4. Häufigkeit	**Wie oft** warst du schon hier?	_Schon_ dreimal.	_Erst_ einmal.
5. Anzahl	**Wie viel(e)** Semester studierst du hier?	_Schon_ vier Semester.	_Erst_ drei Semester.
6. Alter	**Wie alt** ist dein Auto?	_Schon_ 18 Jahre.	_Erst_ ein Jahr.
7. Größe	**Wie groß** ist dein jüngerer Bruder?	_Schon_ 1,85 m.	_Erst_ 1,50 m.
8. Grad/ Stadium	**Was machen** seine Deutschkenntnisse?	Er ist **schon** im Fortgeschrittenenkurs.	Er ist **erst** im Anfängerkurs.

d) | erst ⟷ nur |

Bitte ergänzen Sie die Übersicht:

		Sprecher meint: Es folgen	
		noch weitere	keine weiteren mehr
1. Dauer	**Wie lange** arbeitet ihr mit diesem Buch?	_Erst_ einen Monat.	_Nur_ einen Monat.
2. Häufigkeit	**Wie oft** hast du hier einen Ferienkurs besucht?	_erst_ einmal.	_nur_ einmal.
3. Anzahl	**Wie viele** Semester hast du Spanisch gelernt?	_erst_ zwei.	_nur_ zwei.
4. Größe	**Wie groß** ist deine Schwester?	_erst_ 1,60 m.	_nur_ 1,60 m.

e) Rundfragen:
Benutzen Sie bei den Antworten die Wörter aus a)–d).

f) Machen Sie mit diesen und ähnlichen Fragen Interviews in der Gruppe.

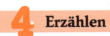

4 Erzählen

(Bitte wählen Sie eine der drei folgenden Aufgaben.)

 1. Bildgeschichte

Bitte sammeln Sie Wörter und Wendungen zu diesen Bildern, und erzählen Sie, was hier passiert ist.

2. Wörtergeschichte

Bitte erzählen Sie aus den folgenden Wörtern eine Geschichte:

pensionierte Ärztin –
medizinisches Hilfsprojekt – Südseeinsel –
herzlicher Empfang – verehrt von Inselbewohnern –
Medizinmann – Ereignis – Abreise

3. Fotogeschichte

a) Was fällt Ihnen an diesem Foto besonders auf?

b) Bitte erzählen Sie eine mögliche Lebensgeschichte dieses Mannes.

c) Rollenspiel:
Gespräch zwischen diesem Mann und jemandem, der ihm helfen will.

1. Diskussionsthemen

Bitte sammeln Sie zu den folgenden Diskussionsthemen zunächst Pro- und Contra-Argumente. Diskutieren Sie dann anhand dieser Argumente in Kleingruppen. Verwenden Sie dabei die in Einheit 1—3 vorgestellten Diskussionsformeln. Bestimmen Sie anschließend einen Diskussionsleiter für die Diskussion im Plenum.

- Hilft Entwicklungshilfe den Entwicklungsländern?
- Wie stehen Sie zu der Aussage:
  Religionen können den Frieden in der Welt sicherer machen.
- Sollen Frauen zum Militär- bzw. Zivildienst verpflichtet werden?
- Sind Gewaltakte von politisch Unterdrückten gerechtfertigt?

2. Diskussionsprotokoll (I)

a) Lesen Sie den folgenden Ausschnitt aus einer Diskussion zum Thema „Hilft Entwicklungshilfe den Entwicklungsländern?" zwischen Dr. Julius Adenga (A) und Linda Beermann (B) durch, und stellen Sie fest, welche Teile davon im Protokoll auftauchen.

Diskussion

A. Also ich finde, die meiste Entwicklungshilfe ist ... hilft doch mehr den reichen Ländern als den Entwicklungsländern, zumindest ...

B. Aber wieso denn? Sie bekommen doch Hilfe. Ist das denn alles nutzlos, das Geld, die Maschinen und der Rat von Experten?

A. Gut, also es ist vielleicht nicht ganz nutzlos, aber irgendwie, ich meine, es ist oft die falsche Hilfe.

B. Wieso die falsche Hilfe?

A. Ja, also die meisten Entwicklungsprojekte sind Großprojekte wie Flughäfen oder Staudämme. Weißt du, für das Geld könnte man vielleicht 1000 Brunnen bohren oder jeder Familie bei uns ein Fahrrad schenken. Das würde den Menschen direkt helfen.

B. Ja und du meinst, ein Fahrrad hilft den Menschen mehr als ein Staudamm?

Protokollausschnitt

> Nach Adengas Überzeugung hilft Entwicklungshilfe
> den armen Ländern nicht, weil es oft die falsche
> Hilfe ist.
> Besser als Großprojekte, wie Flughäfen, sei
> direkte Hilfe, z.B. Brunnen oder Fahrräder.
> Über diesen Punkt wurde lange gestritten.

b) Form und Inhalt

Was soll in einem (Diskussions-)Protokoll stehen?

— die wichtigsten Aussagen, Meinungen, Beschlüsse
— <u>keine</u> persönlichen Meinungen des Protokollierenden
— Namen der Diskutierenden ohne *Herr, Frau, Dr., Professor* usw.

Welche sprachlichen Formen werden im Protokoll verwendet?

— Verbtempus <u>Präsens</u>
— Verb meist im <u>Indikativ</u> nach Formulierungen wie *nach X's Ansicht/Meinung/Über-zeugung*
— Verb meist im <u>Konjunktiv</u> (indirekte Rede, siehe Grammatik S. 171) bei Rede-wiedergabe <u>mit</u> (*X sagt/meint/erklärt*) und <u>ohne</u> Einleitung, z.B.:
   Adenga meint, Entwicklungshilfe helfe den armen Ländern nicht. Man müsse ...
— <u>keine</u> direkte Rede
— Zusammenfassungen und Ergebnisse oft im <u>Passiv</u>

---

c) Je zwei S machen sich während der Plenumsdiskussionen der obigen Themen Notizen und schreiben dann ein Diskussionsprotokoll.

3. Wie denkt man in Ihrer Heimat über die Diskussionsthemen unter 1.? Bitte berichten Sie.

4. Bitte schreiben Sie einen Kommentar (d.h. Ihre eigene Meinung) zu einem im Plenum besprochenen Diskussionsthema.

5. Informationstext:
Bitte schreiben Sie einen Bericht über Probleme der Entwicklungshilfe (als 'Geber' oder 'Nehmer') in Ihrem Heimatland oder ganz allgemein (ca. 150 Wörter).

Indirekte Rede: Konjunktiv I und Ersatzformen

1. a) Bitte unterstreichen Sie in dem Zeitungstext unten die Verben in der indirekten Rede, die die Gegenwart oder Zukunft bezeichnen, und kreisen Sie die Verben, die die Vergangenheit bezeichnen, ein.

b) Bitte formen Sie den Zeitungstext links mündlich in direkte Rede um, und schreiben Sie die entsprechenden Verbformen auf die Linien neben dem Text. Beispiel:

„Energiesparschweine" gegründet

1. Eine Gruppe von engagierten Bürgern gründete in München einen Verein mit dem Namen „Energiesparschweine". 2. Die Initiatoren behaupten, daß man zwei Atomkraftwerke abschalten könne, wenn jeder einzelne etwas mehr Strom spare. 3. Ihre Rechnung sieht so aus: wenn z. B. in jedem Haushalt eine 60-Watt-Glühbirne weniger brenne, könne man dadurch pro Jahr 1400 Megawatt Strom sparen. 4. Das sei etwa so viel, wie vier konventionelle oder zwei nukleare Kraftwerke mittlerer Größe normalerweise produzierten. 5. Daraus folge, so behaupteten die Münchner, daß wir uns durch das Ausschalten einer solchen Birne 20 000 Tonnen Schwefeldioxid und Stickoxide sowie 100 Millionen Mark für Folgeschäden ersparen könnten. 6. Sie stellten fest, daß die Energieunternehmen in der Vergangenheit mit falschen Prognosen den Ausbau ihrer Kraftwerke begründet hätten und die Politiker diesen Ausbau genehmigt hätten. 7. So habe es bei dem bisher höchsten Stromverbrauch eines einzelnen Tages noch eine Reserve von 25 000 Megawatt oder 43,6 Prozent gegeben. 8. Das sei mehr Leistung gewesen, als alle Atomkraftwerke der Bundesrepublik zusammen damals hätten produzieren können.

2. „Man kann zwei Atomkraftwerke abschalten wenn ..."

2. Formen der indirekten Rede: Konjunktiv I und Ersatzformen aus dem Konjunktiv II
Ausdruck von Gegenwart und Zukunft bei Redewiedergabe in der Schriftsprache und
in der gesprochenen Standardsprache in öffentlichen Situationen (z. B.: Öffentlichen
Diskussionen, Radio/Fernseh-Nachrichten)

Übersicht:
a) Welche Formen des Konjunktiv I sind mit dem Indikativ Präsens identisch? Klammern Sie diese ein, und ergänzen Sie die Ersatzformen aus dem Konjunktiv II in der
folgenden Übersicht rechts:

Konjunktiv I Er sagt/sagte/hat gesagt,	Ersatzformen aus dem Konjunktiv II
ich **sei*** zu engagiert du sei(**e**)**st** er **sei*** wir **seien** ihr sei**et** sie **seien**	
ich (hab**e**) nie Zeit → du hab**est** er **habe** wir hab**en** ihr hab**et** sie hab**en**	*ich hätte* _____ nie Zeit
ich (komm**e**) mit → du komm**est** er **komme** wir komm**en** ihr komm**et** sie komm**en**	*ich käme mit / ich würde mitkommen*
ich (mach**e**) es → du mach**est** er **mache** wir mach**en** ihr mach**et** sie mach**en**	*(ich machte es)** / ich würde es machen*

* Ausnahmeformen ohne die Konjunktivendung *-e*
** Konjunktiv II-Formen identisch mit Präteritum

b) Wie bildet man den Konjunktiv I?

> **Gegenwart/Zukunft:**
>
> Aus dem _____-**Stamm** + _____
>
> **Vergangenheit** (s. 1. a) Satz 6—8:
>
> Aus **sei-/habe-(hätte-)** + _____,
>
> aber bei Modalverben
>
> aus **habe-(hätte)** + _____.

c) Wie verwendet man den Konjunktiv I?

Wenn die Konjunktiv I-Formen mit den Präsens- bzw. Präteritum/Perfektformen identisch sind, verwendet man die Ersatzformen aus dem Konjunktiv II (s. Übersicht in a)). In den anderen Fällen sind die Ersatzformen fakultativ.

In der gesprochenen Standardsprache in öffentlichen Situationen werden nur die farbig unterlegten Formen verwendet. Die zweite Person kommt in diesem Verwendungsbereich nicht vor. Die dritte Person findet man besonders häufig in Zeitungstexten (z. B.: Wiedergabe von Politikeräußerungen).

<u>In der gesprochenen Umgangssprache</u> sind bei der Redewiedergabe viele parallele Formen möglich. Z. B.:

Zum Ausdruck von Gegenwart oder Zukunft:
Sie sagte,

sie engagiere sich für den Umweltschutz.	(Konj. I)
sie würde sich für den Umweltschutz engagieren.	(Konj. II)
(sie engagierte sich für den Umweltschutz.)	(Konj. II)
sie engagiert sich für den Umweltschutz.	(Indik. Präs.)

Zum Ausdruck von Vergangenheit:
Sie sagte,

sie habe sich für den Umweltschutz engagiert.	(Konj. I)
sie hätte sich für den Umweltschutz engagiert.	(Konj. II)
sie hat sich für den Umweltschutz engagiert.	(Indik. Perf.)

d) Zusammenfassende Übersicht: Konjunktiv I in der indirekten Rede

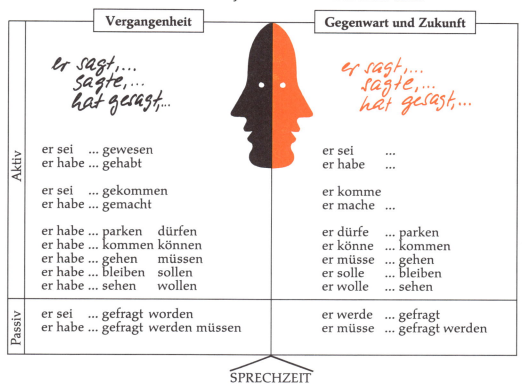

	Vergangenheit	Gegenwart und Zukunft
	er sagt,... *sagte,...* *hat gesagt,...*	*er sagt,...* *sagte,...* *hat gesagt,...*
Aktiv	er sei ... gewesen er habe ... gehabt er sei ... gekommen er habe ... gemacht er habe ... parken dürfen er habe ... kommen können er habe ... gehen müssen er habe ... bleiben sollen er habe ... sehen wollen	er sei ... er habe ... er komme er mache ... er dürfe ... parken er könne ... kommen er müsse ... gehen er solle ... bleiben er wolle ... sehen
Passiv	er sei ... gefragt worden er habe ... gefragt werden müssen	er werde ... gefragt er müsse ... gefragt werden

SPRECHZEIT

Wenn die übrigen Personalformen mit den Präsens- bzw. mit den Präteritum/Perfekt-Formen identisch sind, benutzt man Ersatzformen aus dem Konjunktiv II (s. S. 171).

3. Bitte ergänzen Sie mit den Verben im Konjunktiv I oder mit den Ersatzformen (Gegenwart/Zukunft):

Neue Umweltorganisation

Hamburg. (dpa) Gestern stellte sich in der Nordseehalle eine neue Umweltorganisation vor: die A.U.G.E. (Aktionsgemeinschaft Umwelt, Gesundheit, Ernährung). Ein Gründungsmitglied nannte die Forderungen der Organisation in den Bereichen Hausmüll, Energie, Wasser, Chemie und Konsumverhalten.

1. Er forderte, daß jeder einzelne in seinem Haushalt ab

sofort mit dem Umweltschutz _____   (anfangen

_____ und nannte auch einige Beispiele,   müssen)

wie das konkret _____ _____.   (aussehen können)

2. Jeder einzelne Bürger _____ jedes Jahr   (produzieren)

rund 250 kg Hausmüll.

173

3. Wenn man nicht in den Abfällen

_____ _____, (ersticken wollen)

_____ man unnötige Verpackungen (vermeiden müssen)

_____ und Papier, Glas und Kunststoffe

getrennt _____, damit wertvolle Rohstoffe (sammeln)

_____ _____ (wiedergewonnen

_____. werden können)

4. In bezug auf die Energie _____ die (sein)

Menschen zu verschwenderisch und _____* (produzieren)

dabei Millionen Tonnen Schadstoffe, die u. a. unsere Atmo-

sphäre aufheizen, so daß bereits in 20 Jahren katastrophale

Überschwemmungen unsere Kontinente _____ (verändern

_____. können)

5. Alle _____* _____, (versuchen sollen)

energiesparende elektrische Geräte zu verwenden.

6. Auch beim Wasser _____ (gespart werden

_____. müssen)

7. Jeder Bürger _____ pro Tag 140 l Wasser. (verbrauchen)

8. Durch Duschen statt Baden und durch eine Spartaste an

der Toilettenspülung _____ man jährlich (sparen können)

rund 1 Milliarde m³ Wasser _____.

9. Auch mit Chemikalien _____ vorsichtiger (umgegangen

_____, weil sie werden müssen)

Wasser, Luft und Boden _____*. (verschmutzen)

10. Jeder _____ sich über die Inhaltsstoffe (informieren

genau _____ und die Angaben der sollen)

Hersteller genau beachten.

11. Zum Konsumverhalten sagte er abschließend, daß jedes

Produkt die Umwelt dreimal _____: bei der (belasten)

Produktion, beim Gebrauch und bei der Beseitigung.

12. Jeder einzelne _____ immer auf den (achten

„Blauen Umweltengel" _____, durch den sollen)

besonders umweltfreundliche Produkte

_____ _____. (gekennzeichnet sein)

* Die Konjunktiv I-Form ist hier zwar mit dem Präteritum identisch, aber aus dem Kontext geht klar hervor, daß es sich um
eine Wiedergabe und damit um die Konjunktiv I-Form handelt.

4. a) Bitte lesen Sie sich den folgenden Text zunächst einmal durch:

Fahrt in den Atompilz

(David McTaggart, der Vorsitzende von Greenpeace, beschreibt in seinem Tagebuch, wie er mit dem Greenpeace-Segelschiff Varga zu den Mururoa-Inseln im Pazifik segelte, um gegen die französischen Atomtests zu protestieren.)

1. „Wir haben eine 3500 Meilen lange Strecke vor uns und hoffen, daß günstige Winde uns direkt nach Mururoa bringen."

(Sechs Wochen später:)
2. „Wir haben unser Ziel erreicht. 3. Jetzt fängt der Nervenkrieg mit den französischen Atomtestern an."

(Drei Wochen später:)
4. „Der Kommandant eines französischen Kriegsschiffes hatte uns ultimativ aufgefordert zu verschwinden, weil sie mit ihren Atomtests beginnen wollten. 5. Als wir auch diese Aufforderung ignorierten, kam das Kriegsschiff plötzlich mit voller Geschwindigkeit auf uns zu. 6. Es fuhr dann einmal um uns herum und näherte sich uns sehr langsam. 7. Wir standen ungläubig an Deck und konnten uns nicht vorstellen, daß uns das Kriegsschiff bewußt versenken wollte. 8. Aber es kam immer näher, bis wir plötzlich ein lautes Krachen hörten. ..."

(Das Kriegsschiff hatte das Segelboot fast versenkt, und die Mannschaft mußte von den Franzosen aufgenommen werden.)

b) Bitte wandeln Sie den Text (Satz 1.—8.) oben in eine schriftliche Inhaltswiedergabe um. Benutzen Sie dabei den Konjunktiv I bzw. II.

1. *McTaggert schreibt, sie hätten eine 3500 Meilen lange Strecke vor sich ...*

5. Trennbare und untrennbare Verben

durchbrechen

untrennbar

besuchen   **durch**queren

er **be**sucht   sie **durch**quert
er **ent**schuldigt   sie **über**tritt
er **er**klärt   sie **unter**schreibt
es **ge**fällt   sie **um**fährt
er **ver**gißt   sie **wieder**holt
es **zer**bricht   sie **wider**spricht

er bricht   **durch**
er tritt   **über**
er bringt   **unter**
er fällt   **um**
er holt   **wieder**
es spiegelt   **wider**

trennbar

Allgemeine Regeln:
Trennbare Verbteile haben immer den Wortakzent!

Unbetont, das ist ganz klar, sind Verbzusätze **untrennbar**.
(Lernhife: **un** → **un**)

2. über
1. durch
3. unter

„um" und „wi(e)der" das trennen wir nur hin und wieder

abfahren

Präposition

Adjektiv Adverb

her + hin

einsteigen

sie steigt **ein**
sie hält **fest**
sie fährt **fort**
sie kauft **frei**
sie hält **frisch**
sie nimmt **teil**
sie bleibt **übrig**
sie sagt **weiter**
sie geht **vorbei**
sie faßt **zusammen**

er fährt   **ab**
er kommt   **an**
er holt   **auf**
er bessert   **aus**
er steht   **bei**
er streicht   **durch**
er redet   **mit**
er sieht   **nach**
es hängt   **über**
er fällt   **um**
er geht   **unter**
er zeigt   **vor**
er hört   **zu**

trennbar

hergeben

sie gibt   **her**
sie holt   **heraus**
sie kommt   **herein**
sie kommt   **herüber**
sie nimmt   **herunter**
sie holt   **hervor**
sie schickt **hin**
sie trägt   **hinein**
sie bringt **hinauf**
sie geht   **hinaus**
sie fährt   **hinunter**

Regel: Trennbar sind die meisten Präpositionen, *her-* und *hin-*, die meisten Adjektive und Adverbien.

6. Kleine Formengymnastik

Bitte markieren Sie den Wortakzent, schreiben Sie dann die Verben unten in die richtige Kategorie wie im Beispiel:

verschwinden, einsteigen, durchschneiden, hinstellen,

umsteigen, herausholen, bevorzugen, entscheiden,

zusammenstoßen, unterschreiben, aufstehen,

überlegen, gehören, widersprechen

er verschwindet

⬆
untrennbar

⬆
trennbar

7. Setzen Sie in dem folgenden Text aus einer Zeitung die Verbformen ein:
(Nicht jede Linie muß beschrieben werden!)

Bürgerinitiativen

1. Die ersten Bürgerinitiativen _*entstanden*_ in den   (entstehen)

sechziger Jahren _____.

2. Bürger _____ sich _____,   (zusammenschließen)

um bestimmte Ziele _____.   (durchsetzen)

3. Sie _____ sich _____, Mißstände   (bemühen)

_____ und bei Entscheidungen, von   (aufdecken)

denen sie _____ waren,   (betreffen)

_____.   (mitreden)

4. Oft _____ es ihnen auch _____, offizielle   (gelingen)

Pläne _____ oder zumindest   (durchkreuzen)

_____.   (abändern)

5. Die Zahl der Bürgerinitiativen _____ in den   (ansteigen)

letzten Jahren auf mehrere tausend _____.

177

Ihre Aktivitäten sind sehr vielfältig:

6. Sie _____ Versammlungen _____,   (einberufen)

sie _____ Informationsveranstaltungen   (durchführen)

_____ , sie versuchen, die Leute über ihre Rechte

und Möglichkeiten _____, sie   (aufklären)

_____ Petitionen _____ und   (unterschreiben)

_____ zuständige Behörden _____ .   (anschreiben)

7. Die Bürgerinitiativen _____ sich in der Regel   (anschließen)

nicht an eine Partei _____; so versuchen sie, sich ihre

Unabhängigkeit _____ .   (erhalten)

8. Man _____ die einzelnen Gruppen aller-   (einrichten)

dings nicht auf Dauer _____, sondern sie bestehen nur

so lange, bis die Ziele der Bürgerinitiative _____   (durchsetzen)

_____ worden sind oder ein Kompromiß

_____ worden ist.   (erreichen)

9. Danach _____ sie sich meist wieder _____.   (auflösen)

Attribute zum Nomen

8.a) Neues Umweltbewußtsein

1. **Das sich immer mehr durchsetzende** <u>Umweltbewußtsein</u> **breiter Schichten der Bevölkerung** ist für die Industrie **eine** <u>Herausforderung</u>, **die immer größer wird.** 2. Die Industrie reagiert: Es gibt immer mehr <u>Produkte</u>, die die Umwelt bei der Herstellung, beim Verbrauch und bei der Abfallbeseitigung schonen. 3. Zum Beispiel will ein <u>Ingenieur</u> aus Stuttgart einen aus Mais und Weizen bestehenden, eßbaren <u>Joghurtbecher</u> auf den Markt bringen. ...

> Die fett geschriebenen Wortgruppen in Satz 1. sind **Attribute** zu den unterstrichenen Nomen. Attribute erklären ein Wort genauer. Oft machen sie den Satz erst verständlich.

b) Markieren Sie die Attribute zu den unterstrichenen Nomen in a) Satz 2. und 3.

c) **Übersicht:**

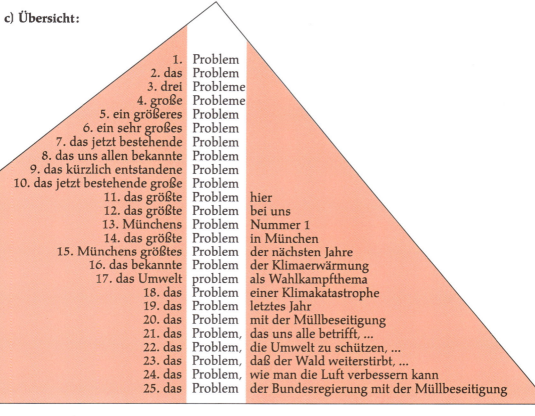

1.	Problem	
2. das	Problem	
3. drei	Probleme	
4. große	Probleme	
5. ein größeres	Problem	
6. ein sehr großes	Problem	
7. das jetzt bestehende	Problem	
8. das uns allen bekannte	Problem	
9. das kürzlich entstandene	Problem	
10. das jetzt bestehende große	Problem	
11. das größte	Problem	hier
12. das größte	Problem	bei uns
13. Münchens	Problem	Nummer 1
14. das größte	Problem	in München
15. Münchens größtes	Problem	der nächsten Jahre
16. das bekannte	Problem	der Klimaerwärmung
17. das Umwelt	problem	als Wahlkampfthema
18. das	Problem	einer Klimakatastrophe
19. das	Problem	letztes Jahr
20. das	Problem	mit der Müllbeseitigung
21. das	Problem,	das uns alle betrifft, ...
22. das	Problem,	die Umwelt zu schützen, ...
23. das	Problem,	daß der Wald weiterstirbt, ...
24. das	Problem,	wie man die Luft verbessern kann
25. das	Problem	der Bundesregierung mit der Müllbeseitigung

**Links-
attribut**   **Rechts-
attribut**

d) **Bitte fügen Sie auf S. 180 die zusätzlichen Informationen in der rechten Spalte zu den unterstrichenen Nomen als Rechts- oder Linksattribute hinzu:**

Beispiel:

sich immer mehr durchsetzende   *breiter Schichten der Bevölkerung*

Das Umweltbewußtsein ist für die
Industrie eine Herausforderung .

, die immer größer wird

//das Umweltbewußtsein setzt sich immer
mehr durch// (Partizip I)
//breite Schichten der Bevölkerung sind
umweltbewußt// (Genitiv)
//Die Herausforderung wird immer grö-
ßer// (Relativsatz)

Neues Umweltbewußtsein (Fortsetzung)

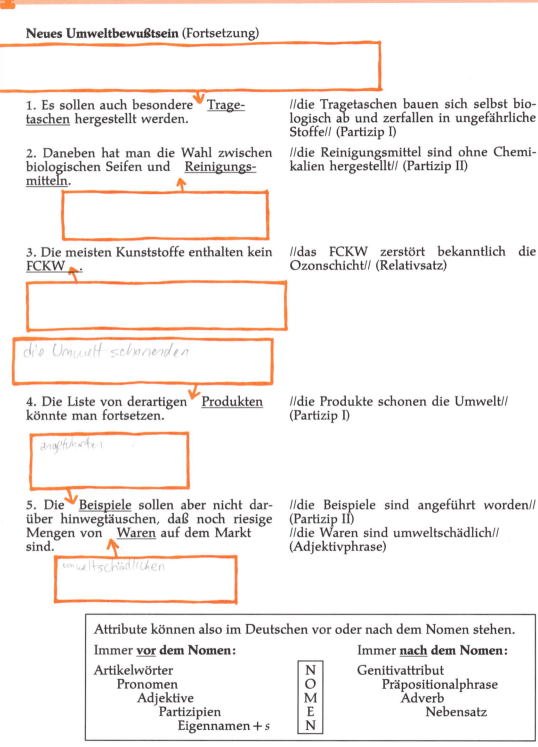

1. Es sollen auch besondere Tragetaschen hergestellt werden.

//die Tragetaschen bauen sich selbst biologisch ab und zerfallen in ungefährliche
Stoffe// (Partizip I)

2. Daneben hat man die Wahl zwischen
biologischen Seifen und Reinigungsmitteln.

//die Reinigungsmittel sind ohne Chemikalien hergestellt// (Partizip II)

3. Die meisten Kunststoffe enthalten kein
FCKW .

//das FCKW zerstört bekanntlich die
Ozonschicht// (Relativsatz)

die Umwelt schonenden

4. Die Liste von derartigen Produkten
könnte man fortsetzen.

//die Produkte schonen die Umwelt//
(Partizip I)

angeführten

5. Die Beispiele sollen aber nicht darüber hinwegtäuschen, daß noch riesige
Mengen von Waren auf dem Markt
sind.

//die Beispiele sind angeführt worden//
(Partizip II)
//die Waren sind umweltschädlich//
(Adjektivphrase)

umweltschädlichen

Attribute können also im Deutschen vor oder nach dem Nomen stehen.

Immer **vor dem Nomen:**		Immer **nach dem Nomen:**
Artikelwörter	N	Genitivattribut
Pronomen	O	Präpositionalphrase
Adjektive	M	Adverb
Partizipien	E	Nebensatz
Eigennamen + s	N	

e) Bitte fügen Sie den unterstrichenen Nomen(gruppen) die zusätzlichen Informationen aus der rechten Spalte hinzu.

Mit sechzig hinaus in die Welt

1. Der Senioren Experten Service sendet Fachleute zu Projekten in der dritten Welt.

//der SES ist in Bonn//
//die Projekte sind ganz unterschiedlich//

2. Etwa 3000 Pensionäre

erklärten sich schon bereit, ihr Fachwissen

in Einsätzen bis zu sechs Monaten weiterzugeben.

//die Pensionäre sind meist im Alter von 60 bis 65 Jahren//
//das Fachwissen haben sie in Jahrzehnten am Arbeitsplatz erworben//
//die Einsätze sind ehrenamtlich//

3. Natürlich müssen die Senioren Toleranz und Verständnis für die Probleme

der Partner zeigen.

//die Probleme sind im sozialen und fachlichen Bereich ganz andersartig//
//sie arbeiten mit den Partnern zusammen//

4. Auch Frauen engagieren sich an den Einsatzorten. Zum Beispiel machen sie Übersetzungen

oder sie organisieren Sprachzirkel.

//die Frauen reisen mit ihren Männern mit//

//die Übersetzungen sind für die Verwaltung//
//die Sprachzirkel sind kostenlos//
//die Sprachzirkel sind für Schulen und Universitäten//

5. Der Seniorenservice ist keine neue Idee,

vielmehr gibt es diesen Service in vielen Industrieländern schon seit einigen Jahren.

//die Idee ist nicht neu entstanden//

//der Service ist für die Entwicklungsländer//

je ... desto

9. a) Übersicht:

Vorfeld	Subj. / V₁	Mittelfeld	V₂	V₁	
		SATZRAHMEN			
	(Wenn	einer im Alter <u>aktiv</u>		ist,)	(Nebensatz)
	Je aktiver*	**einer im Alter**		**ist,**	(Nebensatz)
(dann	kann	er <u>ein erfüllteres Leben</u>	führen.)		(Hauptsatz)
ein desto erfüllteres Leben	**kann**	**er**	**führen**		(Hauptsatz)
(dann	hat	er <u>weniger Probleme</u>.)			(Hauptsatz)
desto weniger Probleme	**hat**	**er.**			(Hauptsatz)

> **Position von *je* und *desto*:**
> a) *Je* und *desto* stehen immer direkt _____
> b) *je* steht immer _____
> c) *desto* steht immer _____

* *je* + Komparativ = eine Subjunktorphrase. (Vgl. einleitende Interrogativphrasen STUFEN 3, S. 62)

b) Bilden Sie Sätze mit *je ... desto ...* nach dem Muster in a):

1. Wenn einer im Alter <u>aktiv</u> ist, dann ist sein Leben <u>erfüllter</u>.

_____

_____

2. Wenn sich alte Leute <u>intensiv</u> für etwas engagieren, dann sind ihre Chancen <u>groß</u>, gesund und zufrieden zu sein.

_____

_____

3. Wenn das Angebot an Seniorenprogrammen <u>vielseitig</u> ist, dann machen <u>viele</u> dabei mit.

_____

_____

_____

4. Wenn sich die Aktionsmöglichkeiten für alte Menschen <u>stark</u> vermehren, dann haben sie <u>weniger Angst</u> vor dem Alter.

_____

_____

_____

5. Wenn <u>viele</u> alte Menschen bei ihren Kindern wohnen können, dann hat der Staat <u>weniger Probleme</u>.

_____

_____

_____

6. Wenn die Wohnheime für alte Menschen <u>teuer</u> sind, dann ist die Zahl derjenigen <u>klein</u>, die in solche Wohnheime ziehen können.

_____

_____

_____

Partikeln

10. a) Partikeln und Partikelkombinationen in Deklarativsätzen

Partikeln:	Beispiele und Bedeutungen:
ja	*Wir wissen ja schon lange, daß etwas getan werden muß.* (Es ist bekannt, daß ...)
doch	*Sie wissen doch auch, daß die Menschen sich nicht von alleine verändern.* (Man kann davon ausgehen, daß ...)
nun mal	*Die Weltbevölkerung wächst nun mal sehr schnell.* (Es ist nicht zu ändern.)
einfach	*Jeder kann einfach in seinem persönlichen Bereich versuchen, etwas zu verändern.* (problemlose Alternative) *Ich finde das einfach gut.* (Ich kann das nicht begründen, aber ...)

Durch *ja* in den Partikelkombinationen *ja doch, ja nun mal, ja einfach* wird betont, daß der Sprechende die Zustimmung des Gesprächspartners voraussetzt.

b) Bitte formulieren Sie die schräg gedruckten Teile des folgenden Dialogs mit den Partikeln oder Partikelkombinationen unter a) um, damit die Meinungen noch deutlicher werden.

- 1. Ich finde, für die Umwelt ist der Staat zuständig.
- 2. *Na also ein bißchen Verantwortung für seinen Lebensraum muß* auch jeder selbst übernehmen.
- 3. Das sagt sich so leicht.
- 4. Wieso? *Man sollte bei sich selber anfangen*, z. B. beim Müll, *weil die riesigen Müllberge immer problematischer werden.*
- 5. Das stimmt natürlich. *Man müßte sich gegen alle diese überflüssigen Verpackungen wehren, die einen großen Teil des Mülls ausmachen.*

c) Bitte formulieren Sie die schräg gedruckten Teile in dem Dialog unten mit den folgenden Partikeln um:

denn, eben/halt, eben/halt, eigentlich, einfach, etwa, ja, ja, ja, (ja) schon, schließlich

- 1. *Wußtest du,* wie stark die Müllverbrennungsanlagen trotz ihrer Filter die Luft vergiften?
- 2. *Ja, deshalb weigern sich auch alle Städte und Gemeinden,* so eine Anlage in ihrer Nähe bauen zu lassen. *Aber irgendwo müssen sie gebaut werden. Was soll man sonst mit dem Müll machen?*
- 3. *Weniger Müll produzieren. Es muß nicht sein,* daß durch jeden Bürger über 400 kg Müll jährlich entstehen.
- 4. *Glaubst du, die Leute reduzieren ihren Müll freiwillig?*
- 5. *Dann muß man sie über die Gefahren genauer informieren.*
- 6. *Das machen die verschiedensten Organisationen schon seit einiger Zeit.*
- 7. *Aber die Leute reagieren nur,* wenn man ihren Müll auch vor ihrer Tür verbrennen will.

1. HV-Text: Das freiwillige soziale Jahr

Erstes Hören:

1. Lesen Sie die Fragen a)–d) durch, und kreuzen Sie nach dem ersten Hören die richtigen Antworten an:

a) Bisher haben am sozialen Jahr über
   ☐ 1000   ☐ 10 000   ☐ 100 000 Personen teilgenommen.

b) Warum machen junge Mädchen ein freiwilliges soziales Jahr?
   Weil sie ☐ keinen Studienplatz bekommen haben
   ☐ es für sinnvoll halten   ☐ ein Berufspraktikum machen wollen

c) Die freiwilligen Helferinnen werden auf ihre Tätigkeit vorbereitet.
   ☐ Stimmt.   ☐ Stimmt nicht.   ☐ Stimmt teilweise.

d) Die Debatte um das soziale Pflichtjahr ist entstanden, weil der Zivildienst
   ☐ verlängert   ☐ verkürzt   ☐ abgeschafft wurde.

Nach dem zweiten oder dritten Hören:

2. Beantworten Sie bitte folgende Fragen:

a) Welche Arbeiten werden im freiwilligen sozialen Jahr gemacht?
b) Welche Argumente werden <u>für</u> und welche <u>gegen</u> ein soziales Pflichtjahr für Mädchen genannt?
c) Welche Lösung wird vorgeschlagen, damit die Diskussion um das soziale Pflichtjahr aufhört?

2. HV- und Wiedergabetext: Frau Holle

(Aufgaben wie in Einheit 1, siehe S. 43/44)

3. HV-Text: Der Würger läßt die Maske fallen (Kurzkrimi)

185

Vorschlag
für die Arbeit
mit den
Lesetexten
s. S. 261 f.

GREENPEACE

Greenpeace e.V., Hohe Brücke 1, -Haus der Seefahrt-, 2000 Hamburg 11, Telex 2 164 831 gpd, ☎ (040) 36 12 08-0

<u>Der Schutzschild der Erde – die Ozonschicht –
ist in Gefahr! Helfen Sie mit,</u>
5 <u>die drohende Katastrophe zu stoppen.</u>

Liebe Leserin,
lieber Leser,

in etwa 5 Minuten werden Sie wissen, welches drohende Unheil auf uns
zukommt. Das ist die Zeit, die Sie brauchen, um diesen Brief zu
10 lesen. Sie werden dann allerdings auch wissen, wie sehr es auf <u>Ihre</u>
Mithilfe ankommt. Und das ist eine gute Chance, die uns bleibt.

Um die ganze Tragweite des Ozonproblems zu verstehen, müssen wir
19 Jahre zurückblicken. Bereits im September 1968 schlugen Wissenschaftler Alarm. Sie entdeckten ein Loch in der Ozonschicht über
15 der Antarktis.

Ein Irrtum? Hoffentlich, denn die Ozonschicht ist der Schutzschild
unserer Erde vor der gefährlichen ultravioletten Strahlung aus dem
Weltall. Eine Erhöhung dieser Strahlung hätte katastrophale Folgen
für jegliches Leben auf diesem Planeten. Die Hoffnungen auf einen
20 Meßfehler erfüllten sich jedoch nicht. <u>Das Ozonloch über der</u>
<u>Antarktis umfaßt heute ungefähr die Fläche der Vereinigten Staaten.</u>

Das soll keine Schwarzmalerei, keine Panikmache sein, aber es ist
eine Tatsache, daß der Aufenthalt außerhalb eines Hauses, eines
schützenden Daches eine ernste Gefahr für die Gesundheit darstellen
25 wird. Noch hat sich das Ozonloch nicht über unseren Köpfen geöffnet.
Wir dürfen aber unsere Hände nicht in den Schoß legen, sondern wir
müssen schleunigst handeln.

Wir können diese gefährliche Entwicklung
ändern, weil die Ursachen der Ozonver-
30 dünnung bekannt sind. Es handelt sich
um eine Gruppe von Gasen, genannt Fluor-
chlorkohlenwasserstoffe (FCKW). Diese
Gase werden hauptsächlich als Treibmittel
in Spraydosen, als Schäummittel für
35 Verpackungen und als Kühlmittel z.B.
in Kühlschränken benutzt.

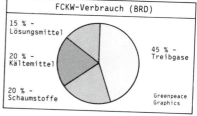

FCKW-Verbrauch (BRD)

15 % - Lösungsmittel
20 % - Kältemittel
20 % - Schaumstoffe
45 % - Treibgase

Greenpeace Graphics

Stellen Sie sich bitte auch vor, was passiert, wenn wir weiterhin
bedenkenlos sprühen und sprühen und sprühen. Dann nämlich wird
im Jahre 2010 bereits 30% der Ozonschicht verschwunden sein. So
40 jedenfalls die Berechnungen von Prof. Dr. C. Brühl vom Mainzer
Max Planck Institut für Chemie.

Bankverbindung: Postgiroamt Hamburg Kto. 65 233–209, BLZ 200 100 20)
Greenpeace ist vom Finanzamt als gemeinnützig anerkannt, Spenden sind steuerabzugsfähig.

Und die Folgen? Klimaumwälzungen, Hautkrebsepidemien, Mißernten und Schäden am menschlichen Immunsystem. Das sind schlicht und einfach katastrophale Folgen.

45 Wir dürfen nicht auf die Verantwortlichen hoffen, wir dürfen nicht darauf warten, daß vielleicht anderen die Lösung einfällt, denn der Lösungsansatz ist ausschließlich bei uns allen.

<u>Bitte werden Sie deshalb aktiv.</u>

Helfen Sie Greenpeace, helfen Sie der Natur, helfen Sie sich und
50 anderen.

> Kaufen Sie bitte keine Spraydosen, auf denen der blaue Umweltengel fehlt.
>
> Verlangen Sie in Schnellrestaurants ausschließlich Verpackungen aus Pappe oder einen Teller.
>
55 > Sprechen Sie andere Leute an, die Spraydosen oder Schaumstoffe benutzen.

Ozon schützt diese Erde. Es liegt an uns, diesen Schutz zu bewahren.

Danke für Ihre Aufmerksamkeit.
Danke für Ihre Unterstützung.

Ingrid Jütting   *Birgit Siemen*

Ingrid Jütting
Greenpeace e.V.   Birgit Siemen

Aufgaben:

1. Auf welche Weise soll der Leser zu aktivem Engagement bewegt werden?
(a) sprachliche Mittel, b) stilistische Mittel, c) Argumentationsstruktur)

2. Bitte schreiben Sie absatzweise und stichwortartig die Wörter oder Textstellen heraus, die Ihnen als Argumentationshilfen dienen könnten, wenn Sie z. B. einen Vertreter der chemischen Industrie von der Notwendigkeit eines aktiven Schutzes der Ozonschicht überzeugen wollten. Vergleich der Listen im Plenum.

Beispiel:

> drohendes Unheil
> Mithilfe = gute Chance
> Ozonproblemverstehen → 1968

3. **Rollenspiel:** zu 2.

FRAU WIRTIN „GANZ PRIVAT"

Die Bobby ist die Wirtin vom „Ganz Privat".

Ihr Kneipchen, gleich hinterm Münchner Marienplatz, eine eigenwillige Mischung aus Café und Bierbar, kennen fast nur Stamm-
5 gäste.

Sie kommen wegen dem guten „Kasseler mit Kraut" und dem „Lüngerl" und immer wie-der wegen dem frischen Faßbier (seit neu-estem auch Pils!) – sie kommen aber vor al-
10 lem wegen Bobby.

„I bin halt a Waage", sagt sie kokett, „immer ausgleichend." Aber da seufzt Mike, ihr Le-bensgefährte, sichtlich geschmerzt. „Guat", lenkt sie ein, „i bin a Kämpfernatur. A Kurasch
15 muaß ma ham, und i mach mei Fotzen auf."

Ihre vorlaute „Fotzen" hatte auch alles ins Rollen gebracht – damals, „oanasiebzge". Mit standfesten Dauerkundinnen zusammen hatte sie die Männermannschaft ihres eigenen
20 „F.C. Café Privat" zum Fußball-Show-down herausgefordert. Damit alles auch eine Art hatte, spielte man im Olympiastadion und für einen guten Zweck.

Grad lustig war's, aber nicht nur das. 6400 Mark spendeten die 2000 Zuschauer für das 2 Spastikerzentrum, dessen Rollstuhlkinder beim Spiel begeistert mitgegangen waren. Ein 18jähriger bekam so seinen Herzenswunsch erfüllt, einen Riesen-Teddybären, ein Mäd-chen ein Puppentheater, ein anderes eine 3 Uhr. Spontan entschlossen sich Wirtin und Stammgäste: „Sowas mach ma jetzt jeds Johr." Aber da gewann die Mutter einer Stammkundin plötzlich eine Lotto-Million und vierzehn Tage später gleich noch einmal 3 777 777,77 Mark im Spiel 77. Mehr als genug, um für das Sparferkel eine fette Mastkur her-ausspringen zu lassen.

Dieser Grundstock mit seinen Zinsen und was die Bobby noch dazubettelt, reicht jedes 4 Jahr für zwei bis drei Ausflüge mit den Spasti-kerkindern. Vierzig Buben und Mädchen sind jedes Mal dabei. Sechzig Betreuer und immer 40 Damen und 20 Herren. So hat jedes Kind seine Betreuerin, und die Männer braucht 4 man zum Rollstuhltragen.

Bobby plant überhaupt wie ein General. Vor jedem Ausflug macht sie eine Erkundungs-fahrt. Dann spannt sie Bekannte ein, feilscht um Freifahrten und Rabatte bei den Mahlzei-5 ten, verpflichtet Politiker und Bürgermeister. Und keiner kann ihren lustigen grünen Augen widerstehen.

Wenn die Bobby wieder einmal zum Aus-flug anrollt – natürlich im gratis geliehenen 5 Bus eines Stammgastes, hat sie in aller Herr-gottsfrühe schon Brotzeitpackerl hergerichtet. Die Äpfel hat ihr der Obsthändler geschenkt, die Wurst der Metzger. Und die 200 Mark für Getränke hat am Vorabend ein Gast gespen-6 det.

So gerüstet rollt die gemischte Mannschaft in einen Tag mit viel Gaudi hinein. Nach Tritt-moning zum Beispiel auf einen Reiterhof oder aufs Oktoberfest, wo ein Wirt für die Rollstuhl-6 Kundschaft einige Extra-Tische freihält und am Schluß das Kassieren vergißt.

Für Bobby und ihre Schützlinge schmeißt die Donaudampfschiffahrt beim Kloster Wel-tenburg sogar den Fahrplan über den Haufen. 7 Und die Lufthansa läßt in Riem ein Extra-Flug-zeug starten. Letzteres ein Erlebnis, das auch der Veranstalterin unvergeßlich bleiben wird.

PZ 25/1981 (gekürzt)

Aufgaben:

1. Bitte ordnen Sie den folgenden Oberbegriffen die passenden Wörter aus dem Text zu.

a) Gaststätte

b) Nahrungsmittel

c) Personen/Organisationen, die geholfen haben

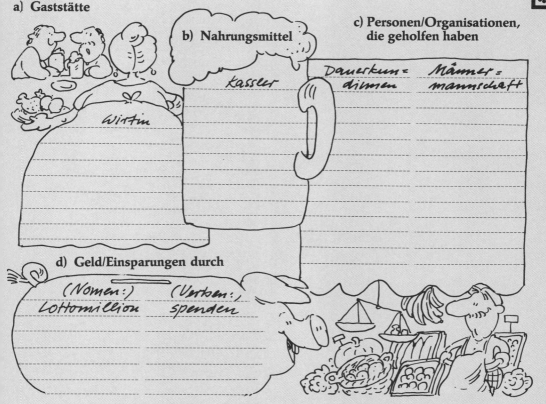

Wirtin

Kassler

Dauerkun=
dinnen

Männer=
mannschaft

d) Geld/Einsparungen durch

(Nomen:)
Lottomillion

(Verben:)
spenden

2. Mundart und Standardsprache

Bitte machen Sie eine Tabelle. Tragen Sie alle mundartlichen (bairischen) Sätze aus dem Text in die mittlere Spalte ein. Schreiben Sie dann die standardsprachliche 'Übersetzung' in die linke und die Entsprechung in der Mundart Ihres Kursortes in die rechte Spalte (eventuell in phonetischer Umschrift).

Standardsprache	Bairisch	Kursort

(Siehe auch Phonetik 15., S. 257)

3. Rollenspiele:

Erfinden Sie Dialoge, die Bobby mit den Personen unter 1.c) im Interesse ihrer Rollstuhlkinder geführt haben könnte.

Text 3

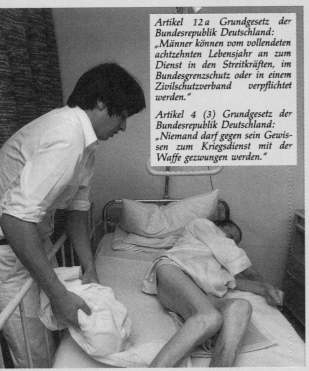

Artikel 12a Grundgesetz der Bundesrepublik Deutschland:
„Männer können vom vollendeten achtzehnten Lebensjahr an zum Dienst in den Streitkräften, im Bundesgrenzschutz oder in einem Zivilschutzverband verpflichtet werden."

Artikel 4 (3) Grundgesetz der Bundesrepublik Deutschland:
„Niemand darf gegen sein Gewissen zum Kriegsdienst mit der Waffe gezwungen werden."

Lieber helfen
als schießen

Uwe Bobrowski, 21, leistet gerade seinen Zivildienst ab. Fünfzehn Monate pflegt er für 500 Mark im Monat einen 26 Jahre alten Mann, der an Muskelschwund leidet und im Rollstuhl sitzt. „Ich will lieber helfen statt schießen", sagt der Abiturient aus Bonn. „Diese Arbeit hat für mich einen Sinn, den ich als Soldat nie empfinden würde." Uwe Bobrowski gehört zu einer Generation, die den Dienst bei der Bundeswehr stärker in Frage stellt als jede andere Nachkriegsgeneration.

Fast zwei Drittel der inzwischen für Zivildienstleistende geschaffenen 95 000 Stellen haben Pflegecharakter. Die jungen Männer arbeiten in der Altenhilfe, in Krankenhäusern oder in Wohnungen von Behinderten. Sie bringen das „Essen auf Rädern", füttern Kranke, waschen ihre Wäsche, putzen ihre Wohnungen, gehen einkaufen usw. Die übrigen Kriegsdienstverweigerer arbeiten überwiegend in Umweltprojekten und empfinden ihre Tätigkeit dort als nützlicher als den Wehrdienst.

Warum ist das so?
Pfarrer Dietmar Oldenburger, 61, der in Bonn Zivildienstleistende betreut, erklärt die Entwicklung so: Für immer mehr junge Leute ist der Dienst mit der Waffe fragwürdig geworden. Anders als oft in den Medien dargestellt, engagieren sie sich zum Teil sehr stark für die Mitmenschen und für die Umwelt. Auch die lange Friedensperiode und die Politik mit internationalen Entspannungsbemühungen hat bei vielen den Sinn der Verteidigung mit Waffen fragwürdig werden lassen.
Problemlos ist der Zivildienst aber sicher nicht. Besonders in den Pflegestellen werden die jungen Männer oft mit menschlichem Leid konfrontiert, auf das sie nicht vorbereitet waren, und sie fühlen sich oft belastet und menschlich überfordert. Dennoch nehmen sie die längere Dienstzeit von drei Monaten auf sich, um nicht eines Tages gezwungen zu werden, auf Menschen zu schießen.

Aufgabe:

Auf welche Problematik wird in diesem Text nicht eingegangen? Formulieren Sie daraus ein Diskussionsthema, und diskutieren Sie darüber.

*Alle Menschen haben
eine Wirbelsäule –
aber nicht alle haben
ein Rückgrat.*

Maßnahmen gegen die Gewalt

Als Herr Keuner, der Denkende, sich in einem Saale vor vielen gegen die Gewalt aussprach, merkte er, wie die Leute vor ihm zurückwichen und weggingen. Er blickte sich um und sah hinter sich stehen – die Gewalt.

„Was sagtest du?" fragte ihn die Gewalt.

„Ich sprach mich für die Gewalt aus", antwortete Herr Keuner.   5

Als Herr Keuner weggegangen war, fragten ihn seine Schüler nach seinem Rückgrat.

Herr Keuner antwortete: „Ich habe kein Rückgrat zum Zerschlagen. Gerade ich muß länger leben als die Gewalt."

Und Herr Keuner erzählte folgende Geschichte:

In die Wohnung des Herrn Egge, der gelernt hatte, nein zu sagen, kam eines Tages in der Zeit   10
der Illegalität ein Agent, der zeigte einen Schein vor, welcher ausgestellt war im Namen derer, die die Stadt beherrschten, und auf dem stand, daß ihm gehören solle jede Wohnung, in die er seinen Fuß setze; ebenso sollte ihm auch jedes Essen gehören, das er verlange; ebenso sollte ihm auch jeder Mann dienen, den er sähe.

Der Agent setzte sich in einen Stuhl, verlangte Essen, wusch sich, legte sich nieder und fragte   15
mit dem Gesicht zur Wand vor dem Einschlafen: „Wirst du mir dienen?" Herr Egge deckte ihn mit einer Decke zu, vertrieb die Fliegen, bewachte seinen Schlaf, und wie an diesem Tage gehorchte er ihm sieben Jahre lang. Aber was immer er für ihn tat, eines zu tun hütete er sich wohl: das war, ein Wort zu sagen. Als nun die sieben Jahre herum waren und der Agent dick geworden war vom vielen Essen, Schlafen und Befehlen, starb der Agent. Da wickelte ihn   20
Herr Egge in die verdorbene Decke, schleifte ihn aus dem Haus, wusch das Lager, tünchte die Wände, atmete auf und antwortete: „Nein."

Bertolt Brecht

Aufgabe:

Bitte machen Sie diesen Text zum 'Vorlesetext': Setzen Sie nach dem Hören vom Band Satzakzente, Intonationspfeile und Grenzsignale.

Direktor Ge Lixi
begeistert die Chinesen

Der alte Herr ist eine stadtbekannte Persönlichkeit, Hoffnungsträger der Stadtverwaltung und Provinzregierung. Er wird auf der Straße angesprochen und erhält Fan-Post.
5 Zum Beispiel einen solchen Brief: „Lieber Direktor Ge Lixi. Bei der Führung Ihres Unternehmens wünschen wir Ihnen alles Gute." Gezeichnet: ein Laden an der Zhong-shan Straße, Wuhan, Volksrepublik China.
10 Direktor Ge Lixi (65) ist der pensionierte Ingenieur Werner Gerich aus der Bundesrepublik.

Vermittelt wurde Ge Lixi durch den Bonner Senioren-Experten-Service (SES), der seit
15 1982 pensionierte Fachleute zu Projekten in die Dritte Welt schickt. Die Berater, denen damit der Übergang vom Berufsleben in den Ruhestand erleichtert werden soll, arbeiten für ein Tagegeld und freie Unterkunft und Essen.
20 Zunächst ging Werner Gerich als Berater ins Dieselmotorenwerk nach Wuhan. Zwei Monate später wurde er der neue Generaldirektor und räumte auf. Für die Chinesen war es eine völlig neue Erfahrung, daß der oberste
25 Chef um 5 Uhr morgens am Fabriktor stand und nachts gegen 23 Uhr die Fabrik verließ. Der neue Geist im Dieselmotorenwerk

Wuhan, das bisher jährlich Verluste produziert hatte, sprach sich herum. Der stellvertretende Ministerpräsident Yan Yi Lin und der Vorsitzende des Staatsrates, Chang Ai Fu, empfingen Ge Lixi und ließen sich über die notwendigen Verbesserungen berichten. Das sollte sich noch oft wiederholen – Ge Lixi wurde wie ein Freund mit dem Aufwand eines hohen Staatsgastes empfangen. Und vielfach geehrt: Für „hervorragende Leistungen" durch die Stadtregierung von Wuhan, Ernennung zum Ehrenbürger von Wuhan, „Mann des Jahres 1985" in der chinesischen Maschinenbauindustrie.

1986 wurde Ge Lixi mit allen Ehren von höchster Stelle in Peking in der „Halle des Volkes" verabschiedet, aber sechs Monate später war er auf dringende Bitten wieder „vor Ort". In 20 Vortragsveranstaltungen quer durch das riesenhafte Land sagte Werner Gerich das, was er abgewandelt und noch ausführlicher vor der „Kommission für Staatsreform" über die „notwendigen Verbesserungen in der Volksrepublik China" schon gesagt hatte: sehr deutlich und ziemlich schonungslos.

Inzwischen ist Werner Gerich wieder in der Bundesrepublik. China winkt bereits wieder.

PZ 40/1985 (gekürzt)

Neuer Guru

Kostenlose Musikkonzerte. Einladungen zu Meditationskursen, die eine „innere Entdeckungsreise" versprechen. Aufrufe zu beliebten Volkslaufveranstaltungen. Mit diesen verlockenden Angeboten geht ein neuer Guru auf Seelenfang: Sri Chinmoy (53). Sein wahres Ziel: Werbung von Mitgliedern. Sektenexperten warnen vor dem geschickten Verführer, der seinen Jüngern alles abverlangt. Denn der „göttliche Meister" predigt absoluten Gehorsam. Eltern in ganz Deutschland haben Angst, ihre Kinder zu verlieren ...

20 Wen dieser Guru einmal in seinen Klauen hat, den läßt er so schnell nicht wieder los", sagt Annegret Hoffmann (53) aus Münster. Die Mutter weiß, 25 wovon sie redet. „Ich habe vor drei Jahren meine eigene Tochter an Sri Chinmoy verloren. Die Sekte hat uns das Mädchen total entfremdet. Sie 30 meditiert von morgens bis abends, joggt bis zur Erschöpfung. Und arbeitet jede freie Minute für ihren Guru. Auch das Geld liefert sie im- 35 mer bei ihm ab."

Um ihre Tochter nach langer Zeit überhaupt einmal wiedersehen zu können, fuhr Frau Hoffmann zum großen „Frie- 40 denskonzert" des „göttlichen Meisters" in die Kölner Sporthalle. „Als ich in der Pause versuchte, ein paar Worte mit meiner Tochter zu wechseln, 45 wurde ich gleich von anderen Sektenanhängern abgeblockt ..."

● 13 Konzerte gab der Guru in neun Städten der Bundes- 50 republik, der Schweiz und Österreichs. Eintritt kostenlos. 27000 Besucher wollten den in New York lebenden Guru sehen. Sektenpfarrer Joachim 55 Keden (45) vom Evangelischen Jugendbüro in Bonn schlägt Alarm: „Alle Konzerte hatten nur das eine Ziel, neue Mitglieder zu werben. Oder 60 Friedenssoldaten, wie Chinmoy seine Anhänger nennt."

In Köln meldeten sich allein 20 neue Schüler. Darunter auch ein richtiger Soldat: der 65 Wehrpflichtige Andreas Gebauer (22) aus Siegen. „In unserer Gesellschaft kommt das Seelenleben viel zu kurz. Der Guru bringt mit seiner Musik 70 Körper, Geist und Seele zusammen. Das ist Entspannung für mich."

● Pfarrer Keden dazu: „Von der Entspannung bis zum wil- 75 lenlosen Werkzeug ist es dann nicht mehr weit. Denn die Sekte wendet ausgefeilte, der Gehirnwäsche vergleichbare Mittel an, damit die An- 80 hänger ihrem seelischen Vater auch aufs Wort gehorchen. Das sind: bis zu sieben Stunden lange Meditationsübungen, Schlafentzug, tägliche 85 Laufübungen, Teilnahme an Volks- und sogar Marathonläufen, auch für ungeübte Sportler. Hinzu kommen Intensivtreffen mit dem Meister 90 in Amerika."

Die Folgen sind nach Berichten von ehemaligen Betroffenen – so Keden – oft verheerend: „Totale körperli- 95 che Erschöpfung, Angstzustände, Depressionen, Wirklichkeitsverlust, Entfremdung von der Familie und materielle Ausnutzung."

100 ● So mußten die Kosten für die Mammut-Konzerttournee (ca. 250000 Mark) von den Sektenmitgliedern aufgebracht werden. Zweifel er- 105 stickt der Guru im Keim: „Seid mir gegenüber nie ungehorsam, denn es wäre eure sofortige Zerstörung!"

Neue Revue 17/1985 (gek.)

Text 7

(Map labels: Hzm. Bremen, Holstein, Wismar, Hzm. Mecklenburg, Hinterpommern, Hzm. Preußen, Vereinigte Niederlande, Welfische Lande, Kfsm. Brandenburg, Fsm. Minden, Gft. Ravensberg, Hzm. Kleve, Gft. Mark, Hzm. Berg, Jülich, Landgft. Hessel-Kassel, Lausitz, Kursachsen, Lausitz, Hzm. Schlesien, Kgr. Polen, Spanische Niederlande, Kurpfalz, Bayreuth, Ober pfalz, Fsm. Ansbach, Kgr. Böhmen, Mgft. Mähren, Verdun, Metz, Mgft., Hzm. Baden Württemberg, Hzm. Bayern, Erzhzm. Österreich, Toul, Kgr. Frankreich, Sundgau, Schweiz, Gft. Tirol, Hzm. Steiermark, Hzm. Kärnten, Hzm. Krain)

Hzm. = Herzogtum
Kgr. = Königreich
Erzhzm. = Erzherzogtum
Kfsm. = Kurfürstentum
Gft. = Grafschaft
Fsm. = Fürstentum

(Map labels: DÄNEMARK, SCHWEDEN, Ostsee, Nordsee, NIEDERLANDE, DEUTSCHES REICH, Berlin, RUSSISCHES REICH, BEL, FRANK-REICH, ÖSTERREICH-UNGARISCHES KAISERREICH, SCHWEIZ)

(Map labels: DÄNEMARK, SCHWEDEN, Ostsee, Nordsee, NIEDERLANDE, DEUTSCHLAND, Berlin, POLEN, BEL, LUX, TSCHECHO-SLOWAKEI, FRANK-REICH, ÖSTER-REICH, UNGARN, SCHWEIZ)

Modell Deutschland?

Es war einmal ein schöner bunter Teppich auf der Landkarte, genannt Deutschland. Am Ende des Dreißigjährigen Krieges gab es fast 300 souveräne Teile ... auf dem langen Weg zur Einheit (1871). Modell Deutschland? Zur Ermutigung für Europäer? Als Beispiel dafür, daß es vielleicht gehen könnte?

Es geht sicherlich, wenn noch etwas dazukommt, wie die Geschichte lehrt. Vor etwas über hundert Jahren war es das Gefühl, Deutscher zu sein. Jetzt muß etwas anderes wachsen – europäisches Bewußtsein.

Dieses europäische Bewußtsein haben die Abgeordneten im Europa-Parlament in Straßburg schon lange. Hier wird von 626 Abgeordneten aus 15 Ländern Europa gebaut. Das erfordert von jedem einzelnen Abgeordneten mehr Engagement als bei jeder anderen politischen Aufgabe zu Hause.

(Map labels: DÄNEMARK, Nordsee, NIEDERLANDE, BUNDES-REPUBLIK, Berlin, DDR, Bonn, TSCHE-SLOV, BEL, LUX, DEUTSCHLAND, FRANK-REICH, SCHWEIZ, ÖSTERR)

(Map labels: DÄNEMARK, Nordsee, Hamburg, NIEDERLANDE, Berlin, BUNDESREPUBLIK, Düsseldorf, Leipzig, Dresde, Bonn, TSC, Frankfurt, DEUTSCHLAND, FRANK-REICH, Stuttgart, München, SCHWEIZ, ÖSTERR)

So vielfältig wie die Aufgaben sind auch die Persönlichkeiten der Europa-Parlamentarier. Sie haben sich ihr Engagement zum Teil buchstäblich auf den Leib geschrieben, so wie jener Deutsche, der immer in einem Hemd erschien, auf dem er die Öffnung der Grenzen forderte. Auf seinem Abgeordneten-Sitz stand ein durchgesägter Grenzpfahl. Und weil er das wirklich einmal mit einer Säge an der deutsch-belgischen Grenze versucht hatte, mußte er vier Stunden auf der Polizeiwache verbringen. Er meinte: „Das Wichtigste ist mir, daß ich als einzelner etwas tun kann."

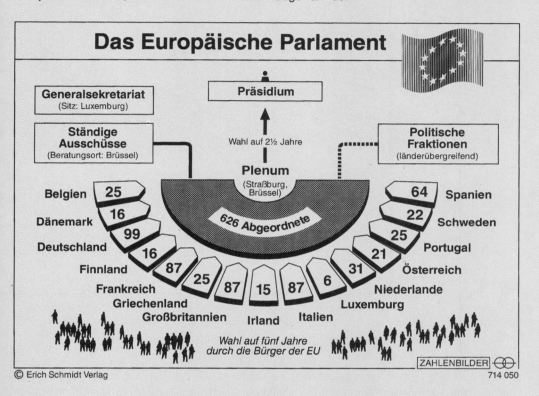

Aufgaben:

1. Bitte ordnen Sie die folgenden Angaben den entsprechenden Karten (S. 194) zu:

1648: Nach dem Dreißigjährigen Krieg — über 300 Kleinstaaten

1871: Nach dem Deutsch-Französischen Krieg — Deutschland vom Elsaß bis Königsberg

1918: Nach dem Ersten Weltkrieg verloren die Deutschen 10 Prozent des Reichsgebiets.

1949: Nach dem Zweiten Weltkrieg wurde Deutschland geteilt — für ewig, wie es schien.

1990: Seit der Wiedervereinigung am 3. Oktober 1990 ist die neue Bundesrepublik so groß wie die alte BRD und die DDR zusammen.

2. Bitte verbalisieren Sie das Schaubild: *Das Europäische Parlament.* **Sammeln Sie zuvor im Plenum Redemittel.**

195

Hans Scholl

Sophie Scholl

Die weiße Rose

*(Die Weiße Rose wurde zum Symbol einer Aktion, mit der einige Münchner Studenten im
Jahre 1942 zum Widerstand gegen die Diktatur Hitlers aufriefen. Sie bezahlten dafür mit
ihrem Leben: Im Februar 1943 fielen sie der Gestapo in die Hände. Hans und Sophie Scholl
sowie ihr Freund Christoph Probst waren unter den zum Tode Verurteilten.)*

5 Noch kaum sechs Wochen war Sophie in München, da ereignete sich etwas Unglaubliches an
der Universität. Flugblätter wurden von Hand zu Hand gereicht, Flugblätter, von einem Vervielfältigungsapparat abgezogen.

Endlich hatte einer etwas gewagt. Sie begann zu lesen: „Nichts ist eines Kulturvolkes unwür-
diger, als sich ohne Widerstand von einer verantwortungslosen Herrscherclique regieren zu
10 lassen ...“ Sophies Augen flogen weiter, „Wenn jeder wartet, bis der andere anfängt, dann
wird auch das letzte Opfer sinnlos in den Rachen des unersättlichen Dämons geworfen sein.
Daher muß jeder einzelne seiner Verantwortung als Mitglied der christlichen und abendlän-
dischen Kultur bewußt in dieser letzten Stunde sich wehren. Leistet passiven Widerstand –
Widerstand –, wo immer ihr auch seid!“...

15 Sophie kamen diese Worte seltsam vertraut vor, als seien es ihre eigensten Gedanken.
Wenige Minuten später stand sie in Hans’ Zimmer. Sie hatte ihren Bruder heute noch nicht
gesehen und wollte hier auf ihn warten.
Endlich kam Hans.
„Weißt du, woher die Flugblätter kommen?“ fragte Sophie.
20 „Man soll heute manches nicht wissen, um niemanden in Gefahr zu bringen.“
„Aber Hans. Allein schafft man so etwas nicht. Allein kommst du gegen sie nicht an.“
Damit hatte sich Sophie für die Mitarbeit entschieden.
Während der Semesterferien wurden die Medizinstudenten zum Lazaretteinsatz an die Ost-
front abkommandiert, Hans und seine Freunde mit ihnen. Um so intensiver machten sie sich
25 nach ihrer Rückkehr im Spätherbst wieder an die Arbeit. Nacht für Nacht verbrachten sie oft
im Keller eines benachbarten Ateliers, das ihnen ein Freund zur Verfügung gestellt hatte, am
Vervielfältigungsapparat.

An einem sonnigen Donnerstag, es war der 18. Februar 1943, war die Arbeit so weit gediehen, daß Hans und Sophie einen Koffer mit Flugblättern füllen konnten. Sie waren guten Muts, als sie sich damit auf den Weg zur Universität machten, obwohl Sophie in der Nacht einen Traum gehabt hatte, den sie nicht aus sich verjagen konnte: Die Gestapo war erschienen und hatte sie beide verhaftet.

Mittlerweile hatten die beiden die Universität erreicht.
Rasch legten sie die Flugblätter in den Gängen der Universität aus, ehe sich die Hörsäle öffneten, und leerten den Rest ihres Koffers von der Brüstung eines oberen Stockwerks in den Lichthof hinab. In diesem Augenblick entdeckte sie der Hausmeister. Damit war ihr Schicksal besiegelt. Die rasch alarmierte Gestapo nahm sie fest und brachte sie in ihr Gefängnis.
Fünf Tage später tagte der Volksgerichtshof. Die Geschwister Scholl und mit ihnen ihr Freund Christoph Probst wurden zum Tode verurteilt. Dieses Tempo hatte niemand erwartet, und erst später erfuhr man, daß es sich um ein „Schnellverfahren" gehandelt hatte, weil die Richter mit dem raschen und schreckensvollen Ende dieser Menschen ein Exempel statuieren wollten.
Schon wenige Stunden nach der Verurteilung wurden Hans und Sophie zusammen mit ihrem Freund Christoph Probst durch das Fallbeil hingerichtet. Der Scharfrichter sagte, so habe er noch niemand sterben sehen. Und Hans, ehe er sein Haupt auf den Block legte, rief laut: „Es lebe die Freiheit!"
Später folgten ihnen drei weitere Freunde der Weißen Rose in den Tod: Willi Graf, Alexander Schmorell und Professor Kurt Huber.

Berlin-Plötzensee. Hier wurden viele Anhänger des deutschen Widerstands hingerichtet.

NICHTS IST SCHWERER UND
NICHTS ERFORDERT
MEHR CHARAKTER
ALS SICH IM OFFENEN
GEGENSATZ
ZU SEINER ZEIT
ZU BEFINDEN UND

LAUT ZU SAGEN
NEIN!

TUCHOLSKY

1. Projekte/Erkundungen

a)

Für alle S: Ca. 80 % der Strafgefangenen in der Bundesrepublik sind „Rückfalltäter", d.h. sie haben vorher mindestens schon eine Straftat begangen.
Überlegen Sie sich, wie man die **Gefängnisse verbessern** kann bzw. wie man Gefangene so behandeln kann, daß sie nicht wieder straffällig werden. Illustrieren Sie Ihren Vorschlag, und erläutern Sie ihn im Plenum.

b) Stellen Sie — wenn am Kursort oder in der Region vorhanden — eine Gruppe oder Initiative vor, die sich darum bemüht, **Kontakte zwischen Ausländern und Einheimischen** zu organisieren. Diskutieren Sie, wie die Lerngruppe diese Aktivitäten eventuell unterstützen kann.

c) Erkundigen Sie sich nach **Gruppen,** Bürgerinitiativen, Vereinen oder Gesellschaften in der Region, die sich **für bestimmte soziale** oder **kulturelle Ziele** engagieren. Stellen Sie mit Hilfe von Informationsmaterial, Postern usw. einige davon vor. Eventuell kann das auch ein/e Vertreter/in der jeweiligen Organisation machen.

d) **Für alle S:** Erkundigen Sie sich bei Landsleuten hier am Kursort, auf welche Weise sie **Neuankömmlingen aus der Heimat helfen,** sich in die neue Umwelt einzuleben. Berichten Sie über verschiedene Arten dieses Engagements und auch, worin die größten Schwierigkeiten beim Einleben bestehen.

e) Erkundigen Sie sich bei Vertretern der **politischen Parteien** am Kursort nach deren **Einstellung zu Ausländern** allgemein, zu Asylanten, ausländischen Studenten und dem Ausländerwahlrecht im besonderen.
Welchen Slogan würde die Partei eher unterstützen:
        „Deutschland den Deutschen"
oder   „Deutschland — eine multikulturelle Gesellschaft"

f) Was sind **SOS-Kinderdörfer?** Erbitten Sie bei folgender Adresse Informations- material, und berichten Sie in der Gruppe.
        SOS-Kinderdorf International
        Billrothstr. 22
        A-1190 Wien

---

g) **Ihr Projektvorschlag:** Formulieren Sie ein Projekt zum Thema der Einheit, das Sie gerne machen möchten. Hängen Sie es im Kursraum auf und suchen Sie Partner. Präsentation wie die anderen Projekte.
(Beispiel s. S. 57)

---

2. Kurzreferat zur Landeskunde („Das 20. Jahrhundert")

IV. 1949–1968

„Als wir fünfzig waren, hatten wir Oberwasser
Als wir neunundfünfzig waren, hatten wir Wohlstand."
R. O. Wiemer

Wählen Sie ein Thema (oder mehrere zusammenhängende Themen) aus dem Kasten unten aus, und schreiben Sie ein Kurzreferat von ca. 200 Wörtern. (Für die genaue Aufgabenbeschreibung s. S. 58

Wiederbewaffnung · Gründung der BRD · Große Koalition · Soziale Marktwirtschaft

Wirtschaftswunder · Gründung der DDR · Ostermärsche · Aufbau des Sozialismus

3. Redensarten/Sprichwörter

— Dem Mutigen gehört die Welt.
— Jeder ist sich selbst der Nächste.
— Hilf dir selbst, so hilft dir Gott.
— Hilfe zur Selbsthilfe

4. Spiele

1.

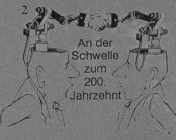

2

An der
Schwelle
zum 200.
Jahrzehnt

Von nun an leben mit Genuß: Henry und Wilma auf großem Fuß!

Millionen-Glück am Mittwoch und Samstag

3

Jeder ist seines Glückes Schmied.

ZUKUNFT WÜNSCHE TRÄUME GLÜCK

Endzeit-
stimmung
hat Hoch-
konjunktur

5

4

6

*Glück, das ist
einfach eine
gute Gesundheit
und ein schlechtes
Gedächtnis.*
Ernest Hemingway

1. a) Wie sollte Ihre persönliche Zukunft aussehen? Was wünschen Sie sich? Wovon träumen Sie? Was würde Sie glücklich machen?

Bitte sammeln Sie an der Tafel/auf einer Folie, was Ihnen dazu spontan einfällt. Benutzen Sie die folgenden Redemittel, und tragen Sie die zentralen Begriffe unten ein:

— Also, wenn ich an meine persönliche Zukunft denke, dann wünsche ich mir, daß ...
— Für meine Zukunft habe ich noch keine festen Pläne.
  Wichtig ist für mich vor allem, daß ...
— Ich habe noch keine genaue Vorstellung, wie meine Zukunft einmal aussehen wird, aber manchmal träume ich von ...
— Mich würde es glücklich machen, wenn ...

b) Bitte schreiben Sie von den Begriffen an der Tafel/auf der Folie die fünf für Sie wichtigsten auf. Vergleichen Sie sie in Partnerarbeit und im Plenum, und begründen Sie Ihre Reihenfolge.

 2. Was wünschen oder erträumen Sie sich für die Zukunft der Erde? Was könnte Ihre Generation dazu beitragen?

3. Was wünscht oder erträumt sich ein großer Teil der jungen Leute in Ihrem Heimatland von der Zukunft (im persönlichen und im gesellschaftlichen Bereich)?

„Angenommen, eine gute Fee erschiene dir, um dir drei Wünsche zu erfüllen: **Welches sind deine drei wichtigsten Wünsche für die Zukunft?"**

Auf diese Frage antworteten deutsche Jugendliche im Jahr 1990 so:

Platz	Wunsch	Ergebnis insgesamt	Mäd-chen	Jun-gen
	HITPARADE			
1	in einer sauberen Umwelt leben	57	59	55
2	einen sicheren Arbeitsplatz finden	52	76	26
3	in einer friedlichen Welt leben	50	60	40
4	viel Geld verdienen	24	5	41
5	viel reisen und erleben	20	23	17
6	eine Familie gründen	14	14	14
7	im Beruf Karriere machen	13	5	17
8	viele Freunde haben	12	5	16
9	in einer Welt ohne Hunger und Not leben	10	17	3
10	ein eigenes Haus besitzen	6	4	8

Alle Ergebnisse sind in Prozentzahlen ausgedrückt. Befragt wurden insgesamt 153 Schülerinnen und Schüler zwischen 13 und 17 Jahren. Jeder Schüler konnte maximal drei Wünsche auf einen Zettel schreiben.

4. Vorschläge für eine bessere Zukunft

a) Bitte ergänzen Sie die angefangenen Sätze unten mit den folgenden Verben, und schreiben Sie die Verben rechts an den Rand:

abschaffen, unterstützen, bestrafen, fördern, kürzen, einführen, durchsetzen, zulassen, verstärken, behandeln, abbauen, aufklären, sorgen (für)

1. Ich würde die Militärausgaben ...,

   und mit dem Geld Arme und Arbeitslose ... .   _____

2. Ich würde dafür ..., daß niemand mehr hungert.   _____

3. Ich würde den obligatorischen Militärdienst ... .   _____

4. Ich würde Umweltverschmutzer wie Kriminelle ...   _____

   und streng ... .   _____

5. Ich würde den internationalen Kampf gegen
   Drogenhändler ... .   _____

6. Ich würde den Bau preiswerter Wohnungen ... .   _____

7. Ich würde gleiche Chancen für Männer und
   Frauen in Ausbildung und Beruf ... .   _____

8. Ich würde autofreie Innenstädte ... .   _____

9. Ich würde nur noch umweltfreundliche Autos ... .   _____

10. Ich würde besonders in der Schule versuchen,
    Vorurteile ... .   _____

11. Ich würde die Bevölkerung über die Gefahren der
    Gentechnologie ... .   _____

b) Wie heißen die Nomen zu den obigen Verben:

kürzen – Kürzung

_____   _____

_____   _____

_____   _____

_____   _____

_____   _____

_____   _____

c) Bitte unterstreichen Sie die Nomen, die nicht auf *-ung* enden, mit rotem Stift.

d) Bitte ordnen Sie die Vorschläge in a) nach der Wichtigkeit, die sie für <u>Sie</u> haben (möglichst mit Nomen aus b):

Beispiel: *Am wichtigsten ist für mich die Kürzung der Militärausgaben.*

e) Bitte schreiben Sie zu Hause auf, wie die Zukunft aussehen würde, wenn Sie über Ihr Land bestimmen könnten. Was wäre Ihnen besonders wichtig? Berichten Sie zunächst Ihrem Nachbarn/Ihrer Nachbarin darüber, und stellen Sie Ihre Vorstellungen von der Zukunft anschließend im Plenum zur Diskussion.

5. Was aus Menschen alles werden kann!

a) Bitte ergänzen Sie mit den folgenden Wörtern:

Akademiker, Angeklagter, Christ, Fußgänger, Fahrgast, Gast, Kunde, Lehrling, Passagier, Patient, Reisender, Steuerzahler, Tourist, Verkehrsteilnehmer, Zuhörer, Zuschauer

1. Auf einer Schiffsreise wird man ✓ Passagier
2. Im Geschäft ✓ Kunde
3. Im Hotel Gast
4. Im Straßenverkehr ✓ Verkehrsteilnehmer
5. Auf dem Gehweg ✓ Fußgänger
6. Im Bus Fahrgast
7. Im Zug Reisender
8. Auf Besichtigungsreisen ✓ Tourist
9. Als Mitglied einer Kirche ✓ Christ
10. Beim Finanzamt ✓ Steuerzahler
11. Vor Gericht ✓ Angeklagter
12. Beim Arzt ✓ Patient
13. Im Konzert ✓ Zuhörer
14. Vor dem Fernseher ✓ Zuschauer
15. In der Lehre Lehrling
16. Durch den Abschluß eines Universitätsstudiums ✓ Akademiker
17. _____
18. _____

b) Bitte schreiben Sie die Nomen aus a) auf, deren weibliche Form nicht mit *-in* gebildet wird oder nicht existiert.

ohne *-in*:   weibliche Form nicht vorhanden:

_____   _____

_____   _____

                        _____

c) Bitte wiederholen Sie die obigen Nomen, indem Sie sie wie folgt in der Gruppe erfragen.

Beispiel:
S1: Wie nennt man Leute, die eine Schiffsreise machen?
S2: *Passagiere.*

6. Sehen und behalten
a) Bitte sehen Sie sich das Bild auf der nächsten Seite oben genau an, schließen Sie das Buch, und schreiben Sie dann in Stichwörtern auf, woran Sie sich erinnern.

b) Bitte ergänzen Sie die folgende Bildbeschreibung, bei der von jedem zweiten Wort die Hälfte der Buchstaben fehlt.

1. Im Vorde_bild_____ sieht m_an_ eine win_____ Insel i_m_ Meer. 2. Auf d_er_ rechten Se_ite_____ dieser In_sel_____ steht ei_ne_ kleine ru_nde_ Hütte un_ter_____ einer Pa_lme_____. 3. Sonst wäc_hst_ außer e_in_ paar Blu_____ nichts. 4. Auf d_er_ linken Se_ite_____ sieht m_an_ ein off_izielles_ Motorboot, d_as_ von ei_ner_ Schiff i_m_ Hintergrund ge_ko_____ ist. 5. Der Ma_nn_ im Bo_ot_ spricht m_it_ dem Ma_nn_ auf d_er_ Insel, d_____ barfuß, ab_er_____ mit He_____ und Ho_____ bekleidet ne_____ seiner Hü_tte_ steht. 6. Offenbar h_at____ der Boots_führer_____ ihm ange_____, zu i_hm_ auf d_er_ Schiff z_u_ kommen. 7. Aber die_ser_ schreit v_on_ der and_eren_ Seite der In_sel_ zu d_er_ Bootsführer hin_____, daß e_r_ gar ni_cht_ gerettet wer_den_____ will. 8. Seine Able_____ betont e_r_ durch ei_____ eindeutige Ge_____ mit be_____ Armen. 9. Der Boots_führer_____ versteht d_as_ nicht. 10. Über d_er_ Sprechblase d_es_ Inselbewohners si_eht_____ man i_n_ einer gro_ßen_ Denkblase, wo_ran_____ er d_ann_ denkt: a_n_ eine schrec_kliche_ Großstadt m_it_ Hochhäusern b_____ fast i_n_ den Him_mel_ ohne e_____ Zeichen v_____ menschlichem od_____ sonstigem Le_ben_____.

7. Rollenspiel:
**Bitte übernehmen Sie die Rolle des Bootsführers, und versuchen Sie, den Inselbewoh-
ner zu überreden, wieder in die Zivilisation zurückzukehren.**

Wortschatz, Wortbildung, Redemittel

8. a) Wie wird wohl die Zukunft für Sie werden?

Ihr Glücks-Horoskop vom 8. bis 14. 6.

einschläft

Widder 21. 3. bis 20. 4.

Auf einer Party am Wochenende können Sie eine nette Bekanntschaft machen. Sorgen Sie aber dafür, daß der Kontakt nicht so schnell erlahmt. Treffen Sie sich zu einem Kinobesuch oder auf ein Glas Wein.

Stier 21. 4. bis 20. 5.

Durch neue Kontakte am Arbeitsplatz oder auch im Privatleben kann sich Ihnen eine einmalige Chance bieten. Lassen Sie sich nicht zweimal bitten, sondern werden Sie von sich aus aktiv, um Nägel mit Köpfen zu machen.

viel
verlangen

Zwillinge 21. 5. bis 21. 6.

Gehen Sie nicht etwas zu sorglos mit Ihrem Geld um? Stellen Sie doch nicht so hohe Ansprüche! Im Privatleben erfüllen sich Hoffnungen und Wünsche. Vielleicht sogar durch eine neue interessante Begegnung.

beenden
nützt Ihnen

Krebs 22. 6. bis 22. 7.

Hören Sie nicht auf andere, und halten Sie an Ihren Plänen fest. Denn Sie sind auf dem richtigen Weg. Was Sie jetzt beginnen oder erledigen, trägt das ganze Jahr über Früchte – nicht zuletzt finanziell!

erzwingen

besten Seite

Löwe 23. 7. bis 23. 8.

In Ihrer Beziehung sollten Sie jetzt nichts übers Knie brechen. Mit Druck erreichen Sie gar nichts! Zeigen Sie sich lieber von Ihrer Schokoladenseite, wenn Sie Ihren Partner von etwas Wichtigem überzeugen wollen.

für wichtig
halten

Engagement

Jungfrau 24. 8. bis 23. 9.

Kann es sein, daß Sie Ihre Pflichten nicht besonders ernst nehmen? Reißen Sie sich zusammen! Beweisen Sie bei der Arbeit mehr Fleiß und Einsatzbereitschaft. Sie können sonst Nachteile haben.

Waage 24. 9. bis 23. 10.

Wunder gibt es immer wieder! Aber Sie sollten nicht tatenlos darauf vertrauen, sondern aktiv werden. Wann haben Sie Ihre letzte Liebeserklärung gemacht? Lassen Sie sich etwas einfallen, und Sie werden staunen!

sich wundern

Skorpion 24. 10. bis 22. 11.

Suchen Sie eine neue Wohnung? Dann sollten Sie jetzt keine Möglichkeit ungenutzt lassen. Mobilisieren Sie all Ihre Freunde und Bekannten, seien Sie kontaktfreudig. Vielleicht ergibt sich so ja ein Zufallstreffer!

haben Sie
unerwartet
Erfolg

Schütze 23. 11. bis 21. 12.

Zu eigenen Fehlern sollten Sie stehen. Versuchen Sie nicht, sich herauszureden, wenn etwas schiefgelaufen ist, was Sie zu verantworten haben. Das wirft nur ein schlechtes Licht auf Sie und nützt Ihnen gar nichts.

F. zugeben

nicht nach
Wunsch

Steinbock 22. 12. bis 20. 1.

Vertrauen Sie nicht zu sehr auf Ihr Glück. Tun Sie lieber ernsthaft etwas für Ihre Karriere. Ihre Aussichten sind zur Zeit bestimmt günstig, aber nur, wenn Sie fest zupacken.

entschlossen
handeln

Wassermann 21. 1. bis 20. 2.

Ledige Wassermänner haben gute Aussichten auf neues Liebesglück. Wenn nichts passiert, ein netter Flirt ist allemal drin. Sie sollten sich am Wochenende öfters etwas Luxus gönnen. Lassen Sie sich verwöhnen.

Liebelei — immer möglich
leisten

Fische 21. 2. bis 20. 3.

Sie zeigen zu wenig Initiative, und Ihre Arbeitsdisziplin läßt zu wünschen übrig. Ein Stimmungstief könnte Ihr Wohlbefinden beeinträchtigen. Gehen Sie unternehmungslustig dagegen an. Alles liegt jetzt in Ihrer Hand.

= nicht optimal
schlechte
Stimmung
stören
aktiv

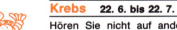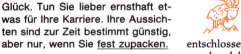

b) Um welche Themen geht es in fast allen Horoskopen in a)?

_____

_____

_____

_____

_____

_____

c) Bitte berichten Sie der Gruppe, was in Ihrem Horoskop steht.

d) Bitte schreiben Sie für Ihre Nachbarin/Ihren Nachbarn ein Lebenshoroskop. Lesen Sie einige dieser Horoskope dann im Plenum vor.

e) Glauben Sie an Horoskope, Wahrsagerinnen, Handleserinnen usw.? Warum (nicht)? Gibt es das auch in Ihrem Heimatland?

In (D) (A) (CH)

f) Welche Formen von Aberglauben gibt es bei Ihnen? Gibt es – hier oder bei Ihnen – bestimmte Dinge (z. B. Zahlen, Zeichen, Symbole, Naturerscheinungen, Tiere), die Glück oder Unglück bedeuten? Nennen Sie einige davon, und zeichnen Sie sie.

Bei Ihnen

9. Einen Privatbrief schreiben

Bitte schreiben Sie einen Brief an einen guten Freund/eine gute Freundin, und berichten Sie von Ihren Erfahrungen am Kursort und über Ihre Pläne für die nächste Zukunft. Benutzen Sie dabei die folgenden inhaltlichen Vorgaben:

Schreiben Sie,

— daß der Deutschkurs nun bald zu Ende geht, und berichten Sie,
— was Ihnen der Aufenthalt Positives gebracht hat,
  (nicht nur in bezug auf die Sprachkenntnisse)
— was Sie eher negativ fanden,
— was Sie eventuell schon im Heimatland anders machen würden,
  wenn Sie diese Zeit noch einmal vor sich hätten.
— Fragen Sie, wie es Ihrem Freund/Ihrer Freundin jetzt geht, was er/sie macht bzw. welche Pläne er/sie für die Zukunft hat.
— Schreiben Sie, daß Sie sich auf das baldige Wiedersehen freuen.

1. a) Welches der Bilder auf der Collage-Seite spricht Sie am meisten an? Warum? Berichten Sie von einem lustigen, traurigen, peinlichen, frustrierenden oder einfach interessanten persönlichen Erlebnis zu diesem Bild oder von einer Begebenheit, von der Sie gehört oder gelesen haben. Schreiben Sie zunächst ein paar Stichwörter auf, und berichten Sie im Plenum.

Stichwortzettel

Weitere Übungen siehe 1. b) und c) S. 13)

Textbearbeitung

2. Arbeitsschritte für die Textbearbeitung (siehe 2. a)–e) S. 13)

f) <u>Kommaregeln:</u> Numerieren Sie alle Kommafehler, und schreiben Sie die entsprechenden Regeln auf:

_____

_____

_____

_____

_____

g) Text:

> Zukunft
> Jeder von uns hat schon
> mindestens einmal daran
> gedacht, wie sein Leben in der
> Zukunft wohl aussehen wird. Für
> 5 mich ist sehr wichtig die Zukunft
> der Menschheit. Weil heutzutage
> die Umweltverschmutzung so
> groß ist, bin ich der Meinung,

10 daß in der Zukunft muß der
Mensch irgendwo anders leben.
Vielleicht bauen sich die Menschen
neue Städte unter dem Wasser.
Kann sein, daß sie unter der Erde
leben werden. Wenn aber die
15 Verschmutzung so groß sein
wird, daß sie keinen sauberen
Platz mehr auf unserer Mutter
Erde finden, müssen sie zum
anderen Planeten fahren. Ich
20 meine, daß dies bald geschehen
wird.
Die Wissenschaftler, die sich mit
der Umweltverschmutzung
beschäftigen, sind der Meinung,
25 daß das Leben auf der Erde nur
bis zu Jahr 2050 möglich ist.
Obwohl das fast „bald" sein
wird, brauche ich mir darüber
keine Sorgen zu machen. Das
30 wird das Problem meiner Kinder
und Enkelkinder sein. Deswegen
kann ich jetzt ruhig leben und
alles machen, was die anderen
Leute auch machen. Natürlich
35 heirate ich. Warum eigentlich
nicht? Der Mensch sucht immer
das Ziel des Lebens. Er weiß aber
oft nicht, daß das Ziel des Lebens
das Weiterleben ist. Das bedeutet:
40 Kinder haben. Sollte ich aber
Kinder haben, wenn ich in so
unsicheren Zeiten lebe? Ja,
warum nicht?
Das Ziel des Lebens ist leben.

(Miroslav, Student aus Polen)

3. a) *denken — nachdenken — überlegen*
Zu Z. 1—4:

> *Jeder von uns hat schon einmal daran gedacht, wie sein Leben in der Zukunft aussehen wird.*

denken	a) 'mit dem Verstand arbeiten' *Der Mensch denkt, Gott lenkt.*
	b) 'glauben, meinen, vermuten, annehmen, der Meinung sein' *Ich denke, du hast recht.*
denken an + A	a) 'nicht vergessen, sich erinnern an' + A *Denk an dein Versprechen!*
	b) 'eine bestimmte Absicht haben' *Er dachte an Flucht.* *Wir haben oft daran gedacht auszuwandern.*
nachdenken über + A	'sich in Gedanken lange und gründlich mit etwas beschäftigen' *Ich habe lange darüber nachgedacht, wie man das Problem lösen könnte.*
(sich etwas) überlegen	'sich in Gedanken mit etwas beschäftigen, um zu einem Entschluß zu kommen' *Ich habe es mir anders überlegt.* *Sie überlegte (sich), ob sie fliegen sollte.*

(handschriftliche Notizen am Rand: "Process not necessarily w/ conclusion"; "conclusion / Result")

b) *nachdenken* oder *überlegen?*
Bitte ordnen Sie die folgenden Sätze bzw. Wendungen in die richtige Spalte unten ein:

1. über die Zukunft der Menschheit ...; 2. vor dem Sprechen seine Worte genau ...; 3. hin und her ..., 4. bevor man eine Entscheidung trifft; er hat es sich anders ...; 5. Hier ist es zu laut, ich kann überhaupt nicht ... . 6. Über das Problem muß ich noch mal in aller Ruhe ... .

überlegen	nachdenken
2	1
3	
4	5
	6

c) Bitte ergänzen Sie die folgenden Verben in der Unterhaltung zwischen zwei Studenten, und schreiben Sie sie an den Rand. Wiederholen Sie die Übung zu einem späteren Zeitpunkt, und verdecken Sie dabei die Verben am Rand.

denken (2 ×), denken an (3 ×), nachdenken über (3 ×), (sich etwas) überlegen (2 ×)

S1: 1. Hast du eigentlich schon mal ... ..., *nachdenken über*
was passiert, wenn die Menschheit jedes Jahr
um 90 Millionen wächst?
S2: 2. Ich ..., daß es dazu gar nicht kommt. *denken*
S1: 3. Und wieso nicht?
S2: 4. Ja, ... doch mal ... Epidemien wie Aids, *denken an*
Katastrophen, Hungersnöte usw.
Die Natur hilft sich selbst.
S1: 5. Und wenn sie sich nicht hilft,
dann muß sich der Mensch
eben Lösungen für dieses Problem .... *überlegen*

6. ... doch mal ... China. 7. Da hat man offen- *denken an*

sichtlich ... die Situation ... und sich *nachdenken über*

..., wie man das Bevölkerungswachstum *überlegen*
stoppen kann.
S2: 8. Die Chinesen bewundere ich ja auch,
aber ... doch mal ... andere Länder, wo *denken an*
die Religion Geburtenkontrollen verhindert.
S1: 9. Sicher, deshalb ... ich, daß auch diese *denke*

Länder bald ernsthaft ... ... müssen, wie *nachdenken über*
sie überleben können.

d) Bitte ergänzen Sie die folgenden Verben in der Unterhaltung zwischen zwei Studentinnen.

denken (2 ×), denken an (2 ×), nachdenken über (2 ×), (sich etwas) überlegen (2 ×)

S1: 1. Sag mal, hast du schon deinen Aufsatz
über die Zukunft geschrieben?
S2: 2. Mist, ... hab' ich gar nicht mehr ... . *denken an*
Und du?
S1: 3. Ich hab' auch noch nichts. Ich hab' hin
und her ..., ob ich was Positives oder was *überlegt*

Negatives schreiben soll. 4. Aber ich ..., *denken*
ich schreib' was Positives.
S2: 5. Na, also du solltest vielleicht doch
noch mal ernsthafter ... ..., denn so rosig *nachdenken über*
sieht unsere Zukunft ja nun wirklich nicht aus.
S1: 6. Kann sein, aber ich ... halt, daß sich *denken*

die Menschen schon rechtzeitig ... werden, *nachdenken über*
wie sie die Katastrophe verhindern können.
7. Aber egal, was du schreibst, ..., morgen *denken an*

muß es fertig sein! 8. Lange Zeit zum ... haben *überlegen*
wir beide nicht mehr.

211

4. Positionen im Satz (Hauptsatz)

Zu Z. 4—6:

Für mich ist sehr wichtig die Zukunft der Menschheit.

Bitte schreiben Sie drei verschiedene Varianten des obigen Satzes in die folgende Übersicht. Welche Satzteile sind jeweils hervorgehoben?

Vorfeld	V_1	Mittelfeld
1. *Die Zukunft der Menschheit*		
2.		
3.		

für mich kann im Mittelfeld je nach Gewichtungsabsicht links oder rechts von *wichtig* (= E_{Qual}) stehen.

5. a) Positionen im Satz (Nebensatz) — insbesondere von Angaben

Zu Z. 6—10:

Weil heutzutage die Umweltverschmutzung so groß ist, bin ich der Meinung, daß in der Zukunft muß der Mensch irgendwo anders leben.

Subj.	Mittelfeld				V_2	V_1
	a	E_N	a	E		
weil	heutzutage*	die U.		so groß		ist.
weil		die U.	heutzutage	so groß		ist.
weil		sie	heutzutage	so groß		ist.
daß	in der Zukunft*	der Mensch		woanders	leben	muß.
daß		der Mensch	in der Zukunft	woanders	leben	muß.
daß		er	in der Zukunft	woanders	leben	muß.

* Vor der E_N haben die Angaben stärkeres Gewicht.

Nicht möglich:

weil	heutzutage**	sie		so groß		ist.
daß	in der Zukunft**	er		woanders	leben	muß.

** Angaben können nicht vor Ergänzungen in Form von Pronomen (außer Indefinitpronomen und *man*) stehen.

b) Bitte bilden Sie aus den folgenden Satzteilen Sätze, und diskutieren Sie mögliche Varianten. (Die Striche grenzen Hauptsätze und Nebensätze voneinander ab!)

1. die Menschen, sich suchen, vielleicht, werden, müssen, neuen Wohnraum, im Weltall, im kommenden Jahrtausend, | weil verseucht und überbevölkert, der Planet Erde, wird, mit großer Wahrscheinlichkeit, sein.

2. werden, einen Planeten, suchen, sie, mit unglaublich schnellen Raumschiffen, | auf dem, sind, möglich, wie hier, Lebensbedingungen, auf der Erde | und, dorthin, transportieren, Roboter, | um vorzubereiten, Lebensbedingungen, | in denen, leben, Menschen, können, problemlos.

3. bekommen, die Chance, aber, nicht jeder beliebige Mensch, wird, | leben zu dürfen, auf dem neuen Planeten, |sondern, in den verschiedensten Bereichen, eine Reihe von, muß, jeder, Prüfungen, bestehen, | wenn, will, für ein Leben im Weltraum, er, in Frage kommen, als Kandidat.

4. die Menschen, dann, wird, gesunde und kräftige, Männern und Frauen, auswählen, eine Kommission, | die, am geeignetsten, für das Leben auf dem neuen Planeten, erscheinen, und | mitbringen, die besten Voraussetzungen.

5. auf ihre neuen Aufgaben im All, vorbereitet, sie werden, in einem besonderen Raumfahrtzentrum, über längere Zeit, | und, in kleinen Gruppen, dann, fliegen, auf den neuen Planeten.

6. verbessern, zusammen, sollen, dort, sie, mit den Robotern, die Lebensbedingungen, | so daß, entsteht, für weitere Menschen, immer mehr Lebensraum, | die, ankommen, von der Erde, mit Raumschiffen.

7. wird, eine der wichtigsten Aufgaben der neuen Planetenbewohner, der Abbau, der reichlich vorhandenen Bodenschätze, sein, | und, zur Erde, ihr Transport.

8. Wenn, das Leben unter den ungewöhnlichen Bedingungen auf dem neuen Planeten, sollte, jemand, vertragen, nicht | jederzeit, kann, wieder, er, zurückkehren, zur Erde.

6. Grade der Wahrscheinlichkeit
Zu Z. 13:

kann sein, daß sie...

a) Bitte ordnen Sie die folgenden Ausdrücke nach dem Grad der Wahrscheinlichkeit an.

(Sie können im Vorfeld stehen und als Antwort auf Ja-/Nein-Fragen verwendet werden.)

vielleicht, wahrscheinlich, sicher(lich), es kann sein, höchstwahrscheinlich, möglicherweise, bestimmt, vermutlich, eventuell, auf keinen Fall

bestimmt

_____

_____

_____

_____

_____

_____

_____

_____

_____

b) Bitte stellen Sie sich gegenseitig Fragen über die Zukunft der Erde, und antworten Sie mit den Wörtern aus 6 a).

Beispiel: S1: Wird es in 50 Jahren keine Kriege mehr geben?
S2: Höchstwahrscheinlich.

7. Definiter Artikel, indefiniter Artikel oder 'Nullartikel'
Zu Z. 18 + 19:

... *müssen sie zum anderen Planeten fahren.*

a) Bitte markieren Sie in dem folgenden Text
— **die indefiniten Artikel mit Schwarz,**
— **die definiten Artikel mit Grün,**
— **die 'Nullartikel' mit Rot.**

> **Ufo über dem Pol**
> 1. Auf einem Flug von Paris nach Tokio verfolgt ein unbekanntes Flugobjekt (= ein Ufo) eine japanische Frachtmaschine mit einer Ladung Wein an Bord. 2. Zuerst denkt die Besatzung, daß es sich um einen Militärjet handelt, dann bemerken sie, daß das Ufo immer hinter ihnen herfliegt. 3. Der Flugkapitän ist ein zuverlässiger Pilot, der schon 20 Jahre für die Japan-Airlines fliegt. 4. Jetzt hat er Angst.

Man benutzt den <u>definiten Artikel</u> hauptsächlich
— bei allem, was in der Kommunikationssituation
   a) bekannt ist durch (direkte oder indirekte) Erwähnung im Vortext
     (die Besatzung, das Ufo)
   b) direkt wahrnehmbar ist (z. B. *Guck mal, die Frau da!*)
— bei allem, was in der 'Welt' oder in der Kommunikationssituation nur einmal vorhanden ist (z. B. *die Sonne scheint; die Japan Airlines*)
— bei geografischen Namen
   a) alle Berge, Ozeane, Flüsse und Seen: *das Matterhorn, der Pazifik, die Elbe, der Bodensee,*
   b) einige Länder und Regionen: *die Schweiz, das Allgäu*

Man benutzt den <u>indefiniten Artikel</u> hauptsächlich
— bei beliebigen Elementen aus einer Menge (*Auf einem Flug ...*)
— wenn eine Person oder Nicht-Person unbekannt ist bzw. zum ersten Mal in einem Text genannt wird. (*ein Ufo ...*)

Kein Artikel ('Nullartikel') steht hauptsächlich
— bei Namen von Personen ohne Attribute aber inklusive Titeln, bei Städten, Inseln, den meisten Ländern und Kontinenten
   (Dr. Schiwago; von Tokio nach Paris; Helgoland, Italien, Afrika)
— nach Maßeinheiten und unbestimmten, nicht zählbaren Mengen
   (eine Ladung Wein; helles Bier)
— bei relativ festen Wendungen aus Verb und Nomen (*Jetzt hat er Angst.*)
— bei indefiniten Nomen im Plural (*Haben Sie Zigaretten?*)
   (Weitere vgl. STUFEN 2, S. 86)

b) **Bitte ergänzen Sie definite und indefinite Artikel. Markieren Sie 'Nullartikel' mit ∅.**
(Manchmal gibt es zwei Möglichkeiten.)

Ufo über dem Pol (Fortsetzung)

1. _____ Flugkapitän Terauchi bittet _____ Bodenstation in _____ Anchorage darum, _____ Flughöhe ändern und _____ Sinkflug machen zu dürfen. 2. Obwohl er kurz darauf _____ Sinkflug durchführt, bleibt _____ Ufo
weiter neben seiner Maschine. 3. Etwas später macht er _____ scharfe Rechtswendung, aber _____ Ufo bleibt unverändert hinter _____ JAL-Flugzeug.
4. Inzwischen hat sich _____ militärische Flugzeugüberwachung eingeschaltet
und bestätigt, daß zur Zeit _____ Militärmaschinen nicht im Einsatz sind. 5. Fast
gleichzeitig wird von _____ anderen Radarstation _____ militärischen
Luftraumüberwachung _____ Echo _____ Ufos bestätigt. 6. Kurz darauf ver-
folgen _____ militärische und zivile Radarstationen der Region _____ Ufo
auf ihren Bildschirmen. 7. Sie wollen _____ Militärjets aufsteigen lassen, aber
_____ japanische Pilot ist dagegen. 8. Ihm ist bekannt, daß sich in
_____ Vergangenheit bei _____ ähnlichen Vorfall durch _____ Intervention _____ US-Militärjägers _____ Tragödie ereignet hat. 9. Insgesamt be-
gleitet _____ Ufo _____ japanische Frachtmaschine 50 Minuten lang, um
dann ganz plötzlich zu verschwinden. 10. _____ JAL-Maschine landet danach
sicher auf _____ Flughafen von Anchorage. 11. „Ich bin froh, daß nichts passiert
ist", sagt _____ Flugkapitän Terauchi anschließend auf _____ Pressekonferenz. 12. „Meine Kollegen sind alle verheiratet und haben _____ Kinder."
13. _____ Chef _____ Luftaufsichtsbehörde berief danach _____ Krisensitzung ein. 14. Hier erklärten _____ Fluglotsen, sie hätten nicht gewußt, wie sie
_____ Situation handhaben sollten. 15. Schließlich sei weder mit _____ Gefahr zu rechnen gewesen, noch sei gegen _____ Gesetz verstoßen worden. Es
sei einfach unheimlich gewesen. 16. Für _____ Terauchi steht fest, daß er
_____ Raumschiff von _____ anderen Planeten begegnet ist.

8. Wortfeld Fortbewegung

Zu Z. 18 + 19:

... müssen sie zum anderen Planeten fahren.

a) Fortbewegung von Kindesbeinen an

krabbeln   laufen   rennen   marschieren   fliegen   bummeln
kriechen   hetzen   fahren   schlendern
               hasten   promenieren
               eilen   gehen
                                 spazieren
                                 wandern

b) Bitte ergänzen Sie am Rand mit den Verben aus a).

1. Als Babys beginnen wir im Krabbelalter auf allen Vieren zu ... . 2. Etwa mit einem Jahr

lernen wir dann ... . 3. Und von da ab können wir uns immer schneller fortbewegen.
4. Zunächst haben wir es noch nicht eilig, aber im Schulalter wird das dann anders. Da ... wir morgens oft in letzter Minute zur Bushaltestelle und ... kurz vor dem Lehrer in das

Klassenzimmer. 5. In der Pause ... wir als jüngere Schüler noch voller Energie über den Schulhof. 6. Später lernen wir dann, uns disziplinierter fortzubewegen, und Männern bringt man beim Militärdienst sogar bei, im Gleichschritt zu ... . 7. Als Erwachsene bewegen wir uns dann immer schneller fort, weil wir keine Zeit mehr haben: Wir ... nach Büroschluß im Eiltempo durch die Geschäfte, um einzukaufen.
8. Wir ... nach Haus, um Hausarbeit oder unser 'Feierabendprogramm' zu erledigen. 9. Um das Tempo noch zu steigern, können wir mit dem Fahrrad, dem Motorrad, dem Auto ... oder auch mit

dem Flugzeug ... . 10. Und wenn uns das immer noch nicht schnell genug ist, können wir auch mit Raketenantrieb ins All ... . 11. Erst im

Alter haben wir dann wieder mehr Zeit. Wir ...

in der Natur ..., ... vielleicht durchs Gebirge, ... geruhsam durch die Einkaufsstraßen.

12. Und als Großeltern bringen wir dann unseren Enkeln vielleicht wieder das ... bei.

Handwritten answers in right margin:
krabbeln / kriechen
laufen
eilen
laufen
rennen
marschieren
hetzen
hasten
fahren
fliegen
✳ düsen
spazieren
wandern
promenieren
laufen

(Bitte wählen Sie eine der drei folgenden Aufgaben.)

1. Bildgeschichte

Bitte bringen Sie die Bilder in eine sinnvolle Ordnung, und numerieren Sie sie. Sammeln Sie dann Wörter und Wendungen zu den Bildern, und erzählen Sie eine Geschichte.

2. Wörtergeschichte

Bitte ordnen Sie die
Wörter in der Rakete so,
daß Sie daraus eine Geschichte
erzählen können.

*Glück
Unfall - Planet -
Rakete - Weltraum -
Magnetismus -
Astronautin -
Verwandlung -
Außerirdischer -
Liebe*

3. Fotogeschichte

a) Was fällt Ihnen an diesem Foto besonders auf?

b) Bitte erzählen Sie eine Geschichte dazu.

c) <u>Rollenspiel</u>: Gespräch zwischen einem Interviewer und einer der Personen auf dem
Foto

1. Diskussionsthemen

- Sollte man Gentechnikern erlauben, 'bessere' Menschen z. B. ohne Erbkrankheiten zu erzeugen?

- Die Welt in 100 Jahren — Hölle oder Paradies?

- Deutschland: Großmacht in Europa? — Europa: Großmacht in der Welt?

- Wie könnte das Problem der Armut in der Welt am besten gelöst werden?

- Wie könnte man in Zukunft Kriege verhindern?

2. Diskussionsprotokoll (II)

a) Form des Protokolls: Kopf und Schluß

```
Protokoll der Kursdiskussion am 22. 10. 1991 ·

Thema:         "Die Welt in 100 Jahren -
               Hölle oder Paradies?"
Ort:           Kursraum 12
Teilnehmer:    Adenga, Beermann, Berghoff, Garincha, Kim,
               Lal, Matuczewski, Noiret, Patchinson,
               Siritopulos, Taifiz, Wang, Zanardi
Entschuldigt:  Soharto, Tsanakis
Beginn:        11.50 Uhr
Ende:          12.30 Uhr
Protokoll:     Noiret


Berghoff eröffnet die Diskussion mit einigen Hintergrund-
informationen zum Thema ...
```

```
Tübingen, den 24. 10. 1991
```

b) Je 2 S machen sich während der Plenumsdiskussion der Themen unter 1. Notizen und schreiben dann ein Diskussionsprotokoll.

3. Wie denkt man in Ihrer Heimat über einige der Diskussionsthemen unter 1.? Bitte berichten Sie.

4. Bitte schreiben Sie einen Kommentar zu einem der im Plenum besprochenen Themen.

5. Informationstext:
Bitte schreiben Sie einen Bericht über Zukunftsprobleme und Zukunftserwartungen in Ihrem Heimatland (ca. 150 Wörter).

Konstruktionen mit *werden*

1. a) Was aus *werden* alles werden kann!
Bitte unterstreichen Sie in dem folgenden Text die Formen von *werden* und die damit verbundenen Vollverben.

Prof. Dr. Herbert Kubicek,
Universität Trier,
Fachbereich Betriebs-
wirtschaftslehre

Computer: Nichts geht mehr ohne sie.

Die Arbeitsplätze in Verwaltungen und Industriebetrieben werden im Prinzip alle gleich aussehen: Sie werden zu Multifunktions-Terminals:
5 Bildschirm, Tastatur, Sprachein- und -ausgabe, Drucker, ein paar Blumen, verstellbare Trennwände. Alle 90 Minuten wird über Lautsprecher Musik eingespielt, zu der körperliche Lok-
10 kerungsübungen für zehn Minuten durchgeführt werden. Für weitere zehn Minuten werden Erfrischungen gereicht und Übungen in direkter zwischenmenschlicher Kommunika-
15 tion unter Aufsicht eines Gesprächs-therapeuten abgehalten.

Es wird vermutlich keine Arbeiter, sondern nur noch Angestellte geben, die Zahl der Beschäftigten in der rei-
20 nen Produktion wird immer weiter abnehmen, in der Industrieverwal-

tung zunehmen. Weil die elektronischen Systeme gegen Störungen und Sabotage geschützt werden müssen, wird es viele Sicherheits- 25 kräfte geben, die durch den Betrieb patrouillieren oder die Arbeitskräfte an Monitoren überwachen.

Die Arbeitsmenge insgesamt wird weniger. Die durchschnittliche Ar- 30 beitszeit wird nur noch sechs Stunden am Tag betragen, aber andererseits werden wenige hochqualifizierte Arbeitskräfte, Spezialisten, 60 Stunden in der Woche arbeiten 35 und auch richtig arbeitssüchtig werden können. Und es wird Menschen geben, die sich aus der Industriegesellschaft weitgehend in den privaten Bereich zurückziehen, um zum Bei- 40 spiel Landwirt zu werden.

Brigitte 2/1989

b) Bitte schreiben Sie die unterstrichenen Verben in die entsprechenden Spalten unten.

1. _____	2. _____	3. _____
werden (zu)	*wird eingespielt*	*werden aussehen*

c) Wie wird *werden* in den obigen drei Spalten verwendet?

1. *Als* _____
2. *Als Teil* _____
3. *Als Teil* _____ *

* Obwohl man Zukünftiges meist mit einer Präsensform (+ Temporalangabe) ausdrückt, ist *werden* + Infinitiv auch möglich, besonders in der Schriftsprache (inklusive Radio- und Fernsehnachrichten). In der Umgangssprache überwiegt bei *werden* + Infinitiv die modale Bedeutung, deshalb meist verbunden mit *wohl, vermutlich, wahrscheinlich, möglicherweise, vielleicht ...*

Bitte ergänzen Sie nun die Kategorien (Überschriften) in b).

d) Welcher formale Unterschied besteht zwischen dem Futur und dem Passiv?

Das Passiv bildet man mit _____ ,

das (modale) Futur mit _____ .

e) Bitte ergänzen Sie die fehlenden Formen:

	Vollverb *werden*	**Passiv**	**Futur**
Präs.	Es wird kalt.	Es wird geöffnet.	Er wird öffnen.
Prät.	Es ____ kalt.	Es ____ _____.	
Perf.	Es ____ kalt _____.	Es ____ _____ _____.	
Plus-perf.	Es ____ kalt _____.	Es ____ _____ _____.	

221

2. a) Bitte lesen Sie sich den folgenden Text zunächst einmal durch.

Klimaveränderung

1. *Es ist anzunehmen, daß* die Erde in den nächsten Jahrzehnten um mindestens ein Grad, vielleicht sogar um vier Grad, wärmer wird. 2. Die reichen Länder nutzen dann *sicherlich* alle Möglichkeiten, um auf die Klimaveränderung zu reagieren. 3. Sie erhöhen *wahrscheinlich* die Deiche und stellen ihre Landwirtschaft um. 4. Die armen Länder haben diese Möglichkeit *sicherlich* nicht, wie z. B. Indonesien mit 140 Millionen Einwohnern, die überwiegend in Regionen unter dem Meeresspiegel leben. 5. *Höchstwahrscheinlich* kommen dann Millionen von Wirtschaftsflüchtlingen in die reichen Länder, um nicht zu ertrinken oder zu verhungern. 6. Das eigentliche Problem ist die Bevölkerungsexplosion; *mit größter Wahrscheinlichkeit* nimmt die Menschheit jährlich weltweit um 49 Millionen zu. 7. Die Weitsichtigen in den Weltreligionen setzen sich dann *voraussichtlich* zusammen, um zu beraten, wie man die Bevölkerungszunahme begrenzen kann. 8. Auch die Katholische Kirche muß da *sicherlich* umdenken.

„Seid fruchtbar und mehret euch — eure Rente ist in Gefahr!"

b) Bitte schreiben Sie den obigen Text noch einmal neu, und ersetzen Sie dabei die schräg gedruckten Ausdrücke, die eine Vermutung ausdrücken, durch das Futur (= *werden* + Infinitiv).

Beispiel:

1. Die Erde wird in den nächsten Jahrzehnten um mindestens ein Grad, vielleicht sogar um vier Grad, wärmer werden.

 c) Wie stellen Sie sich Ihr persönliches Leben und Ihre Lebensbedingungen vor, wenn Sie 70 Jahre alt sind? Äußern Sie zunächst Ihrem Nachbarn/Ihrer Nachbarin gegenüber Vermutungen,
— **was dann vielleicht aus Ihnen im privaten und im beruflichen Bereich geworden sein könnte,**
— **wo und wie Sie leben,**
— **was dann in Umwelt und Technik möglich bzw. nicht mehr möglich sein wird.**

3. *haben/sein* + Infinitiv mit *zu*

Im Jahr 2000: Nachdem das Ozonloch immer größer und die Auswirkungen auf das Klima immer bedrohlicher geworden sind, wird eine internationale Klimakonferenz einberufen, die den folgenden Maßnahmenkatalog beschließt:

Beispiel 1: Das FCKW **ist** durch andere Treibmittel **zu ersetzen.**	Alternative im Passiv: **... muß ... ersetzt werden**
Beispiel 2: Alle Autofahrer **haben** ihre Autos mit Katalysatoren **umzurüsten.**	Alternative Im Aktiv: **... müssen ... umrüsten**

> *haben/sein* + **Infinitiv mit *zu*** steht oft in Vorschriften (z. B. Hausordnungen) und **betont Zwang** bzw. **Notwendigkeit.**

Bitte formulieren Sie die kursiv gedruckten Verbalkomplexe in dem folgenden Maßnahmekatalog mit *haben/sein* + Infinitiv mit *zu*-Konstruktionen um, damit der Zwang bzw. die Notwendigkeit auch sprachlich deutlicher wird.

1. Die Benzinpreise *müssen* auf das Dreifache *erhöht werden,* damit das Autofahren reduziert wird.
2. Alle Autofahrer *müssen* ein einheitliches Tempolimit auf Autobahnen *einhalten.*
3. Die Forschungen über Wasserstoff-Antrieb für Autos *müssen intensiviert werden.*
4. Ab dem Jahr 2000 *müssen* alle Autos aus dem Verkehr *gezogen werden,* die mehr als 3,5 Liter Benzin auf 100 Kilometer verbrauchen.
5. Jeder Bürger *muß* eine Energiesteuer *bezahlen,* damit die Verschwendung von Energie verhindert wird.
6. Bei Entfernungen bis zu 500 Kilometern *müssen* die Reisenden statt des Flugzeugs den Zug *benutzen.*
7. Neue Häuser *dürfen* nur noch mit Solardächern *beheizt werden.*
8. Kohlekraftwerke *müssen* durch Solar- oder Kernkraftwerke *ersetzt werden.*
9. Alle Bürger *müssen* die Müllvorschriften genau *beachten.*
10. Alle Müllverbrennungsanlagen *müssen* einheitliche Richtwerte *einhalten.*

So wirbt die Stadt Hamburg für vernünftigen Umgang mit dem Hausmüll.

4. Modalverben und weitere Verben mit Infinitiv

a) Bitte lesen Sie sich den folgenden Text zunächst durch.

> **Kidnapping ins All**
> Peter Kaminski hatte den ganzen Tag am Schreibtisch gesessen, weil er eine
> wichtige Arbeit beenden mußte. Er war müde und überlegte, ob er ins Bett
> gehen oder sich in einem heißen Bad entspannen sollte. Er schaltete das Licht
> aus. Da sah er plötzlich ein merkwürdiges kreisförmiges Licht im Garten auf-
> 5 leuchten und gleich wieder verschwinden. Er wußte nicht, ob er hinausgehen
> und nachsehen sollte. Aber er war zu müde und blieb deshalb am Schreibtisch
> sitzen. Er konnte sich ja auch getäuscht haben.
> Da hörte er plötzlich eine metallische Stimme seinen Namen rufen. Er fühlte
> einen starken Schmerz im Kopf und sah sich wie von einem Magneten gezogen
> 10 aufstehen und hinausgehen. Von einer unsichtbaren Kraft ließ er sich durch den
> Lichtkreis hindurchführen und sah plötzlich im Halbdunkel eine Art Raumschiff
> mit riesigen augenförmigen Fenstern vor sich stehen. Eine plötzliche Angst
> überkam ihn. Er wollte weglaufen, aber er konnte sich nicht bewegen. Da sah er
> eins der riesigen Augen sich öffnen und fühlte, wie unsichtbare Hände ihn in
> 15 das Raumschiff zogen und ihm beim Einsteigen halfen. Im selben Augenblick
> hörte er Motoren starten. Danach verlor er das Bewußtsein.

b) Bitte unterstreichen Sie die flektierten Verben und die Infinitive in a).

c) Übersicht:

Vorfeld	V₁ Subj.	Mittelfeld		V₂	V₁
1. Er	mußte	eine wichtige Arbeit		beenden.	
	(... weil	er eine wichtige Arbeit		beenden	mußte.)
Er	hat	eine wichtige Arbeit		beenden müssen.	
	(... weil	er eine wichtige Arbeit	hat	beenden müssen.	hat *.)
			V₁		

ebenso: *dürfen, können, mögen, wollen, sollen*

2. Er	hat	ein helles Licht		leuchten sehen.	
	(... weil	er ein helles Licht	hat	leuchten sehen.	hat *.)
			V₁		

ebenso: *helfen, hören, lassen*

3. Er	ist	am Schreibtisch		sitzen geblieben.	
	(... weil	er am Schreibtisch		sitzen geblieben	ist.)
	(... weil	er am Schreibtisch	hat	sitzen bleiben wollen.	hat *.)
			V₁		

ebenso: *gehen, fahren, kommen, schicken, lernen*

* Bei Modalverben benutzt man statt des Perfekts meist das Präteritum, um die Verbhäufung zu vermeiden.

> Wenn im Nebensatz Perfekt steht, muß bei den Verben unter 1. und 2. „haben" immer vor V₂ stehen.

d) Bitte erzählen Sie die Ereignisse in a) in der ich-Form. Benutzen Sie die folgenden Hilfen, formen Sie aber möglichst alle nominalen Vorgaben in verbale um.

etwas Komisches passiert — anstrengender Tag — Beendigung wichtiger Arbeit — müde — Spaziergang oder heißes Bad? — Aufleuchten eines Lichts — hinausgehen und nachsehen? — Vielleicht Täuschung? — metallische Stimme — Namen rufen hören — Schmerz im Kopf — mich in Garten gehen sehen — durch Lichtkreis hindurchführen lassen — plötzlich vor Raumschiff — einsteigen helfen — Motoren starten hören — Verlust des Bewußtseins

e) Bitte erzählen Sie die Geschichte anhand der folgenden Vorgaben weiter, und zwar wie in d) als eigenes Erlebnis. Benutzen Sie dabei das Perfekt, wo möglich, und variieren Sie das Vorfeld.

komme schließlich wieder zu Bewußtsein — höre leise Musik — lasse mir von zarten menschenähnlichen Wesen beim Aussteigen helfen — lehren mich gehen, weil keine Schwerkraft mehr da — muß wie ein Kind laufen lernen — sehe kleine menschenähnliche Wesen mit bunten Ballons spielen — lassen mich an ihren Spielen teilnehmen — helfen mir die Ballons fangen — bleiben auf einmal alle stehen — besonders großes Wesen will mich begrüßen — gehen alle in Glaspalast — lassen mich von einem besonderen Saft trinken — kann plötzlich ihre Sprache sprechen und verstehen — stellen mir viele Fragen über den Planeten Erde —

5. Verben, Nomen und Adjektive mit Präpositionen

a) Bitte ergänzen Sie den Text mit den folgenden Präpositionen auf den vorgegebenen Linien am Rand. Wiederholen Sie die Übung an darauffolgenden Tagen, und verdecken Sie dabei die Präpositionen am Rand.

an (4×), auf (4×), für (3×), in, mit, nach, von (2×), über (8×), zu

Kidnapping ins All (Fortsetzung von 4. a)

1. Meine außerirdischen Gastgeber waren sehr interessiert ... meinen Berichten ... das Leben auf der Erde und sehr stolz dar..., einen Erdbewohner in ihrer Mitte zu haben, der ihnen Antwort ... ihre vielen Fragen geben konnte. 2. Wir unterhielten uns ... die verschiedensten Bereiche, und oft gab es Gelächter ... ganz alltägliche Dinge, oder sie äußerten Unverständnis ... Dinge, ... die wir von Kind auf gewöhnt sind und die ganz selbstverständlich ... uns sind. 3. Besonderen Eindruck machte meine Armbanduhr ... sie. 4. Sie waren begeistert ... der digitalen Zeitanzeige und ganz verliebt ... die kleine Melodie, die meine Uhr zu jeder vollen Stunde spielte. 5. Sehr erfreut waren sie auch ... einen Spiegel, den ich in meiner Tasche gefunden hatte. 6. Sie waren verwundert ... die Gesichter, die sie in dem Spiegel entdeckten und waren da... überzeugt, daß ich magische Kräfte habe. 7. Ich weiß nicht, wie lange meine Kontakte ... den Außerirdischen gedauert hatten, aber ich sehnte mich immer mehr ... der Erde zurück. 8. Ich hatte mich zwar ... nichts zu beklagen, denn sie waren alle immer sehr nett und freundlich ... mir und dar... bedacht, das Leben möglichst angenehm ... mich zu machen. 9. Die Gedanken und Erinnerungen ... meine Familie auf der Erde machten mich immer trauriger. 10. Die Außerirdischen waren zunächst erstaunt ... meine Veränderung, hatten dann Mitleid ... mir, und nachdem ich sie mehrmals dar... gebeten hatte, brachten sie mich zu dem Raumschiff zurück. 11. Die Trauer ... meine Abreise war auf beiden Seiten groß. 12. Ich bedankte mich herzlich ... ihre Gastfreundschaft und ihr Interesse ... der Erde und ihren Bewohnern.

Ich öffnete die Augen und stellte fest, daß ich im Dunkeln an meinem Schreibtisch saß.

b) Bitte schreiben Sie die Verben, Nomen oder Adjektive aus a) mit ihren Präpositionen in die folgende Tabelle, und ergänzen Sie, wenn möglich, fehlende Beispiele in allen drei Spalten.

Verben	Nomen	Adjektive
sich interessieren für	Interesse an	interessiert an
berichten über	Bericht über	

c) Bitte erzählen Sie die Geschichte „Kidnapping ins All" aus Übung 4. und 5. noch einmal.

d) Rollenspiel:
S1 versucht S2 von einem 'eigenen' Ufo-Erlebnis zu überzeugen und beschreibt genau Zeit und Ort der Ufo-Landung sowie Geräusche und Aussehen des Ufos und seiner Insassen. S2 ist skeptisch und stellt viele kritische Fragen.

e) Zeichnen Sie Ihr Ufo, und machen Sie aus Ihrem Dialog einen Zeitungsartikel mit entsprechender Schlagzeile für ein Boulevardblatt.

6. Partikeln

a) Partikeln und Partikelkombinationen in Deklarativsätzen zum Ausdruck von Vermutungen

Partikeln:	Beispiele und Bedeutungen:
wohl	*Expeditionen in den Weltraum werden wohl bald immer häufiger.* (Vermutung)
doch wohl	*Das war doch wohl ein Irrtum.* (starke Vermutung)
ja wohl	*Frauen als Astronautinnen sind ja wohl genauso belastbar wie Männer.* ('Ich vermute, wie Sie wahrscheinlich auch, daß ...')

b) Gespräch über die Geschichte „Kidnapping ins All" (s. S. 224–226)
Bitte formulieren Sie die schräg gedruckten Teile in dem Dialog unten mit den Partikeln aus a), um verschiedene Arten von Vermutungen auszudrücken:

- 1. *Das hat der Mann alles nur geträumt, oder?*
- 2. Das nehme ich auch an, *denn er war nicht für längere Zeit verschwunden, nicht wahr?*
- 3. *Aber in den USA gibt es immer wieder Leute,* die behaupten, daß sie in einem Ufo entführt worden sind.
- 4. Also, wenn wirklich mal jemand entführt wird, *werden wir es erfahren.*

c) Gespräch über Ufos
Bitte formulieren Sie die schräg gedruckten Teile in dem Dialog unten mit den folgenden Partikeln um:

denn, doch mal, eigentlich (2×), *etwa, schließlich, ja wohl/doch wohl* (3×), *wohl*

- 1. *Glaubst du,* daß die japanischen Piloten von einem Ufo verfolgt wurden?
- 2. Tja, *ich kann es mir nicht vorstellen, aber es müssen Außerirdische gewesen sein,* wenn es keine irdischen Flugobjekte waren. 3. *Was meinst du,* wer die verfolgt hat?
- 4. *Überleg,* wo das ganze passiert ist: in der Nähe des sowjetischen Luftraums.
  5. Na ja, *und da ist es möglich,* daß es sowjetische Militärflugzeuge waren.
- 6. Ja, *aber Flugzeug ist Flugzeug, das müßte man identifizieren können.*
- 7. *Das stimmt.* 8. Tja, ob es Ufos waren oder nicht, *werden wir nie erfahren.*

1. HV-Text: Zukunft West – Zukunft Ost

Erstes Hören

a) Wann ist die Umfrage gemacht worden? Versuchen Sie gemeinsam, die Situation jener Zeit in Deutschland zu rekonstruieren.

b) Wie viele verschiedene Sprecher haben Sie erkannt/gehört, und welche Funktion haben sie?

c) Klären Sie die folgenden Ausdrücke:

no future-Generation _____

APO-Opas _____

Alternative _____

Yuppies _____

Zweites Hören

d) Tragen Sie die Detailinformationen zu den angegebenen Themen in die Übersicht ein.

Westdeutsche	Ostdeutsche

Grundsätzliche Einstellungen/Meinungen:

Interesse an Zeitfragen:

Religion und Familie:

Positives in der ehemaligen DDR:

Westdeutsche	Ostdeutsche

Sympathien für Organisationen/Personen:

e) Können Sie die Unterschiede zwischen den Einstellungen der West- und Ostdeutschen aus der Situation dieser Zeit erklären?

Drittes Hören

f) Ergänzen Sie die Übersicht in d) bzw. weitere Details. Vergleich im Plenum.

g) Rollenspiele:

Rollenspiel 1: Simulieren Sie in Anlehnung an das Gehörte ein Gespräch zwischen einem Interviewer und einem westdeutschen sowie einem ostdeutschen Jugendlichen.

Rollenspiel 2: Interviewen Sie sich gegenseitig zu den obigen Themenbereichen.

2. HV- und Wiedergabetext: Das Märchen vom Schlaraffenland

(Aufgaben wie in Einheit 1, siehe S. 43/44)

3. HV-Text: Der unsichtbare Mörder (Kurzkrimi)

Text 1

Vorschlag
für die Arbeit
mit den
Lesetexten
s. S. 261 f.

Meine Zukunft

Ein Schulabschluß
ein paar wilde Jahre
ein Haufen Idealismus
ein Beruf
eine Hochzeit
eine Wohnung
ein paar Jahre weiterarbeiten
eine Wohnzimmergarnitur
ein Kind
eine wunderschöne komfortable Einbauküche
noch'n Kind
ein Mittelklassewagen
ein Bausparvertrag
ein Farbfernseher
noch'n Kind
ein eigenes Haus
eine Lebensversicherung
eine Rentenversicherung
eine Zusatz-Krankenversicherung
ein Zweitwagen mit Vollkaskoversicherung
und so weiter ...
und so weiter ...
Hoffentlich bin ich stark genug,
meiner Zukunft zu entgehen!

Nina Achminow

Aufgabe:

Bitte schreiben Sie einen ähnlichen Text über Ihre Zukunft.

Mal angenommen, Geld spielt keine Rolle:

Was würden Sie sich wünschen?

Benedikt Wille, 31, Industrie-
designer: „Ohne Zwänge zu
leben und zu arbeiten – ohne
deshalb gleich „auszustei-
gen". Luxuriös leben hieße für
mich, die tägliche Tretmühle
zu verlassen: nicht mehr morgens um sieben aufstehen zu
müssen, mich vielleicht auch
nicht zu rasieren. Wenn mir
danach ist, bis zwölf Uhr im
Bett zu bleiben und mit einer
uralten Jeans ins Büro zu gehen. Freiheit würde ich mir
auch bei der Arbeit wün-
schen: endlich moderne und
funktionelle Möbel entwerfen
zu können, ohne mich nach
dem Budget und dem Ge-
schmack meiner Auftraggeber
richten zu müssen."

Petra Abel, 27, Augenoptike-
rin: „Einfach ein oder zwei
Jahre aus meinem Beruf aus-
zusteigen – das wäre für mich
der wahre Luxus. Ich würde irgendwann abends mein Büro
verlassen und am nächsten
Morgen einfach nicht mehr
zur Arbeit kommen. Na ja,
vielleicht würde ich vorher
noch kurz anrufen... Natürlich
gehört dazu, daß ich mir überhaupt keine Sorgen zu ma-
chen brauchte. Weder über
Geld noch darüber, daß ich
mir eines Tages wieder eine
neue Stelle suchen müßte. In
diesen ein oder zwei Jahren
würde ich eine Weltreise machen. Für jedes Land könnte
ich mir einige Monate Zeit
nehmen, so daß ich die Kultur
und die Menschen richtig
kennenlerne."

Bernadette Maurer, 25, arbeitet bei der Post: „An einem
Montagmorgen im Sommer
mit meiner besten Freundin
einen knallroten Porsche Tur-
bo zu mieten und nach Paris
zum Frühstücken abzubrau-
sen. Da müßte in einem typischen Bistro schon ein Tisch
mit leckeren Sachen gedeckt
sein: zum Beispiel mit Gänse-
leberpastete, Kaviar und
Champagner. Nachmittags
würden wir uns bei dem Designer Kenzo mit edlen Klamot-
ten einkleiden, die wir abends
dann gleich in einer In-Disko-
thek ausführen könnten. Am
nächsten Tag ginge es zu
einer Weinprobe nach Bur-
gund weiter. Nach dieser Tour
möchte ich in der Luxussuite
des Hotels Négresco in Nizza
übernachten."

Gudula Musil, 28, Architektin: „Für mich selbst ein Traumhaus zu bauen. Ich habe auch schon genaue Vorstellungen,
5 wie es aussehen müßte: ein Terrassenhaus über einer Steilwand am Meer oder über einem See in den Alpen. Es sollte riesige Fenster haben
10 und im Wohnzimmer einen durchsichtigen Boden, unter dem ein Fischteich angelegt ist. Einrichten würde ich es mit Naturmaterialien wie Marmor, Holz und Grünpflan- 15 zen. Außerdem mit Teppichen, die nach berühmten Kunstwerken gewirkt sind. Der absolute Luxus wäre allerdings eine gläserne Bade- 20 wanne. Und zwar direkt vor einem Fenster, so daß ich beim Baden ins Freie schauen kann."

Norbert Altenmüller, 31, Angestellter: „Luxus wäre für mich, bestimmte Dinge richtig zu genießen, aber nicht einfach
5 Geld zum Fenster hinauszuwerfen. Genießen würde ich es, mir eine riesige Bibliothek in einer Altbauwohnung einzurichten. Mit viel Holz und
10 Regalen, die vom Fußboden bis zur Decke reichen – ganz so, wie man es aus alten Spielfilmen kennt. Dafür würde ich kostbare Bücher sammeln, beispielsweise Erstaus- 15 gaben oder Handschriften. Zum uneingeschränkten Genuß gehört natürlich auch genug Zeit und Muße, um mich mit meinen Schätzen beschäf- 20 tigen zu können. Ich stelle mir vor, mich in meiner Bibliothek zu vergraben und zu philosophieren."

Aufgaben:

1. Was bedeutet für die interviewten Personen Luxus?

2. Sehen Sie einen Zusammenhang zwischen den Berufen und den Wünschen der befragten Personen?

3. Machen Sie Interviews in der Gruppe über Ihre Wünsche, und fassen Sie einige davon im Plenum zusammen.

Wenn jetzt Frühling wäre oder wenn die Sonne schiene oder eine alleinstehende hübsche
Dame mich abholte oder sogar ein richtiger Regen vom Himmel fiele und mir den Kopf
wüsche: was täte ich, wohin ginge ich? In wessen Haus äße ich mein Frühstück, in wessen
Bett schliefe ich, wer wäre ich? Schließlich bin ich seit Jahren Akademiker, Babysitter (ja, ein-
5 mal wollte ich auch Bäcker werden, mit weißen Haaren, Händen, Hosen und Jacken, so als
wären sie voller Gips), Campingfreund, Dichter, Ehemann, Fußgänger, Gastarbeiter, hungrig,
ich, Kamerad von Kavalieren, Lehrer, mal munter mal müde, Nichtraucher, Obstkuchen-
freund, Pessimist, Quatschkopf, Rotweintrinker, Schifahrer, Theaterautor, Untermieter, vor-
sichtig, Walzertänzer (1. Preis in der Tanzschule Bickel) und Zahnarztpatient mit Nerven.
10 Das ist alles wahr. Das bin ich. Irgendwann ist alles so geworden, irgendwie.

Ich bin 37 Jahre alt, Schweizer, wohne in Frankfurt am Main, meine Frau heißt May, wie
May Britt, nicht wie Mae West, und wenn wir ein Kind hätten, hieße es Fanny.

Das heißt nicht, daß ich nicht manchmal gern jemand und etwas anderes wäre. Oh, ich wäre
dann, statt ein alternder Autor von Romanen und Theaterstücken, ein Alpenbewohner, ein
15 Bauer in den Bergen, ich machte Charterreisen nach China, würde vielleicht ein Däne in
Dänemark, hätte die erstaunlichsten Erlebnisse, führe mit dem Fahrrad durch Frankreich,
bliebe gesund, hielte einen Hammer in der Hand aber doch keine Sichel, interessierte mich
weniger für mich, würde Jazzmusiker, küßte komische Kindergärtnerinnen, liefe durch leere
Landschaften, mietete modernste Motorräder, wäre neugierig, optimistisch und praktisch,
20 schriebe nur noch Qualitätsware, reiste in ruhigen Raucherabteilen, stiege in schmutzige
Schornsteine, wäre trotzdem traurig, würde uralt, verlöre jede Vorsicht und würde trotzdem
nicht wahnsinnig, hätte nie mit einer Xanthippe zu tun und zöge mir, als mein eigener
Zahnarzt, alle Zähne selbst.

Oder ich veränderte, statt mich, meine Umgebung. Zum Beispiel: ich hielte einen D-Zug
25 zwischen Stockholm und Malmö an. (Das sind so ungefähr die zwei einzigen Städte in Schweden, die ich kenne.) Ich forderte, daß überall auf der Welt die Umweltverschmutzung sofort
aufhören und daß alles ganz anders werden müsse, freundlicher, froher und freier. Wir wollen uns wohlfühlen, schrie ich. Sonst ließe ich den Schaffner im Regen stehen, bis er eine
Lungenentzündung habe, und ob das jemand wolle. Auch müsse die Europäische Wirt-
30 schaftsgemeinschaft sofort verboten werden, weil es nicht gehe, daß alle Menschen in Europa
das gleiche Kartoffelnmodell äßen.

Das wäre etwas, eine Welt, die von den Dichtern gemacht würde! Dichter müßten sowieso
zaubern können. Sie konnten es einmal, vor hunderttausend Jahren. Die Schwierigkeit wäre
heute nur, daß alle Dichter für sich eine eigene, sehr persönliche Welt herzaubern würden.
35 Jeder würde die Welt seines Kollegen kaputtzaubern wollen. Jeder geträumte Mord wäre
plötzlich wahr. Jedes Gedicht ließe Blumen wachsen und Wälder verschwinden. Ach, es ist
gut, daß die Dichter nicht zaubern können.

Urs Widmer

Traumparadies im Kosmos

Was wir aus Science-fiction-Romanen und Filmen kennen, kann im nächsten Jahrhundert Wirklichkeit werden – Raumstationen, bevölkert mit Zehntausenden von Menschen. Russen, Amerikaner und Japaner bereiten sich schon darauf vor.

Die Raumschiffe der Zukunft sind riesige Räder, die sich um die eigene Achse drehen und so künstliche Schwerkraft erzeugen. In der schlauchförmigen Welt leben Pflanzen, Tiere und Menschen – sie sehen die Erde wie wir den Mond.

Was sich wie die Phantasien von Science-fiction-Autoren liest, sind konkrete Pläne von Wissenschaftlern und Weltraumforschern. Bis ins kleinste Detail haben sie das künftige Leben im All entworfen – als seien alle irdischen Probleme längst gelöst.

In der Zukunft sehen die Wissenschaftler riesige Inseln im Sternenmeer gleiten. Welten, die dem Paradies näher kommen als der giftverseuchten Erde. Es ist an alles gedacht, was beim Menschen Wohlbefinden auslöst. Blumen wachsen und Bäume. Zwischen Gärten und kleinen Parks liegen Teiche und schlängeln sich Bäche. Auf sanften Hügeln stehen Terrassenhäuser. Von begrünten Dächern blicken die Bewohner über Obstplantagen und Getreidefelder, die sich hinter der sanften Krümmung der schlauchförmigen Raumfähre verlieren. Das nimmt ihnen das beklemmende Gefühl, in einer begrenzten Welt zu leben. Große Spiegel reflektieren das Sonnenlicht durch Fensterflächen. Sie können ausgefahren oder eingezogen werden, um so den Wechsel von Tag und Nacht zu simulieren.

Das Klima ist mild, keine drückende Hitze, keine schneidende Kälte. Bei den großen Fähren ziehen sogar ab und zu Wolken am blauen Himmel auf, und es regnet ein wenig, gerade so, wie die Bewohner es gern hätten.

Was sie essen, könnte auf der Erde im Reformhaus verkauft werden. Obst und Gemüse gibt es und Getreidesorten jeder Art. Zuchtfische und Fleisch von Schafen, Ziegen, Kaninchen und Geflügel. Auch das Wasser, das wie auf der Erde in einem geschlossenen Kreislauf die Kolonie versorgt, ist frei von Schadstoffen. Es schmeckt weich wie einst bei uns der Regen, bevor ihn die Abgase versauerten.

In einer solchen Kunstwelt sollen bald etwa 100 000 Menschen leben – Frauen, Männer und Kinder. Das erste Kind wird voraussichtlich im Jahre 2017 als irdischer „Außerirdischer" die ewige Finsternis des Alls erblicken.

Eines fernen Tages wird sich ein solch autarkes Raumschiff von unserem Sonnensystem loskoppeln und ins All hinaustreiben. Denn immer, wenn der Mensch dazu in der Lage war, ist er in unbekannte Gebiete vorgedrungen, getrieben von Neugier und von der Hoffnung auf ein besseres Leben.

Stern 52/1988 (gekürzt)

Aufgabe:

Bitte suchen Sie für jeden Abschnitt des Textes eine passende Überschrift.

**Gentechnik –
Hoffnung oder Horror?**

Der Griff nach dem Leben

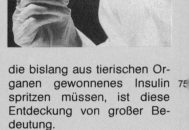

Forscher wollen jetzt Menschen fremde Gene einsetzen. Es ist nur eine Frage der Zeit, bis Erbkrankheiten durch
5 *Gen-Reparatur behoben werden können. Gentechniker arbeiten an neuen Medikamenten, tüfteln an neuen Tieren und Pflanzen. Damit wächst*
10 *die Gefahr, daß neue Lebewesen die Natur verändern und besessene Forscher versuchen, Menschen nach ihren Vorstellungen zu bauen.*

15 Amerikanische Forscher wollen in den nächsten Wochen Gott spielen.

Die Ärzte und Biotechniker
werden zehn unheilbar Krebs-
20 kranken sogenannte Killerzellen spritzen, die mit Genen aus Bakterien manipuliert sind. Mit dieser genetischen Markierung können die For-
25 scher kontrollieren, wohin genau die Zellen in den Tumor wandern. Das ist wichtig, um herauszufinden, weshalb Killerzellen in manchen Fällen
30 eine Geschwulst vernichten, in anderen aber nicht. Was die Wissenschaftler tun, ist allerdings nur ein Bruchteil dessen, was die junge Wis-
35 senschaft der Mikrobiologie heute kann.

Den Grundstein legten im Jahre 1953 Francis Crick, James Watson und Maurice Wil-
40 kins. Sie entschlüsselten die Struktur der Desoxyribonukleinsäure (DNA), der Grundsubstanz allen Lebens und erhielten dafür den Nobelpreis.
45 Die DNA steckt in jeder Zelle von jedem Lebewesen, ob Pflanze oder Tier. Sie ist der chemische Stoff, der über das Schicksal von Ratte wie Ra-
50 dieschen, Bakterie wie Biene, Maus wie Mensch entscheidet – ein kompliziert gebautes Molekül, das sich in Abschnitte, die „Gene", unterteil-
55 len läßt. Gene sind die Erbinformationen. Die sorgen dafür, daß ein Baum Blätter, das Känguruh einen Beutel und der Mensch zwei Arme und
60 Beine hat. Verblüffend ist, daß die Erbanlagen aller Lebewesen aus den gleichen Bausteinen konstruiert sind.

Bereits 1978 meldeten
65 amerikanische Biologen eine Sensation. Sie hatten in Kolibakterien jenes Gen eingepflanzt, das beim Menschen für die Produktion des Stoffes
70 Insulin sorgt. Nun erzeugten anspruchslose Einzeller aus dem menschlichen Darm das Hormon. Für Zuckerkranke,

die bislang aus tierischen Organen gewonnenes Insulin 75 spritzen müssen, ist diese Entdeckung von großer Bedeutung.

Heute ist in den Gen-Labors Phantastisches längst 80 Routine. Längst arbeiten die Gentechniker an neuen Schöpfungen – Pflanzen vom Reißbrett, Gewächse, die jede Menge Hitze und Frost, Trok- 85 kenheit und Salz vertragen, widerstandsfähig sind gegen Schädlinge und Krankheiten und vor allem noch mehr Erträge bringen. Sogenannte 90 Brennstoffpflanzen, aus denen sich rentabel Alkohol oder Kraftstoff gewinnen läßt, sollen die Energieversorgung sichern. Außerdem wollen 95 Biochemiker den Umwelt-Dreck mit gentechnischer Hilfe verschwinden lassen: Extra dafür gezüchtete Bakterien sollen Dioxin und andere 100 Gifte fressen.

Vor allem dem Menschen selbst wird Segen durch Gentechnik versprochen.

Schon fast 200 Erbkrank- 105 heiten lassen sich mit Hilfe der Gen-Diagnostik feststellen. Und es werden immer mehr. Denn von den Erbinformationen des Menschen ist 110

erst ein Bruchteil identifiziert – etwa 300 von den bis zu 100 000 Genen.

Der Griff nach dem Erbgut bringt dem Menschen große Chancen – und Gefahren. Ähnlich wie die Spaltung des Atomkerns Segen und Fluch bedeutete, kann auch die Spaltung des Zellkerns aus Hoffnung schnell Horror werden lassen.

Einige Kritiker fordern deshalb den Ausstieg aus der Gentechnik, andere wollen gerade wegen der einmaligen Möglichkeiten zur Bekämpfung von Krankheiten auf keinen Fall darauf verzichten. Doch wer kann die „größte Versuchung, vor der der Mensch je stand", noch steuern?

Stern 14/1989 (gekürzt)

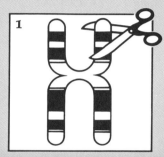

Reparatur von Erbanlagen

Pflanzen aus der Retorte

Neue Lebewesen

Bakterien als Helfer

Aufgaben:

1. Bitte ordnen Sie die Bilder zu, indem Sie die Bildnummern an die entsprechenden Textstellen schreiben.

2. Bitte schreiben Sie einen Kommentar zu den positiven Möglichkeiten und den Gefahren der Gentechnik.

Text 6

Die deutsche Einheit

Das geteilte Berlin rückt zusammen / Zehntausende von DDR-Besuchern im Westen

Die Mauer fällt Stück um Stück

238

Richard von Weizsäcker „Sich zu vereinen, heißt teilen lernen"

Bundespräsident von Weizsäcker gestern beim Festakt in der Berliner Philharmonie:

„Der Tag ist gekommen, an dem zum ersten Mal in der Geschichte das ganze Deutschland seinen dauerhaften Platz im Kreis der westlichen Demokratien findet.

Grenzen sollen Brücken zu den Nachbarn werden." Er dankte Ungarn, Polen, der Tschechowslowakei, den westlichen Verbündeten und der EG für ihre Beiträge zur Einheit, vor allem aber der Demokratie-Bewegung in der DDR. Mit den vier einfachen Worten „Wir sind das Volk" sei ein ganzes System zu Fall gebracht worden.

Dann mahnend: „Zu vollziehen aber ist die Einheit nur durch die Köpfe und Herzen der Menschen selbst. Jedermann spürt, wieviel da noch zu tun ist." Und: „Sich zu vereinen, heißt teilen lernen."

Nun sei die europäische Vereinigung das große Ziel: „Wir haben keine Zeit zu verlieren."

Helmut Kohl „Es gibt kein Hüben und Drüben mehr"

Bundeskanzler Helmut Kohl in seiner Fernsehansprache:

„Noch nie waren wir besser vorbereitet als jetzt, die wirtschaftlichen Aufgaben der Wiedervereinigung zu meistern."

Noch wichtiger sei „jedoch, daß wir Verständnis füreinander haben, daß wir aufeinander zugehen. Wir müssen ein Denken überwinden, das Deutschland immer noch in ein ‚Hüben' und in ein ‚Drüben' aufteilt".

Ein Traum werde Wirklichkeit. Kohl: „Für mich ist dieser Augenblick einer der glücklichsten in meinem Leben." Er versprach: „Für uns gehören Vaterlandsliebe, Freiheitsliebe und der Geist guter Nachbarschaft immer zusammen ... Dabei gibt es für uns auf der Welt nur einen Platz: an der Seite der freien Völker."

Lothar de Maizière „Abschied ohne eine Träne für die DDR"

Lothar de Maizière verabschiedete im Deutschen Schauspielhaus in Berlin die DDR:

„Ich glaube, wir alle haben Grund, uns zu freuen und dankbar zu sein", sagte er. De Maizière, knapp sieben Monate Regierungschef, verabschiedete sich von der DDR „ohne Tränen". Mit dem Beitritt ende die dramatische „Phase der Neuorientierung, die im Herbst 1989 begann", sagte er. Die DDR lasse ein System hinter sich, dessen „Kainszeichen die Unfreiheit des Geistes und das verordnete Denken, Mauer und Stacheldraht, der Ruin der Wirtschaft und die Zerstörung der Umwelt, die kalkulierte Gängelung und das geschürte Mißtrauen" waren.

De Maizière mahnte: „Nicht was wir gestern waren, sondern was wir morgen gemeinsam sein wollen, vereint uns zum Staat. Ich freue mich darauf."

Bild 4. 10. 1990

239

Das neue Deutschland in Zahlen

Mehr als 81 Millionen Einwohner leben im neuen größeren Deutschland. Das sind 228 Menschen auf einen Quadratkilometer. In Frankreich sind es nur 100, aber in den Niederlanden 350. Die Gesamtfläche der Bundesrepublik beträgt jetzt 375.000 Quadratkilometer. Italien ist mit 301.000 nur wenig kleiner, aber Frankreich mit 547.000 km² deutlich größer. Berlin bleibt die größte deutsche Stadt mit 3,4 Millionen Einwohnern, gefolgt von Hamburg (1,7 Mio.) und München (1,25 Mio.). Bremen nimmt mit 551.000 Einwohnern den 10. Platz in der Rangliste der deutschen Städte ein, und Dresden, die Hauptstadt des Freistaates Sachsen, liegt an 15. Stelle. Deutschland hat jetzt 25 Großstädte, also Städte mit mehr als 100.000 Einwohnern. Darunter sind neben Dresden auch die neuen Landeshauptstädte Erfurt (Thüringen), Magdeburg (Sachsen-Anhalt), Potsdam (Brandenburg) und Schwerin (Mecklenburg-Vorpommern). Die Rangliste der sechzehn Bundesländer nach Einwohnerzahlen sieht wie folgt aus: Nordrhein-Westfalen (17,7 Mio.), Bayern (11,8 Mio.), Baden-Württemberg (10,2 Mio.), Niedersachsen (7,6 Mio.), Hessen (5,9 Mio.), Sachsen (4,5 Mio.), Rheinland-Pfalz (3,9 Mio.), Berlin (3,4 Mio.), Sachsen-Anhalt (2,7 Mio.), Thüringen (2,5 Mio.), Brandenburg (2,5 Mio.), Schleswig-Holstein (2,6 Mio.), Mecklenburg-Vorpommern (1,8 Mio.), Hamburg (1,7 Mio.), Saarland (1,0 Mio.), und Bremen (0,68 Mio.).

Aufgabe:
Bitte suchen Sie die im Text erwähnten Städte und Bundesländer auf der Landkarte (Umschlaginnenseite).

Ein Riese in Europa

Neue Heimat

Was ZEIT-Redakteuren dazu einfällt
(5. 10. 1990)

a)

Ein Deutscher zu sein, darauf konnte ich als Deutscher nie stolz sein. Ersatzweise fühlte ich mich als Berliner und identifizierte mich mit einer Stadt, die eine große linke und kosmopolitische Tradition hat. Also erlebte ich den 9. November unweigerlich als einen Freudentag und genieße seitdem die neue Freiheit, ein anderes Land zu erkunden. Ein anderes Land, kein fremdes. Der Untergang dieser bizarren Mischkultur aus Antifaschismus, Stalinismus und deutschem Spießertum erfüllt mich gelegentlich mit Wehmut – zugegeben: die zynische Attitüde eines Voyeurs. ...

Michael Sontheimer

b)

Deutsch war ein Schulfach: Diktat und Aufsatz, natürlich „Die Räuber". Dann hieß Deutsch Germanistik und war: die traurige Minna, das bürgerliche Individuum, natürlich die Frau (im Naturalismus und überall). Alle Fragen wurden aufgeworfen, bis auf die eine: Was ist denn deutsch? Deutsch war ein gedankenlos gebrauchtes Adjektiv: deutsches Beefsteak, deutscher Faschismus, wohl auch deutscher Widerstand. Nie: deutsche Studenten. Deutschland war eine Verwaltungseinheit mit dem Namen BRD.

Ich war 33, als ich das erste Mal die DDR sah. Mit der S-Bahn fuhr ich nach Köpenick und musterte verstohlen die Eingeborenen, die mich verstohlen musterten. Dann stand ich an der Spree und sah einem Dampfer nach, der zum Müggelsee herüberfuhr, und dachte: Schade eigentlich. Und: Wieso denn schade?

Es war wenig später, als mir in London ein alter Mann erzählte, wie er – als Vierjähriger – aus Auschwitz befreit worden war, und ich dachte: Wir haben ihm das angetan. Wieso wir?

Es war erst kürzlich, als sich ein großer westdeutscher Politiker herablassend zu einem ausländischen Gast herunterbeugte, und ich dachte: Wie peinlich! Wieso peinlich für mich?

Irgendwas muß da sein.

Susanne Mayer

c)

Deutsch
deutsch-deutsch
urdeutsch
altdeutsch
neudeutsch
treudeutsch
ostdeutsch
westdeutsch
mitteldeutsch
hochdeutsch
plattdeutsch
niederdeutsch
bundesdeutsch
gesamtdeutsch
volksdeutsch
großdeutsch
alles deutsch?

Erika Martens

Tut mir leid Jungs.
War halt nur so'ne Idee von mir...

d)

Beim Fußball, ob auf der Tribüne oder vor dem Fernseher, da habe ich nie Probleme, aufgeregt und hemmungslos mit und für „Deutschland" zu fiebern. Dann schleppe ich „Deutschland" wieder einmal mit Beklemmung in mir herum; seit meiner Kindheit verspüre ich diese ererbte Scham, die mich im Ausland zwingt, meine Eintrittskarte für die Dampferfahrt oder fürs Museum auch dann mit englischen Worten zu erbitten, wenn neben der Kasse dieses schrecklich-freundliche Schild hängt: „Man spricht deutsch". ...

Christian Wernicke

Was erwarten Sie von Deutschland, was wünschen Sie dem vereinten Land?

„Einen König für die Bayern, einen König für die Sachsen!"
ZEIT-Umfrage unter Schriftstellern deutscher Sprache

Martin Walser
1927 in Wasserburg (Bodensee) geboren, lebt in Überlingen (Bodensee).

Vielleicht sollten wir jetzt bald einmal aufhören, dieses Land wie etwas auf einem Prüfstand zu beobachten. Diese Beobachtungshaltung produziert Phänomene. Von Deutschland ist nichts anderes zu erwarten als von jedem anderen Land. Die einen werden ihr Geld damit verdienen, daß sie es schmähen, die anderen damit, daß sie es preisen. Wir werden unsere Links- und unsere Rechtsextremisten haben. Deutschland wird wahrscheinlich nicht beliebter sein, als die BRD und die DDR es waren. Woher auch? Man lebt da verhältnismäßig katastrophenarm, verhältnismäßig anständig, verhältnismäßig sicher und nicht viel ungerechter als irgendwo anders.

Monika Maron
1941 in Berlin geboren, lebt in Hamburg.

Ich erwarte von Deutschland, daß es sich anständig benimmt.
Ich wünsche Deutschland:
- einen Schriftsteller wie Uwe Johnson,
- einen Kanzler wie Willy Brandt,
- mehr Grüne wie Antje Vollmer,
- einen König für die Bayern,
- einen König für die Sachsen,
- Geld und Mut für den Osten,
- Vertrauen in Gott und die Bundesbank für den Westen,
- die Fristenregelung für alle,
- und Literaturredakteure, die mir nicht mehr diese fürchterlichen Fragen stellen.

Stephan Hermlin
1915 in Chemnitz geboren, lebt in Berlin.

Ich erwarte von Deutschland nichts Gutes. Ich hoffe aber, daß ich mich irre.
Für das vereinte Land erhoffe ich eine radikale Demokratie im Sinne des Carl von Ossietzky. Ich werde sie aber nicht mehr erleben.

Wolfgang Koeppen
1906 in Greifswald geboren, lebt in München.

Ich vertraue dem Bundespräsidenten, und auch der Bundeskanzler ruft „Europa" und nicht „Heim ins Reich". Ich bin Deutscher, klar, und habe Schwierigkeiten mit unserer Nationalhymne. Ich habe sie zu oft gehört, zu schmetternd, zu laut, zu mißverstanden. Ich wünsche kein Deutschland über alles, ich will ein Vaterland mit allen. Ich bin Deutscher, aber auch Weltbürger von Geburt, Mensch unter Menschen in einem noch imaginären Weltreich. Ich will in allen Städten der Welt, auch in Jerusalem und Bagdad als Deutscher willkommen sein. Ich male mir aus, bei Kant in Königsberg/Kaliningrad zu studieren, und Russen sollten meine Kommilitonen sein. In einer Kulturwelt könnte alles möglich werden, da der Krieg gestorben wäre.

DIE ZEIT, 5. 10. 1990

DAS LETZTE KAPITEL

Am 12. Juli des Jahres 2003
lief folgender Funkspruch rund um die Erde:
daß ein Bombengeschwader der Luftpolizei
die gesamte Menschheit ausrotten werde.

Die Weltregierung, so wurde erklärt, stelle fest,
daß der Plan, endgültig Frieden zu stiften,
sich gar nicht anders verwirklichen läßt,
als alle Beteiligten zu vergiften.

Zu fliehen, wurde erklärt, habe keinen Zweck.
Nicht eine Seele dürfe am Leben bleiben.
Das neue Giftgas krieche in jedes Versteck.
Man habe nicht einmal nötig, sich selbst zu entleiben.

Am 13. Juli flogen von Boston eintausend
mit Gas und Bazillen beladene Flugzeuge fort
und vollbrachten, rund um den Globus sausend,
den von der Weltregierung befohlenen Mord.

Die Menschen krochen winselnd unter die Betten.
Sie stürzten in ihre Keller und in den Wald.
Das Gift hing gelb wie Wolken über den Städten.
Millionen Leichen lagen auf dem Asphalt.

Jeder dachte, er könne dem Tod entgehen.
Keiner entging dem Tod, und die Welt wurde leer.
Das Gift war überall. Es schlich auf Zehen.
Es lief die Wüsten entlang. Und es schwamm übers Meer.

Die Menschen lagen gebündelt wie faulende Garben.
Andere hingen wie Puppen zum Fenster heraus.
Die Tiere im Zoo schrien schrecklich, bevor sie starben.
Und langsam löschten die großen Hochöfen aus.

Dampfer schwankten im Meer, beladen mit Toten.
Und weder Weinen noch Lachen war mehr auf der Welt.
Die Flugzeuge irrten, mit tausend toten Piloten,
unter dem Himmel und sanken brennend ins Feld.

Jetzt hatte die Menschheit endlich erreicht, was sie wollte.
Zwar war die Methode nicht ausgesprochen human.
Die Erde war aber endlich still und zufrieden und rollte,
völlig beruhigt, ihre bekannte elliptische Bahn.

Erich Kästner

Aufgabe:
Bitte machen Sie diesen
Text zum 'Vorlestetext'.

Gute Nachrichten

Die Zeitungen rufen gute Nachrichten aus.
Der Unterhändler weigert sich, den Krieg zu erklären.
Nicht krümmt sich der Finger am Abzug des Gewehrs.
Die zornige Hand findet das Messer nicht.
Zu explodieren verlernen die Bomben.
Die Generale haben sich zum Golfspielen entschlossen.
Das verleumderische Wort bleibt hinter die Lippen gepreßt.
Diktatoren öffnen die Straflager.
Andersdenkende werden geachtet.
Die Rasse ist nichts als ein Unterschied in der Farbe der Haut.
In den Folterkammern wird Brot gebacken.
Galgen und Henkerbeil ziehen sich zurück ins Museum.
Gespräche über den Frieden haben Aussicht auf Erfolg.
Die Grenzen werden geöffnet.
Man läßt den Gegner zu Wort kommen.
Man schließt Kompromisse.
Man lächelt über sich.
Man fängt an.

Rudolf Otto Wiemer

1. Projekte/Erkundungen

a) FANTASIE AN DIE MACHT !

<u>Für alle S</u>: Sie sind Biogenetikerin. Ihre Aufgabe ist es, **den menschlichen Körper** zu **verbessern.** Welche(n) Körperteil(e) würden Sie auswählen. Illustrieren Sie das Ergebnis Ihrer Arbeit mit Beschreibungen, wie die verbesserten Körperteile funktionieren.

b) Wie sähe <u>Ihr Schlaraffenland</u> aus? Beschreiben Sie es der Gruppe, und malen Sie möglichst einige Bilder dazu.

c) Machen Sie eine kleine Umfrage unter Freunden, Bekannten oder Passanten auf der Straße (möglichst mit Tonband), indem Sie fragen, **was** sich diese **Menschen am meisten wünschen.**
Tragen Sie die Ergebnisse mit Strichen (|||) in eine Liste wie unten ein. Präsentieren Sie das Ergebnis auf Folie oder Tapetenrückseite, und vergleichen Sie, welche möglicherweise anderen Ergebnisse eine solche Umfrage in Ihrem Heimatland gehabt hätte.

Wünsche		Summe
Gesundheit		
Frieden		
gutes Einkommen		
harmonisches Familienleben		
keine Naturkatastrophen		

d) Sehen Sie sich die **Werbung** in Zeitungen, Illustrierten und im Fernsehen an: Bei welchen Produkten wird **mit „Zukunft"** geworben? Welche Vorstellungen und Assoziationen werden mit dem Begriff Zukunft in Wort und Bild erzeugt? Wie sieht das im Vergleich dazu in Ihrer Heimat aus?
Berichten Sie dem Plenum anhand einer Collage (oder OH-Folien) von verschiedenen Werbeanzeigen.

e) <u>Für alle S</u>: Schreiben Sie über den **Tag, an dem Sie zum ersten Mal** in Ihrem Leben bewußt **glücklich waren.** Erzählen Sie möglichst frei in der Gruppe.

f) Fragen Sie Leute auf der Straße (möglichst mit Tonbandgerät), was sie machen würden, **wenn sie** im Lotto oder in einem anderen Glücksspiel **eine Million Mark** gewonnen **hätten.** Berichten Sie mit den Tonbandausschnitten oder einer Übersicht über die Antworten.

STELLEN SIE IHRE ZUKUNFT AUF SICHERE BEINE
Risiko-Lebensversicherung

245

g) Ihr Projektvorschlag: Formulieren Sie ein Projekt zum Thema der Einheit, das Sie gerne machen möchten. Hängen Sie es im Kursraum auf, und suchen Sie Partner. Präsentation wie die anderen Projekte.
(Beispiel s. S. 58)

2. Kurzreferat zur Landeskunde („Das 20. Jahrhundert")

IV. 1969 — heute   Schreiben Sie weiter wie R.O. Wiemer:

Als wir neunundsechzig waren,   _____

Als wir neunundachtzig waren,   _____

Als wir neunzig waren,   _____

Wählen Sie ein Thema (oder mehrere zusammenhängende Themen) aus dem Kasten unten aus, und schreiben Sie ein Kurzreferat von ca. 200 Wörtern. (Für die genaue Aufgabenbeschreibung s. S. 58)

Ostpolitik · APO · Europa 1992 · Die Grünen · Fall der Mauer

Energiekrise · RAF · Nachrüstung/Menschenkette 1983 · Einheit Deutschlands

3. Redensarten/Sprichwörter

- Jeder ist seines Glückes Schmied.
- Dem Glücklichen schlägt keine Stunde.
- Glück und Glas wie leicht bricht das.
- Glück und Regenbogen sieht man nicht über dem eigenen Haus, sondern nur über dem fremden.
- Er ist ein Glückspilz.
- Pech im Spiel, Glück in der Liebe.
- Des Einen Glück ist des Anderen Unglück.
- Niemand kann in die Zukunft schauen.
- Das ist Zukunftsmusik.
- Träume sind Schäume.
- Das fällt mir nicht im Traum ein!
- Warum in die Ferne schweifen, wenn das Gute liegt so nah.
- Zufriedenheit ist der größte Reichtum.
- Glück im Unglück haben
- wunschlos glücklich sein
- etwas auf gut Glück tun

4. Spiele

Hier noch einmal das Originalgedicht von Rudolf Otto Wiemer:

Zeitsätze

Als wir sechs waren, hatten wir Masern.
Als wir vierzehn waren, hatten wir Krieg.
Als wir zwanzig waren, hatten wir Liebeskummer.
Als wir dreißig waren, hatten wir Kinder.
Als wir dreiunddreißig waren, hatten wir Adolf,
Als wir vierzig waren, hatten wir Feindeinflüge.
Als wir fünfundvierzig waren, hatten wir Schutt.
Als wir achtundvierzig waren, hatten wir Kopfgeld.
Als wir fünfzig waren, hatten wir Oberwasser.
Als wir neundundfünfzig waren, hatten wir Wohlstand.
Als wir sechzig waren, hatten wir Gallensteine.
Als wir siebzig waren, hatten wir gelebt.

Wiederholung

1. Intonation

Das wichtigste Merkmal der Intonation ist die Veränderung der Tonhöhe. Wir markieren starke Tonhöhenveränderung am Ende von Intonationsgruppen oder Sätzen mit Intonationspfeilen wie folgt:

($\downarrow$) = fallend ($\uparrow$) = steigend ($\rightarrow$) = gleichbleibend

Beispiel:
Das Kaninchen war anfänglich an der Spitze der Klasse, ($\rightarrow$) aber es mußte später von der Schule abgehen. ($\downarrow$) Mußte es wirklich die Schule verlassen? ($\uparrow$)

Wichtig für die Intonation sind aber auch die Dauer eines Lautes, die Lautstärke und die Akzente. An den Akzentstellen verändert sich immer auch die Tonhöhe.

2. Akzente auf verschiedenen Ebenen

Es gibt vier relevante Ebenen für Akzente (Betonung) (vgl. auch STUFEN 3, S. 195):

— Wort
— Akzentgruppe (Wortgruppe)
— Intonationsgruppe (Sinngruppe)
— Satz (Ausspruch)

Wort und Akzentgruppe haben **immer nur einen** (Haupt-)Betonungsakzent.

Wort: *das — Kaninchen — war — anfänglich — an — der — Spitze — der — Klasse*

Akzentgruppe: *das Kaninchen — war anfänglich — an der Spitze — der Klasse*

Intonationsgruppen und Sätze haben **mindestens einen** Akzent:

Intonationsgruppe: *das Kaninchen war anfänglich an der Spitze der Klasse*

Satz: *Das Kaninchen war anfänglich an der Spitze der Klasse, aber es mußte später von der Schule abgehen.*

Die Zahl der realisierten (bzw. hörbaren) Akzente hängt auch von der Sprechgeschwindigkeit ab.

Fazit: Je größer die gesprochene Einheit und je höher die Sprechgeschwindigkeit, desto weniger Akzente gibt es pro Einheit.

Aufgabe 1: Sprechen Sie bitte den Satz oben mit allen Wortakzenten. Wie wirkt diese Sprechweise?

Im Satz (und in längeren Intonationsgruppen) gibt es einen Hauptakzent (_) und einen oder mehrere Nebenakzente (_). Der Hauptakzent liegt auf dem Wort mit der wichtigsten Information, und dieses steht — bei sachlicher Redeweise — meist gegen Ende des Satzes. (Vgl. Phonetik 10. Thema — Rhema S. 253 sowie STUFEN 2, S. 179.)

Aufgabe 2: Markieren Sie im Vorlesetext „Schule der Tiere" (S. 47/48) die Satzakzente, und vergleichen Sie die Realisierung beim Vorlesen mit dem Tonband.

3. Pausen und Rhythmus

Die Grenze zwischen Akzentgruppen, Intonationsgruppen und Sätzen werden oft mit Pausen markiert. Die Pausen zwischen zwei Sätzen sind meist länger als zwischen den kleineren Redeeinheiten. Diese längeren Pausen markieren wir mit zwei Strichen (| |), die kurzen Pausen mit einem Strich (|). Dort, wo Intonationspfeile gesetzt werden können, macht der Sprecher ebenfalls oft eine Pause.

Bei schnellem Sprechen werden weniger Pausen gemacht. Pausen sowie Zahl und Stärke der Akzente sind die wichtigsten Elemente des Rhythmus.

Aufgabe: Markieren Sie im Vorlesetext „Schule der Tiere" (S. 47/48) die Intonationspfeile und Pausen bis Zeile 16. Vergleichen Sie die Ergebnisse im Plenum, und lesen Sie den Text. Vergleichen Sie danach mit dem Text auf Cassette. Welche Unterschiede stellen Sie fest?

4. Mehrsilbige Wörter (I)

Es gibt einige allgemeine Regeln für den Wortakzent (vgl. STUFEN 3, S. 194). Bei kürzeren Wörtern kann man sich den Wortakzent relativ gut merken. Schwieriger wird es bei längeren Wörtern, vor allem bei zusammengesetzten Wörtern (Komposita). Deshalb werden in jeder Einheit solche Wörter aus den jeweiligen Vorlesetexten sowie einige Zahlwörter geübt.

Aufgabe 1: Schreiben Sie die folgenden Wörter aus dem Vorlesetext (S. 47/48) auf ein Blatt, und markieren Sie den Wortakzent. Vergleich im Plenum. Schreiben Sie dann die Wörter in die passende Spalte unten, und lesen Sie im Plenum vor.

Curriculum, durchschnittlich, hoffnungslos, Schwimmunterricht, ausfallen, akzeptabel, Problemschüler, angesehen, unnachsichtig, gemaßregelt, Kletterklasse, anzuwenden, Kaninchen, anfänglich, Nervenzusammenbruch, Nachhilfeunterricht, Eichhörnchen, Flugstunden, Baumwipfel, Muskelkater, Überanstrengung, Startübungen, Präriehunde, Schulbehörde, anomaler, Schulbester, Schlußansprache

Wortakzent auf

1. Silbe	2. Silbe	3. Silbe
durchschnittlich	*Curriculum*	*akzeptabel*

Aufgabe 2: Decken Sie die Übersicht zu, und lesen Sie die Wörter darüber mit dem richtigen Wortakzent.

Aufgabe 3: Hören Sie die folgenden Zahlwörter vom Tonband, und markieren Sie den richtigen Wortakzent, also die am stärksten betonte Silbe. Lesen Sie dann die Zahlen laut vor.

a) zweiundfünfzig   b) vierundzwanzig   c) achtunddreißig
d) fünfundvierzig   e) neunundneunzig   f) siebenundsechzig

5. Einschübe (Parenthesen)

Aufgabe 1: Hören Sie den folgenden Satz zweimal vom Tonband:
Es war einmal — selbst die jüngsten Kinder erinnern sich noch daran — eine große Kaninchenfamilie.

Der Satz zwischen den Gedankenstrichen (— *selbst ... daran* —) ist in den Hauptsatz eingeschoben.
Es war einmal   eine große Kaninchenfamilie.

— selbst die jüngsten Kinder erinnern sich noch daran —

(Statt Gedankenstrichen können vor und hinter dem Einschub auch Kommas oder Klammern stehen.)

Aufgabe 2: Hören Sie zunächst den Hauptsatz und dann den ganzen Satz mit dem Einschub. Wie wird der Einschub im Vergleich zu dem einfachen Hauptsatz gesprochen? Bitte kreuzen Sie an:

1. a) schneller ☐   b) langsamer ☐

2. a) lauter ☐   b) leiser ☐

3. Tonhöhenveränderung
   a) gering ☐   b) stark ☐

4. Vor und am Ende des Einschubs ist
   a) eine Pause ☐   b) keine Pause ☐

5. Die Intonation ist vor und nach dem Einschub
   a) fallend ☐   b) steigend ☐   c) gleichbleibend ☐

Aufgabe 3: Bitte markieren Sie in den folgenden Sätzen Akzente, Intonation und Pausen, und lesen Sie sie dann laut vor. Anschließend Kontrolle mit dem Tonband.
1. *Es war einmal — selbst die jüngsten Kinder erinnern sich noch daran — eine große Kaninchenfamilie.*

2. *Schuld daran waren die Kaninchen, die ja, wie jedermann weiß, Salatfresser sind.*

3. *Das war, ich kann mich nicht genau erinnern, wahrscheinlich kurz vor der Weltwirtschaftskrise.*

6. Vorlesetraining (I)

a) Grenzsignale
Grenzsignale können die Grenze zwischen Akzentgruppen und Intonationsgruppen markieren. Wir haben bisher die **Pausen** kennengelernt. Drei weitere Grenzsignale sind **Dehnung der letzten Akzentsilbe** (markiert durch |::| und **größere Lautstärke** (markiert durch Doppelstrich unter der Silbe) sowie **Temposteigerung** nach der Grenze (markiert durch >>>>).

Hören Sie die Beispiele:
Dehnung: *Es war einmal — selbst die jüngsten Kinder erinnern sich noch daran — ...*
[ma::l]

größere Lautstärke: *Es war ein_mal_ — selbst die jüngsten Kinder ...*

Temposteigerung: *Es war einmal — selbst die jüngsten Kinder erinnern sich noch daran — ...*
>>>>>>>>>>>>

Oft werden auch mehrere Grenzsignale gleichzeitig verwendet.

Aufgabe 1: Lesen Sie jeden der folgenden Sätze viermal, d.h. jeweils mit einem der vier Grenzsignale:
1. *Es war einmal | selbst die jüngsten Kinder erinnern sich noch daran | eine Kaninchenfamilie | die unweit von einem Rudel Wölfe lebte.*
2. *Die Wölfe erklärten immer wieder | daß ihnen die Lebensweise der Kaninchen ganz und gar nicht gefalle.*
3. *(Von ihrer eigenen Lebensweise waren die Wölfe begeistert | denn das war die einzig richtige.) ...*

Den Pausenstrich (|) nennen wir von jetzt ab **Grenzstrich**. Er steht für die o.a. vier Möglichkeiten, eine Grenze zu realisieren.

Aufgabe 2: Markieren Sie die sinnvollen Grenzen im Vorlesetext „Die Kaninchen ..." (S. 95/96) weiter bis Zeile 16. Vergleich im Plenum. Danach lesen mehrere S jeweils zwei Sätze. Vergleichen Sie dann mit dem deutschen Sprecher auf der Cassette. Welche Unterschiede stellen Sie fest?

b) Sinngruppen
Von den Einheiten Akzentgruppe, Intonationsgruppe und Satz ist die Intonationsgruppe für das „sinnfassende Lesen" besonders wichtig. Deshalb nennt man sie auch **„Sinngruppe"** oder **„Sinnschritt"**. Sie faßt jeweils so viel als sinnvolle Einheit zusammen, wie man ohne Atemholen sprechen kann.
Eine Sinngruppe kann ein (kurzer) Satz sein oder der Teil eines (längeren, komplexen) Satzes. Eine Sinngruppe kann unterschiedlich lang sein: Sie umfaßt selten mehr als zehn Wörter.

Hören Sie das folgende Beispiel (eine Sinngruppe pro Zeile):
Die Wölfe erklärten immer wieder,
daß ihnen die Lebensweise der Kaninchen ganz und gar nicht gefalle.
Von ihrer eigenen Lebensweise waren die Wölfe begeistert,
denn das war die einzig richtige.

Aufgabe 3: Markieren Sie den Vorlesetext „Die Kaninchen ..." von Zeile 17 bis zum Ende mit senkrechten Strichen zwischen den Sinngruppen in Partnerarbeit. Vergleich im Plenum. Schreiben Sie dann den Text neu wie im Beispiel oben. Markieren Sie das Zeilenende mit einem Intonationspfeil, und lesen Sie dann jeweils einen Satz laut vor. (Denken Sie daran, innerhalb einer Zeile nicht neu zu atmen. Sie können aber z. B. zwei kurze Sinngruppen ohne Atempause sprechen.) **Danach Vergleich mit der Cassette.**

7. Mehrsilbige Wörter (II):
Aufgabe 1: Unterstreichen Sie alle Wörter mit drei und mehr Silben im Vorlesetext „Die Kaninchen, ..." (S. 95/96). Schreiben Sie sie dann mit Wortakzent auf einen Zettel und nach Korrektur in die folgende Übersicht. Lesen Sie danach die Wörter laut vor.

1. Silbe	2. Silbe

3. Silbe	4. Silbe

Aufgabe 2: Hören Sie die folgenden Zahlwörter vom Tonband, und schreiben Sie sie in Worten auf die Linien unten. Markieren Sie den richtigen Wortakzent, und lesen Sie die Zahlen vor.

a) _____   b) _____   c) _____

d) _____   e) _____   f) _____

8. Grenzsignale bei Relativsätzen

Aufgabe 1: Hören Sie sich die beiden folgenden Sätze genau an:

a) *Hunde, die bellen, beißen nicht.*
b) *Seine Hunde, die selten bellen, beißen nicht.*

Aufgabe 2: Bitte kreuzen Sie an:

Vor und nach dem Relativsatz ist in	Satz a)	Satz b)
ein Grenzsignal (z. B. Pause)		
kein Grenzsignal		

In Satz a) ist der Relativsatz notwendig, um zu wissen, welche Hunde gemeint sind. Der Relativsatz schränkt die Bedeutung von *Hunde* ein. Es handelt sich um einen **notwendigen** Relativsatz. In Satz b) ist der Relativsatz nicht notwendig, um zu verstehen, auf welche Hunde sich der Sprecher bezieht. Es handelt sich um einen **freien** Relativsatz.
Vor (und eventuell nach) **notwendigen** Relativsätzen wird <u>keine</u> Pause (oder ein anderes Grenzsignal, siehe 6. oben) realisiert. Vor (und eventuell nach) **freien** Relativsätzen wird **ein Grenzsignal** — meist eine Pause — realisiert. Freie Relativsätze sind auch Einschübe (s. Phonetik 5, S. 250) und werden wie diese gesprochen.

Test zur Unterscheidung von notwendigen und freien Relativsätzen:

> Bei nicht notwendigen Relativsätzen kann man oft ***übrigens*** hinzufügen:
>
> *Seine Hunde, die <u>übrigens</u> selten bellen, beißen nicht.*

Aufgabe 3: Welche der folgenden Sätze enthalten notwendige und welche freie Relativsätze? Markieren Sie die Sätze entsprechend, und lesen Sie sie laut vor. Danach Vergleich mit dem Tonband.

1. *Die Katze lebte in einem Pappkarton, den sie zufällig im Keller entdeckt hatte.*
2. *Sie fürchtete den Augenblick, an welchem sie den Karton verlassen mußte.*
3. *Im Karton saß die andere Katze, die vollkommen schwarz war.*
4. *Es handelte sich um eine Katze, die furchtbar zitterte und stotterte.*
5. *Der einzige, den es im Kampf erwischte, war der Pappkarton.*

9. Der Ton macht die Musik

Aufgabe 1: Bitte hören Sie jeden Beispielsatz dreimal, jeweils mit verschiedenem Ausdruck:

 = freundlich   = neutral   = unfreundlich, grob

Zeichnen Sie nach dem Hören die entsprechenden Gesichter in die Übersicht:

a) Woher kommen Sie?

b) Geben Sie das Frau Hoppe.

c) Wie konnte das denn passieren?

d) Können Sie mir sagen, wer das hier gemacht hat?

e) Das ist wirklich eine schöne Überraschung.

Satz \ Version	1	2	3
a			
b			
c			
d			
e			

<u>Aufgabe 2:</u> Wie unterscheidet sich die freundliche von der groben Version? Bitte ergänzen Sie:

☺   ☹

	☺	☹
Tonhöhenbewegung	_____	_____
Lautstärke	_____	_____
Tempo	_____	_____

<u>Aufgabe 3:</u> Sprechen Sie jeden Beispielsatz dreimal, zuerst neutral, dann freundlich, dann grob.

10. Vorlesetraining (II)

Thema-Rhema

Bei Sätzen mit einer Thema-Rhema-Gliederung gibt es eine gute Hilfe für die Festlegung des Hauptakzents.

Thema ist das, worüber gesprochen oder etwas gesagt wird. Das Thema ist für die Redepartner meist bekannt aufgrund
— des vorher Gesagten
— der Rede- oder Textsituation
— des Weltwissens (z. B. des 'gesunden Menschenverstandes')

Rhema ist die (oft neue und unerwartete) Information über das Thema.
Das Rhema eines Satzes wird oft zum Thema des folgenden Satzes bzw. der folgenden Sätze.

Beispiel: |*Eine Witwe*| |*hatte zwei Töchter*|.
              Thema   Rhema

    |*Die eine*| |*war schön*|, |*die andere*| |*war häßlich*|.
    Thema   Rhema   Thema   Rhema

Das Rhema (oder ein Teil des Rhemas) kann auch vor dem Thema stehen!

Wir sprachen über Spinnen. Ich hasse Spinnen.
         Rhema   Rhema   Thema

Es gibt auch Sätze, die nur aus einem Rhema bestehen!

In Sätzen mit Thema-Rhema-Gliederung liegt der **Hauptakzent immer im Bereich des Rhemas.** Wenn es dort mehrere Wörter gibt, die einen Akzent tragen können, dann erhält das Wort mit dem größten Informationswert den Hauptakzent (sehr oft ein Nomen!). Dies ist wiederum meist das <u>letzte</u> akzentuierbare Wort im Rhema-Bereich:

Beispiel:

Die eine |*war schön und fleißig*|, *die andere* |*war häßlich und faul*|.
          Rhema   Rhema

<u>Aufgabe:</u> Markieren Sie im Vorlesetext „Der Nachtvogel" (S. 141/142) in allen Sätzen mit klarer Thema-Rhema-Gliederung jeweils den rhematischen Bereich. Tragen Sie dort zunächst die Satzakzente und danach Intonationspfeile und Grenzsignale ein. Kontrollieren Sie Ihre Einträge mit Hilfe des Tonbandes.

Ein Junge hatte immer große Angst, wenn er nachts allein in der Wohnung sein mußte. Seine Eltern gingen oft am Abend fort.

Dann konnte der Junge vor Angst nicht einschlafen. Er hörte etwas rauschen, und das war, als ob jemand im Zimmer atmete ...

11. Mehrsilbige Wörter (III)

Aufgabe 1: Unterstreichen Sie alle Wörter mit drei und mehr Silben im Vorlesetext „Der Nacht-vogel" (S. 140/141). Schreiben Sie sie dann mit Wortakzent auf einen Zettel und nach Korrektur in die folgende Übersicht:

1. Silbe   **2. Silbe**

_____ | _____   _____ | _____

_____ | _____   _____ | _____

_____ | _____   _____ | _____

_____ | _____   _____ | _____

_____ | _____

_____ |

Aufgabe 2: Lesen Sie jetzt die Sätze mit den unterstrichenen Wörtern im Vorlesetext (S. 140/141) laut vor.

Aufgabe 3: Hören Sie die folgenden sechs Zahlwörter, und schreiben Sie sie auf die Linien unten. Achten Sie beim zweiten Hören auf den Nebenakzent. Markieren Sie dann Haupt- und Neben-akzent wie in a).

a) *neunhundertzwanzig* _____

b) _____

c) _____

d) _____

e) _____

f) _____

12. Interjektionen (Wiederholung und Ergänzung)

Interjektionen drücken Gefühle, körperliche Empfindungen und Einstellungen des Sprechenden aus (vgl. STUFEN 3, S. 189). Sie dienen aber auch dazu, Gespräche zu strukturieren.

__Aufgabe 1:__ **Hören Sie die Interjektionen unten vom Band, und sprechen Sie sie jeweils nach.** In den Kästchen hinter den Interjektionen ist die Intonation (genauer: das Tonmuster) angegeben:

☐ steht für kurze Dauer   ☐ steht für längere Dauer

__Aufgabe 2:__ **Hören Sie für jede Interjektion eine Beispielsäußerung, und schreiben Sie dann die Bedeutungen jeweils hinter die passende Interjektion.**
(Bei den neuen Interjektionen ist die Bedeutung schon angegeben.)

Überraschung, freudige Überraschung, Enttäuschung/Mitgefühl, Schmerz, Abscheu/Ekel, Bewunderung, angenehmes Gefühl (z. B. bei Wohlgeschmack), Ratlosigkeit, freundliche Kontaktaufnahme, Zustimmung, Nicht-Zustimmung, Nachdenken/Zweifel, Resignation

1. ach	＼	*Ablehnung, Einschränkung,*	14. huhu̲	—	*Angst, Furcht*
2. ach	＼		15. iih	∧	
3. ä ä	⊓		16. igi̲tt	＼	*Abscheu, Ekel*
4. äh	—	*Zögern, Verlegenheit*	17. na	∨ ／	
5. ah	∧		18. na	＼	
6. ah	＼		19. oh	∧	
7. aha̲	＼ ＼	*Erstaunen, plötzliche Einsicht*	20. oh	＼	
8. au	∧ ＼		21. oh	＼	
9. bäh	＼	*Geringschätzung*	22. öh	—	*Zögern, Verlegenheit*
10. hm	∧		23. ooooch	⌐	
11. hm	—		24. oje̲	＼	*Überraschung, Bestürzung,*
12. hm	＼		25. pfui	＼	*Abscheu, Ekel*
13. hm	∨		26. tja	＼	

255

Aufgabe 3: Setzen Sie in den folgenden Dialog die passenden Interjektionen ein:

(Zwei Freundinnen treffen sich auf der Straße.)

A: _____, gut, daß ich dich sehe, Brita.

B: Grüß dich, Anne. (bewundernd) _____, hast du einen neuen Mantel?

A: (nicht zustimmend) _____, den hab ich schon ein halbes Jahr. Du, (zögernd) _____, ich muß dich was fragen: Hast du eigentlich dem Patrick gesagt, daß ich ihn nicht leiden kann?

B: (ablehnend) _____, das ist doch Unsinn.

A: (ratlos) _____, dann versteh' ich nicht, warum ...

B: Also ich hab nur mal erwähnt, daß du ihn für etwas egoistisch hältst und ...

A: (bestürzt) _____, wie kannst du denn so was sagen!

B: So direkt hab' ich's ja auch nicht gesagt.

A: Ist ja auch egal. (resigniert) _____, und was machen wir jetzt?

B: (nachdenklich) _____, das weiß ich auch nicht. ...

Aufgabe 4: Hören Sie den Dialog oben vom Tonband, und korrigieren Sie eventuell Ihre Einträge.

Aufgabe 5: Lesen Sie den Dialog mit verteilten Rollen vor. Achten Sie auf die Tonmuster der Interjektionen.

13. Vorlesetraining (III): Reduktion der Markierungshilfen

Arbeitsschritte:

1. Den Vorlesetext „Maßnahmen gegen die Gewalt" (S. 191) in Kleingruppen abwechselnd vorlesen und Problemstellen markieren.
2. Text zweimal von Cassette hören und an <u>Ihren</u> Problemstellen die entsprechenden Markierungen für Akzente oder Intonation oder Grenzsignale oder Dehnung/Lautstärke oder Tempo in den Text eintragen.
3. Vorlesen üben (möglichst auf Übungscassette)
4. Vorlesen des (teil-)markierten Textes im Plenum
5. Vorlesen des unmarkierten Textes im Plenum

14. Satzphonetik (I)

Aufgabe: Welche der beiden Äußerungen (a oder b) hören Sie? Markieren Sie wie im Beispiel:

1. a) Sie war ein Jahr in einer Privatschule. ☒
   b) Sie waren ein Jahr in einer Privatschule. ☐

2. a) Gib du sie ihm doch bitte. ☐
   b) Gib du es ihm doch bitte. ☐

3. a) Das gehört mir wirklich nicht. ☐
   b) Das gefällt mir wirklich nicht. ☐

4. a) Warum hast du ihm den nicht mitgebracht? ☐
   b) Warum hast du ihn denn nicht mitgebracht? ☐

5. a) Habt ihr ihn gestern abend noch angerufen? ☐
   b) Hat er ihn gestern abend noch angerufen? ☐

6. a) Habt ihr es ihnen denn immer noch nicht gegeben? ☐
   b) Habt ihr es ihm denn immer noch nicht gegeben? ☐

15. Dialekt und Standardsprache

Aufgabe 1: Hören Sie die folgenden Sätze mehrmals zunächst in der Standardsprache und dann in verschiedenen Dialekten (Plattdeutsch, Berlinisch, Sächsisch, Rheinisch, Schwäbisch, Wienerisch, Zürichdeutsch). Achten Sie auf die Abweichungen. Versuchen Sie dann nach nochmaligem Hören, die Dialektsätze nachzusprechen.

1. Geht es euch gut?
2. Ich verstehe dich nicht.
3. Kennen wir uns eigentlich?
4. Woher bist du denn?
5. Das macht mir nichts aus.

Aufgabe 2: In ⒟ ⒜ ⒞⒣ : Diskutieren Sie dann eventuell die Entsprechungen im Dialekt der Region Ihres Kursortes (wenn er oben nicht enthalten ist).

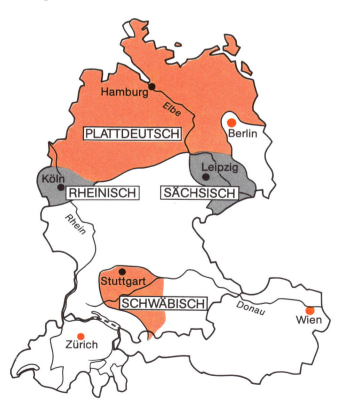

Aufgabe 3: Versuchen Sie — mit Hilfe von L — den folgenden Witz in den Dialekt Ihrer Kursort-Region umzuschreiben und dann zu erzählen.

„Helmut", fragt sein Freund Peter, „du weißt doch immer alles. Kannst du mir erklären, was drahtlose Telegrafie ist?"

„Also, das ist so: Du stellst dir einen ganz langen Hund vor, der von München bis Berlin reicht. Wenn du den Hund in München in den Schwanz piekst, dann bellt er in Berlin. Das ist Telegrafie. Drahtlose Telegrafie ist genau so. Nur ohne Hund."

Aufgabe 4: Dialekt-Poster

Sammeln Sie im Laufe des Kurses Wörter und Wendungen im Dialekt der Kursort-Region, die besonders stark von der Standardsprache abweichen. Schreiben Sie diese dann auf ein im Kursraum aufgehängtes Poster, das man in einzelne Lautgruppen unterteilen kann.

München	
Dialekt	Standard
[ua → u:]	
guat	*gut*
moch zua	*mach zu*
[i → iç]	
di	dich

16. Mehrsilbige Wörter (IV)

Aufgabe 1: Unterstreichen Sie alle Wörter mit drei und mehr Silben im Vorlesetext (S. 191). Schreiben Sie sie dann mit Wortakzent auf einen Zettel und nach Korrektur in die folgende Übersicht:

1. Silbe   2. Silbe

_____ | _____ | _____ | _____
_____ | _____ | _____ | _____
_____ | _____ | _____ | _____
_____ | _____ | _____ | _____
_____ | _____ | _____ | _____

5. (= letzte) Silbe

_____

Aufgabe 2: Lesen Sie jetzt die Sätze mit den unterstrichenen Wörtern im Vorlesetext (S. 191) laut vor.

Aufgabe 3: Hören Sie die folgenden sechs Zahlwörter, und schreiben Sie sie auf die Linien unten. Bei solch langen Wörtern gibt es oft mehrere Nebenakzente. Achten Sie beim zweiten Hören besonders auf diese Nebenakzente. Markieren Sie dann den Hauptakzent und die Nebenakzente.

a) _____

b) _____

c) _____

d) _____

e) _____

f) _____

17. Satzphonetik (II)

Aufgabe: Bitte hören Sie zunächst den folgenden Dialog. Übertragen Sie dann beim zweiten Hören die phonetische Umschrift in Normalschrift, und ergänzen Sie die „fehlenden" Laute:

A: vas   li:sdn̩   da?

Was   liest   du   denn   da?

B: n̩   tɔləs   buːx.

A: voːrʊm   geːtsn̩   daː?

B: da ısoːn   ʒɔnalıst   mıt   saı̯m   hʊnt   n̩

gantsəs   jaː   dʊʁç   dɔy̯tʃlant   gəvandɐt.

A: fınd   ıç   tɔl!

B: aːbɐ   sıst   ʊnglau̯plıç,   vas deːɐ   aləs   ɛɐleːpt   hat.

A: kanstəs   mıɐ maːn̩   paː   taːgə   laı̯n̩?

B: ıçaps   fast   au̯sgəleːzn̩,   dan kanstəs   haːm̩.

am   ʃlʊs   wıʁts   aːbɐ   rıçtıç   traurıç.

A: viːzoː?   vas   ısn̩   da   pasiːɐt?

B: saı̯n   hʊnt   fɛlt   ın   kanaːl   ʊnt ...   aːbɐ   das   mʊsdə

sɛlbɐ   leːzn̩,   sɔnst   ısəs   ja   nıç   meːɐ   ʃpanənt.

18. Mehrsilbige Wörter (V)

Aufgabe 1: Unterstreichen Sie alle Wörter (auch die Zahlen!) mit drei und mehr Silben im Vorlesetext „Das letzte Kapitel" (S. 243). Schreiben Sie sie dann mit Wortakzent auf einen Zettel und nach Korrektur in die folgende Übersicht:

1. Silbe		2. Silbe	

3. Silbe

Aufgabe 2: Lesen Sie jetzt die Sätze mit den unterstrichenen Wörtern im Vorlesetext (S. 243) laut vor.

Aufgabe 3: Schreiben Sie die folgenden Zahlen mit den richtigen Akzenten aus, und zwar zuerst als Zahlwort (Z), und dann als Jahreszahl (J). Hören Sie dann das Tonband zur Kontrolle, und korrigieren Sie eventuell die Akzente.

a) 1933

Z: _____

J: _____

b) 1288

Z: _____

J: _____

c) 1521

Z: _____

J: _____

d) 1648

Z: _____

J: _____

Aufgabe 4: Wenn man Zahlen (auch Jahreszahlen) in einer Reihe liest, dann hat immer der Teil den Hauptakzent, der sie von der vorhergehenden Zahl unterscheidet.

Beispiel:
sechsunddreißig, siebenunddreißig, achtunddreißig ...

Schreiben Sie die folgenden Zahlen mit Akzentmarkierungen auf. Kontrollieren Sie dann mit dem Tonband, und lesen Sie die Zahlen laut vor:

Zahlen:

a)   97 _____ .

96 _____ , 97 _____ , 98 _____ .

b)   4671 _____ .

4670 _____ , 4671 _____ ,

4672 _____ .

Jahreszahlen: 1984 _____ ,

1983 _____ , 1984 _____ ,

1985 _____ .

Die folgenden Vorschläge zur Textarbeit sind sehr allgemein. L bzw. die Kleingruppe muß deshalb bei dem jeweiligen Text überlegen, welche Vorschläge übernommen werden sollen.

Zusätzlich zu diesen allgemeinen Vorschlägen bieten wir zu einzelnen Texten **weitere Aufgaben** an. Diese haben zwei Funktionen. Sie sollen

— **konkrete Beispiele** für einige der Arbeitsschritte unten sein,

— **zusätzliche Möglichkeiten** aufzeigen, die der jeweilige Text anbietet.

Die Kleingruppe, die einen Lesetext bearbeitet, sollte sich zunächst immer an den Vorschlägen unten orientieren und dann überlegen, an welcher Stelle diese zusätzlichen Arbeitsmöglichkeiten bzw. weitere am besten eingefügt werden können.

Die Texte, die ein relativ großes Zusatzangebot haben, bieten sich darüber hinaus für eine **gemeinsame Textarbeit im Plenum** an, ohne daß sie vorher von einer Kleingruppe intensiver behandelt und vorgestellt worden sind.

I. Sachtexte

A Einzel- und Kleingruppenarbeit

1. Textauswahl und Bildung von Kleingruppen
— Bitte sehen Sie sich die Überschriften und eventuell vorhandene Illustrationen, Fotos, Grafiken, Hervorhebungen im Text (z. B. fettgedruckte Teile) sowie Autorennamen und Quellenangaben an.
— Wählen Sie einen Text aus, und bearbeiten Sie „Ihren" Text in einer Kleingruppe.

2. Vermutungen über Art und Inhalt des Textes
— Was für ein Text ist das? Wo könnte er stehen?
— Worum geht es Ihrer Meinung nach in dem Text?
— Ein S notiert alle Erwartungen der Kleingruppenmitglieder an den Text.

3. Schnelles Überfliegen des Textes (Grobverständnis)
— Lesen Sie den Text in Einzelarbeit einmal kurz durch, und machen Sie sich ein ungefähres Bild von Art, Funktion und Inhalt des Textes.
— Konzentrieren Sie sich auf
  ● internationale Wörter, auf Namen, Nomen,
  ● bekannte Teile in Komposita und Ableitungen,
  ● Verben, Zahlen und Negationswörter.

4. Vergleich mit Vermutungen über den Textinhalt
Stimmen Ihre Erwartungen und Vorhersagen (s. 2.) mit dem Text überein?

5. Auf Hauptinformationen gerichtetes Lesen
Lesen Sie den Text noch einmal in Einzelarbeit durch, und markieren Sie dabei (farbig) die Ihrer Meinung nach wichtigsten Wörter/Wortgruppen (= Kernwörter).

6. Bestimmen und Bedeutungserklärung der Kernwörter
— Vergleichen Sie die unterstrichenen Kernwörter in der Kleingruppe. Ein S notiert die Kernwörter der Gruppe.
— Tragen Sie neuen Wortschatz in Ihre Wortschatzkartei ein.
  (Wörterbücher nur im Notfall benutzen.)

7. Markieren von „Textkonnektoren"
Markieren Sie (mit Bleistift) z.B. Konjunktoren, Subjunktoren und verweisende Elemente wie Pronomen, Adverbien und entsprechende Phrasen *(er, das, deshalb, dort, aus diesem Grund, daran anschließend ...).*

8. Textzusammenfassung
Formulieren Sie gemeinsam die Hauptinformationen Ihres Textes anhand der notierten Kernwörter und Textkonnektoren.

9. Weiterführende Fragen, interkultureller Vergleich
Überlegen Sie sich einige weiterführende Fragen zum Text bzw. zum interkulturellen Vergleich, und stellen Sie diese im Plenum zur Diskussion (s. B 5. unten).

B Arbeit im Plenum

1. Schnelles Überfliegen des Textes (Grobverständnis)
Alle S lesen den Text kurz durch (wie A 3.)

2. Klären von Verständnisschwierigkeiten
Die jeweilige Gruppe beantwortet Fragen aus dem Plenum zu Inhalt, Wortschatz, Grammatik usw. des von ihr bearbeiteten Textes.

3. Vortrag der Textzusammenfassung
Ein Mitglied der jeweiligen „Textgruppe" trägt die Textzusammenfassung vor.

> *Der Text handelt von ...*
> *In diesem Text geht es um ...*
> *(Das)Thema dieses Textes ist ...*

4. Stilles Lesen zur Verständnisfestigung

5. Gespräch, Diskussion über weiterführende Fragen
Die S aus der jeweiligen Textgruppe stellen dem Plenum ihre weiterführenden Fragen bzw. Fragen zum interkulturellen Vergleich vor. Dabei leitet eine/r von ihnen das Gespräch.

(Häusliche Leseübungen mit der Lesefolie (s. STUFEN 3, S. 41) zum Üben von antizipierendem und rekonstruierendem Lesen.

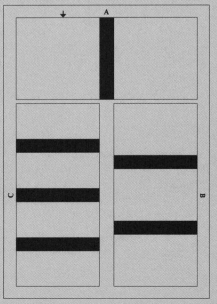

II. Literarische Texte

Zur Erarbeitung des Inhalts eines literarischen Textes kann man den meisten Vorschlägen unter I A und B folgen.

X. beschreibt/berichtet daß/wie...
X. erzählt (hier) von...

Neben dem inhaltlichen Verstehen sind bei literarischen Texten aber noch andere Dinge wichtig. Dazu einige Fragen und Anregungen:

a) Wie wirkt der Text auf Sie? Was gefällt Ihnen? Was nicht?
b) Was fällt Ihnen auf, bzw. was ist anders als in Sachtexten, z. B.:
   — Satzbau (lange, kurze, einfache, komplexe Sätze, Satzverbindungen ...)
   — Wortwahl (Wörter aus der Umgangssprache, ungewöhnliche Wörter ...)
   — Stilebene (Alltagssprache, gehobene Sprache, veraltete Sprache ...)
   — Besonders bei Gedichten: Enthält der Text spezielle sprachliche Mittel wie Reim, Rhythmus, Alliteration ...?
c) Was bewirken die oben genannten sprachlichen und stilistischen Mittel im Text?
d) Kulturvergleich (s. III unten).

III. Freie Weiterarbeit mit den Texten

Wo immer möglich sollte — bei Sachtexten und besonders bei literarischen Texten — die Textarbeit schöpferisch über den Text hinausgehen. Dazu einige Anregungen, für die es bei den Texten zum Leseverstehen eine Reihe konkreter Beispiele gibt. (Jeweils ein Beispiel in Klammern angeführt):

— Rollenspiel (E 1, Text 2)
— Interview mit einer Person des Textes (E 3, Text 1)
— Interviews in der Gruppe zum Thema (E 5, Text 3)
— Erfinden von Textteilen (E 2, Text 1) bzw. Schluß (E 3, Text 6)
— Umformung in andere Textsorte (z. B.: Interview in Zeitungsbericht) (E 3, Text 1)
— Perspektivenwechsel: Geschichte/Information aus Sicht einer anderen Person (innerhalb oder außerhalb des Textes) wiedergeben (E 3, Text 1)
— Textinhalt als mündlicher Bericht (E 1, Text 6)
— Bericht über eigene Erfahrungen zum Thema (E 1, Text 3)
— Kommentar zum Textinhalt (E 5, Text 6)
— andere Handlung mit denselben Personen erfinden (E 2, Text 1)
— freie Texte zu Textsorte/Thema (E 1, Text 8)
— Kulturvergleich:
   ● Handlung oder Information des Textes in eigene Realität übertragen (E 5, Text 3)
   ● ähnliche Inhalte und Textsorten aus eigener Kultur vorstellen (E 2, Text 2)
— Diskussion zu weiterführenden Fragen der jeweiligen „Textgruppe" (siehe I. A 9.) unter besonderer Berücksichtigung des interkulturellen Vergleichs

Wortschatz, Wortbildung, Redemittel

2. b) 1. **Auf** diesem **Bild** sieht **man** ein traditi**onelles** Klassenzimmer. 2. **Vor** der **Klasse** sitzt **ein** relativ al**ter** Lehrer **an** seinem Ti**sch**. 3. Er hält ein Bu**ch** in **den** Händen, **aus** dem **er** vorliest. 4. Ne**ben** ihm **an** der W**and** hängt **eine** große Ta**fel**. 5. Weil d**er** Unterricht offen**si**chtlich sehr langwei**lig** ist, h**a**ben die Schüler Figuren **aus** Pappe ge**macht** und **auf** die Tische gestellt. 6. **Im** Vordergrund sieht man, **wie** die Schüler hinter d**er** letzten Stuhlreihe zur Tür kriechen **und** aus d**em** Klassenzimmer versch**winden**. 7. **Der** Lehrer sch**eint** nichts **zu** bemerken **und** liest weiter aus sei**nem** Buch **vor**.

4. 1. studiert 2. lernt, studieren 3. lernt 4. studieren 5. lernen 6. lernen

5. f) 1. lernfähig 2. lernbar 3. lernfähig 4. lernbar 5. lernbar 6. lernfähig 7. lernbar

6. 1. Lernertypen 2. Lernmethode 3. Lernpsychologie 4. lernbereit 5. lernfähig 6. erlernen 7. ausgelernt 8. weiterlernen 9. verlernen 10. kennenlernen

7. a) **De**zentralisierung, **Des**interesse, **Dis**harmonie, **im**mobil, **in**tolerant, **ir**real, **un**sozial

7. c) 1. interessieren sich, Interesse 2. harmonisch 3. Disharmonie 4. Toleranz 5. Intoleranz, sozialer 6. realitätsbezogen

8. 2. Weil sie sich umschulen lassen wollen. 3. Weil sie beruflich mobil sein wollen. 4. Weil sie beruflich aufsteigen wollen. 5. Weil sie veraltete Kenntnisse auffrischen wollen. 6. Weil sie ihre beruflichen Kenntnisse erweitern wollen. 7. Weil sie sich an die neue Entwicklung anpassen wollen.

Berichten, Schreiben, Bearbeiten

3. 1. Gib 2. Nimm 4. mitgenommen 5. bring 6. holen, bringt mit

4. 1. bringen 2. geben 3. holt, mitbringen 4. nehmen 5. mitgebracht 6. bringt, mitnehmen 7. abholen 8. mitbringen

5. b) 1. sah/bemerkte 2. beobachtete 3. ansehen/anschauen 4. starrten/glotzten 6. warf ... einen Blick, nachsehen 7. sah/schaute 8. sah/bemerkte, nachsehen 9. beobachtet, nachzusehen, (hinein)sah/schaute 10. starrte 11. blickte/sah/schaute ... an

6. 1. Mir **ist** in d**er** Schule m**al** was **sehr** Komisches passiert. 2. Ich glaub', d**as** war in der zweiten Klasse, od**er** so. 3. Wir h**a**tten hinter uns**erer** Schule s**o** 'nen Garten, und da haben w**ir** oft in der Pause gespielt. 4. Ein**mal** hab' ich da **ein** paar Schnecken entdeckt, u**nd** als die Pause d**ann** rum war, hab' ich sie einf**ach** in d**as** Klassenzimmer mitge**nommen** und in meinem Pult versteckt. 5. **Im** folgenden Unter**richt** hab' ich dann nat**ürlich** dauernd an meine Schn**ecken** gedacht **und** als wir dann ein**en** kurzen Test geschrieben **haben**, hab' ich zwischendurch imm**er** mal in mein Pult reingesehen. 6. Ich wollte nachs**ehen**, ob m**eine** Schnecken noch **am** Leben waren. 7. Nat**ürlich** hat d**ie** Lehrerin d**as** bemerkt, **und** wahrscheinlich h**at** sie gedacht, d**aß** ich was **im** Buch nachse**hen** wollte. 8. Schlie**ßlich** ist s**ie** an mein Pult gekommen, und w**as** meint **ihr**, was d**ie** für A**ugen** gemacht h**at**, als s**ie** gesehen h**at**, was da drin **war**?

Grammatik

2. a) gearbeitet **hatte**, gegangen **war**, **hatte** schlafen können

2. b) *sein/haben* + **Partizip Perfekt**
hatte + **zwei Infinitive**

3. a) 2. gesessen hatte, merkte, behalten hatte 3. ging 4. vorbereitet hatte, schrieb 5. kam 6. wollte 7. war, mußte 8. setzte, versuchte 9. geschlafen hatte, konnte 10. beschloß 11. stellte 12. aufwachte, war, fuhr 13. hatte ... geklingelt, hatte ... gehört 14. geduscht (hatte), gegessen hatte, rannte 15. gewartet hatte, wurde 16. verpaßt hatte 17. schien, stand 18. ging 19. konnte 20. angekommen war/ankam, wollte, gewesen war 21. antwortete 22. lachte, zeigte 23. war 24. war

4. a) 2. wird gewickelt 3. wird herumgetragen 4. wird (vom Vater) gebadet 9. wird geschickt

5. a) Präteritum: **wurde | mußte** Perfekt: **ist – worden | hat – müssen**
Plusquamperfekt: **war – worden | hatte – müssen**

6. a) 2. beigebracht werden 3. gewöhnt werden 4. begonnen werden 5. angehalten werden 6. bestraft werden 7. geschlagen werden 8. behandelt werden

10. a) 1. **wären**, dann **wären** sie nett zu den kleinen Fischen 2. **wären**, dann **ließen** sie im Meer gewaltige Kästen für die kleinen Fische bauen/**würden** ... **bauen lassen** 3. **wären**, (dann) **würden** sie natürlich dafür sorgen, daß die kleinen Fische immer sauberes Wasser hätten, und sie **würden** auch sanitäre Maßnahmen für sie treffen. 4. **wären**, **würden** sie einem kleinen Fischlein gleich einen Verband machen, wenn es sich die Flosse verletzen würde 5. **wären**, **gäbe** es große Wasserfeste, damit die kleinen Fischlein nicht trübsinnig werden würden

13. b) 1. **könnte**, unterrichtet (werden) **würden** 2. **müßten** ... **lernen** 3. **wäre**, beigebracht (werden) **würde** 4. **würde** ... **angeboten** (werden) 5. **wäre**, gesprochen (werden) **würde**

14. 2. **Würden Sie mir das bitte noch einmal erklären!** 3. **Dürfte ich Sie in der Pause kurz stören?** 4. **Könnte ich Sie nach dem Unterricht einmal sprechen?** 5. **Würden Sie mir hier einmal helfen!** 6. **Wäre es möglich, den Test nächste Woche zu schreiben?**

15. b) **1. Kasten:** Perfekt: **bin ... gewesen**, Plusquamperfekt: **war ... gewesen**
2. Kasten: Perfekt: **habe ... gehabt**, Plusquamperfekt: **hatte ... gehabt**, Konjunktiv II (rechts): **hätte ... gehabt**
3. Kasten: Perfekt: **habe ... lernen wollen**, Plusquamperfekt: **hatte ... lernen wollen**, Konjunktiv II: **hätte ... lernen wollen**

15. c) *(wäre-)* oder *hätte-* + **Partizip Perfekt**
hätte- + **zwei Infinitive**

15. d) 3. wenn ich **hätte lernen wollen**
4. wenn ich nicht immer etwas **vergessen hätte.**
5. wenn ich nicht so oft zu spät **gekommen wäre.**
6. wenn ich den Unterricht nicht so oft **gestört hätte.**
7. wenn ich mich nicht für Sport **interessiert hätte.**
8. wenn ich nicht so oft in Discos **gegangen wäre** und dann nicht müde **gewesen wäre.**

16. b) **1. Kasten:** Perfekt: **bin ... bestraft worden**, Plusquamperfekt: **war ... bestraft worden**
2. Kasten: Perfekt: **habe ... bestraft werden müssen**, Plusquamperfekt: **hatte ... bestraft werden müssen**

16. c) *Wäre* oder *hätte* + **Partizip Perfekt**. Bei Modalverben: **Hätte + zwei Infinitive**.

16. d) 2. wenn ich nicht so oft **hätte ermahnt werden müssen.**
3. wenn meine Eltern nicht mehrmals in die Schule **bestellt worden wären.**
4. wenn ich nicht so häufig ins Klassenbuch **eingetragen worden wäre.**
5. wenn ich nicht vor die Tür **geschickt worden wäre.**
6. wenn ich nicht öfter zum Nachsitzen **bestellt worden wäre.**

17. 2. wenn ich nicht so früh **hätte aufstehen müssen.**
3. wenn die Lehrer nicht so streng **gewesen wären.**
4. wenn wir nicht so viele Hausaufgaben **hätten machen müssen.**
5. wenn wir mehr Sport **gehabt hätten.**
6. wenn uns nicht so viel **verboten worden wäre.**
7. wenn in der Oberstufe **hätte geraucht werden dürfen.**

20. 2. als ob sie nur ihr Bestes **wollten.**
3. als ob sie sich um ihre Gesundheit **bemühen würden.**
4. als ob ihnen ihre Ausbildung am Herzen **liegen würde.**
5. als ob ihnen ihre Unterhaltung wichtig **wäre.**

21. 2. Wenn sie doch/nur/bloß nicht alles **glauben würden**, was ihnen die Haifische erzählen. 3. Wenn sie doch/nur/bloß nicht alles kritiklos **aufnehmen würden.** 4. Wenn ihnen doch/nur/bloß jemand selbständiges Denken **beigebracht hätte.** 5. Wenn doch/nur/bloß jemand die wahren Motive der Haifische **erkannt hätte.** 6. Wenn ich doch/nur/bloß den kleinen Fischlein **helfen könnte.**

Wortschatz, Wortbildung, Redemittel

9. b) 1. Die Deutschen haben eine für ihre Region typische Kleidung an, die in Bayern besonders auf dem Land an Sonn- und Feiertagen getragen wird. 2. Diese Kleidung besteht aus einer dunklen Strickjacke, einem weißen Hemd, einer dreiviertellangen (dunkel)grünen oder schwarzen Lederhose mit Hosenträgern. 3. Dazu tragen sie Kniestrümpfe aus Wolle. 4. Auf dem Kopf tragen sie grüne oder schwarze Hüte mit Federn. 5. Sie stehen auf dem Gehweg vor einem Schaufenster. 6. Der eine sieht ziemlich unfreundlich auf zwei Ausländer hinunter, die auf dem Bürgersteig sitzen. 7. Der linke hat einen Turban auf dem Kopf und trägt einen dunklen Vollbart. 8. Er hat eine helle Jacke, ein kariertes Hemd und eine einfarbige Hose an. 9. Zwischen seinen Beinen steht eine helle Umhängetasche. 10. Der andere hat dunkle Haare. 11. Er hat eine kurze Jacke an und trägt Jeans und Turnschuhe. 12. Links neben ihm steht ein kleiner Koffer.

Berichten, Schreiben, Bearbeiten

3. 1. Neues, Gefährliches 2. Fremde 3. Unbekannten 4. Töten 5. Kennenlernen 6. Überlieferte

4. a) nachdem, vorhin, daher, danach, zuvor, vorher, deshalb, bevor

4. b) 1. nachdem 2. bevor 3. zuvor/vorher 4. danach 5. deshalb/daher 6. zuvor/vorher 7. vorhin 8. nachher

4. e) 1. Bevor 2. Nachdem 3. vorher/zuvor 4. Deshalb/Daher 5. zuvor/vorher 6. danach 7. vorhin 9. Nachdem 10. Zuvor/Vorher 11. nachher, zuvor/vorher

5. 1. Ein Uhr 2. Um ein Uhr 3. Eine Stunde 4. (Für) eine Woche/einen Monat ... 5. (Für) eine Woche/... 6. Eine Woche/... 7. Eine Woche/... 8. (Für) eine Woche/...

6. b) 2. Also mußte ich ... 3. ... deshalb/deswegen brauchten wir ... 4. ... so spät ... 5. ... so lernen Sie ... 6. Also ging ich ... 7. ..., so daß ich ... 8. ... so viel zu spät ...

7. b) 1. waren 4. waren 6. Ist 7. ist/haben wir/findet statt 8. geht es um 9. ist/fehlt ein Stuhl 10. ist/liegt

8. 1. neben ihm, daneben 2. neben ihm 3. davor 4. dazwischen

9. b) 2. sitzen, setzen 3. stellten 4. legen, sitzen, standen/stehen blieben 5. legen, stellen 6. gesetzt, lagen 7. gelegt, gehängt, aufstehen 8. setzen

10. 1. schlossen 2. mußten, großen, Bussen, Gassen 3. Hochwasser, Bundesstraße, Fluß 4. gelassen, Lissabon, saß, faßte, daß, Paß, vergessen 5. Pässe 6. daß, Paß, muß

11. a) 1. Man kann sich eigentlich überhaupt nicht vorstellen, daß es heute noch solche Vorurteile gibt. 2. Also, ich hab' da neulich was erlebt — das war kurz bevor ich hierher gekommen bin. 3. Ich wollte so gegen sechs mit dem Bus nach Hause fahren, und natürlich war es ziemlich voll, weil Hauptverkehrszeit war. 4. Nur ein einziger Sitzplatz war noch frei. 5. Eine Frau wollte sich setzen, aber als sie gesehen hat, daß sie dann neben einem Farbigen sitzen würde, hat sie angefangen zu schimpfen: 6. „Neben so einen setze ich mich nicht, die sind schmutzig und stinken!" 7. Damit hatte sie einen Afrikaner gemeint. 8. Ist doch unglaublich, nicht? 9. Dabei hat sie den Mann überhaupt nicht gekannt und hatte auch gar keinen Grund, so unglaublich grob und unverschämt zu sein, und das vor allen Leuten. 10. Aber wahrscheinlich waren ihre Vorurteile so stark, daß sie ihn nur wegen seiner Hautfarbe haßte.

Grammatik

3. a) Z. B. in einen deutschen Hund, weil ...

5. a)
Zu 4. g) Obwohl er nicht reserviert hatte, hat er sich hingesetzt.
Zu 4. h) Obwohl die Kellnerin nicht viel zu tun hatte, hat sie ihn einfach nicht bedient.
Zu 4. j) Obwohl er länger als 20 Minuten warten mußte, hat er nichts gesagt.
Zu 4. k) Obwohl er nicht unhöflich war, hat er ihn beschimpft und rausgeworfen.

6. 1. Er verkleidete sich, um echt zu wirken. 2. Er färbte sich die Haare, damit man ihn nicht erkannte. 3. Obwohl wenig zu tun war, wurde er nicht bedient.

8. a) 1. Obwohl ich nicht viel Geld hatte, wollte ich während ... 2. ..., um wenigstens ein bißchen Türkisch zu sprechen. 3. Obwohl das Buch die Aussprache in phonetischer Umschrift angab, war ... 4. Um nichts Falsches einzuüben, bat ich ... 5. Obwohl ich sie zunächst gut wiederholen konnte, hatte ich ... 6. Damit mir das nicht noch mal passierte, bat ich ... 7. Um möglichst schnell Türkisch zu können, besuchte ich ... 8. Um nicht die Hälfte meines Geldes für Reisekosten auszugeben, hatte ich beschlossen ... 9. Obwohl mein türkischer Kommilitone das für keine gute Idee hielt, hatte ich ... 10. Damit die Autofahrer wußten, wohin ich wollte, hatte ich mir ... 11. Obwohl es von hier in die Türkei über 2000 km sind, war ich ... 12. Um die historischen Sehenswürdigkeiten kennenzulernen, machte ich ... 13. Um mein Türkisch beim Einkaufen anzuwenden, ging ich ... 14. Damit die Türken nicht immer Englisch mit mir sprachen, tat ich immer so, als ob ich ... 15. Obwohl die Leute auf dem Land meist ziemlich arm sind, sind sie ... 16. Damit mich die Leute verstanden, mußte ich ... 17. Damit meine Kommilitonen etwas mehr über die Türkei und die Türken erfahren, will ich ...

8. b) 2. ... damit ich wenigstens ein bißchen Türkisch sprechen **konnte**. 7. ... damit ich möglichst schnell Türkisch **konnte**. 8. ... damit ich nicht die Hälfte ... für die Reise **ausgeben mußte**. 12. ... damit ich ... kennenlernen **konnte**. 13. ... damit ich ... anwenden **konnte**.

10. a) 2. **Nach meinem Rauswurf** wollte ich ... 3. **Beim Einsteigen** in den Bus hat mich ... 4. **Trotz seiner/der Beleidigung** habe ich ... 6. **Seit meiner Verwandlung** in einen Türken war mir ... 7. **Zum Überleben** muß man ... 8. **Vor einer heftigen Reaktion** muß man ... 9. **Während der Weiterfahrt** (des Busses) habe ich ... 10. **Statt einer/der ständigen Steigerung** der Zahl der Ausländer sollte man ... 13. **Wegen des ziemlich drohenden Klangs seiner Stimme** stand ich ... 14. **Trotz meiner unheimlichen Wut** ließ ich ... 15. **Bis zum Anhalten des Busses** schien es ...

10. b) 4. Er hatte mich beleidigt. **Trotzdem** habe ich nichts gesagt. 10. Man steigert die Zahl der Ausländer ständig, **statt dessen** sollte man lieber mehr Deutsche aus dem Osten kommen lassen. 13. Seine Stimme klang sehr drohend, **deshalb** stand ich schnell auf. 14. Ich war unheimlich wütend, **trotzdem** ließ ich mir nichts anmerken.

11. 1. **Trotz unserer großen Verspätung** wurden wir ... 2. **Wegen der Straßenglätte ... bis zu unserer Ankuft im Innenministerium** 3. **Vor Beginn unserer Arbeitsgespräche** hielt der ... 4. **Nach Beendigung des formellen Teils** führten wir ... 5. Es ging vor allem um die Probleme, die Gastarbeiter **bei ihrer Rückkehr in ihre Heimat** haben. 6. ... denn **seit ihrer Auswanderung** vor 10 oder 20 Jahren hat sich vieles verändert. 7. ... aber **ohne Zustimmung ihrer Eltern** dürfen sie das nicht. 8. **Während ihres Aufenthalts in Deutschland** ist ihre ... 9. **Trotz guter Noten in Deutschland** haben sie ... 10. Auch Eltern haben Schwierigkeiten **bei der Wohnungs- oder Arbeitsplatzsuche**. 11. Viele haben **wegen jahrelanger harter Arbeit** in der Industrie zudem gesundheitliche Probleme. 12. **Statt sinnvoller Investition ihrer Ersparnisse** machen sich viele ... 13. **Wegen der Komplexität aller dieser Probleme** gab es ... 14. Aber **nach einwöchigen, intensiven Beratungen** hatten wir ...

12. schwarz: 1. entweder — oder 5. entweder — oder 7. sowohl — als auch 9. und, sowie
rot: 3. weder — noch 4. zwar — aber 11. teils — teils 12. weder — noch 13. entweder — oder

13. 2. als auch 3. sondern auch 4. und — sowie 5. oder 6. noch 7. teils — teils 8. oder

14. 1. und, sowie 2. sowohl, als auch 3. Nicht nur, sondern auch 4. teils, teils 5. entweder, oder 6. und 7. Weder, noch

15. a) 4. Zwar könnte ich .../Ich könnte zwar ..., aber die negativen überwiegen doch bei weitem/ die negativen überwiegen aber doch bei weitem. 11. Teils haben sie uns .../Sie haben uns teils ... 12. Wir konnten weder .../Weder konnten wir ... 13. Wir haben entweder .../Entweder haben wir ...

16. 1. **Teils** kommen Asylanten als Wirtschaftsflüchtlinge/Asylanten kommen **teils** als Wirtschaftsflüchtlinge, **teils** werden sie politisch verfolgt 2. **Entweder** müssen sie entsprechende Dokumente vorlegen/Sie müssen **entweder** entsprechende Dokumente vorlegen, **oder** sie müssen Zeugen benennen 3. **Weder** dürfen sie hier zunächst arbeiten/Sie dürfen hier zunächst **weder** arbeiten, **noch** dürfen sie den Landkreis ihres Aufenthaltsortes verlassen. 4. **Entweder** werden sie als Flüchtlinge anerkannt/Sie werden **entweder** als Flüchtlinge anerkannt, **oder** sie müssen das Land wieder verlassen. 5. **Zwar** fühlen sie sich hier nicht bedroht/Sie fühlen sich hier **zwar** nicht bedroht, **aber** sie leiden unter der Unsicherheit ihrer Situation 6. **Zwar** wird der Asylantrag bei den meisten abgelehnt/Der Asylantrag wird bei den meisten **zwar** abgelehnt, **aber** viele der abgelehnten Asylbewerber bleiben doch — legal oder illegal in Deutschland. 7. **Teils** sind sie alleine hier/Sie sind **teils** alleine hier, **teils** haben sie ihre Familien mitgebracht 8. **Zwar** können sich einige auf deutsch verständigen/Einige können sich **zwar** auf deutsch verständigen, **aber** die meisten haben große Sprachschwierigkeiten.

17. c) 2. (denn) eigentlich/überhaupt 4. (denn) etwa 5. denn 6. (denn) etwa 8. (denn) etwa 9. (denn) eigentlich 10. (denn) etwa 11. (denn) eigentlich 12. eigentlich/überhaupt 13. (denn) überhaupt

17. d) 1. eigentlich 2. denn 3. doch 4. ja 5. doch, überhaupt 6. also 7. (vielleicht) mal 8. ruhig

Wortschatz, Wortbildung, Redemittel

3. a) Angst: Angsthase, Ängstlichkeit, sich ängstigen, ängstlich, angstvoll, angsterfüllt, beängstigend, angstfrei
Furcht: Furchtlosigkeit, Furchtsamkeit, sich fürchten, befürchten, fürchterlich, furchtbar, furchtsam, furchterregend, furchtlos

3. b) 1.—3. befürchten 4.—6. fürchten 7. fürchten sich 8. Angst haben 9. Angst/Furcht (vor) 10. furchterregender 11. ängstliche 12. beängstigend —

5. 1. ängstlicher/fürchten sich 2. die Angst 3. beängstigend, Angst davor haben/befürchten/fürchten 4. Angst 5. Angst vor, furchterregenden 6. ängstliche

7. b) B, D, C, A, E

7. c) aufgeregt, nervös, verunsichert

8. a) Mein Herz klopfte. Meine/Die Stimme zitterte. Ich wurde bleich/rot. Mein Magen tat mir weh. Meine Hände waren feucht. Mir wurde schwindlig.

9. a) 1. Das **war** eine furch**tbar**e Prüfung! 2. So ge**gen** 11 Uhr ha**ben** sie mi**ch** reingerufen. 3. Ich **war** so aufge**regt** und verun**sich**ert, daß i**ch** ganz **rot** geworden b**in** und me**ine** Stimme so**gar** et**was** ge**zitt**ert hat, **als** ich me**inen** Namen ges**agt** habe. 4. Das h**at** einfach an dieser furch**tbar** ne**ga**tiven Atmos**phäre** gelegen, d**ie** da verbreitet ha**ben**. 5. Der äl**teste** Prüfer hat mich m**it** her**un**tergezogenen Mund**win**keln so skep**tisch** angeguckt, daß mein Herz ange**fan**gen hat, n**och** stärker **zu** klopfen. 6. Die an**deren** haben au**ch** alle unhe**im**lich verschlossen, ar**rogant** und kri**tisch** ausgesehen. 7. Die e**ine** Prüferin h**at** mich **ganz** offensichtlich igno**riert** und i**n** ihren Papie**ren** geblättert. 8. Ein an**derer** hat unin**ter**essiert zum Fen**ster** rausgesehen, **und** ein n**och** ziemlich ju**nger** Typ h**at** mi**ch** s**ehr** abschätzend ange**sehen**. 9. Daß i**ch** die Prü**fung** überhaupt bes**tanden** habe, i**st** ein abso**lutes** Wunder.

Berichten, Schreiben, Bearbeiten

3. b) 1. man, jeder 2. jemand/einer, man 3. einen, man 4. man, man, einem/jemandem, einen, einem 5. man, man, einem

4. a) viele Fachleute, große/viel Geduld, große Angst, viel Geld, große Hoffnung, viele Leute, große/viel Mühe, viele Probleme, große/viel Sicherheit, viel Zeit, viele Schlösser

4.b) 1. große 2. großer/viel 3. vielen, große 5. vielen, große 6. große/viele, vielen, viel/großer 7. viele, 8. viel

5. 1. (weil) ich ein bißchen traurig werde, wenn ich daran denke. 2. denn ich werde ein bißchen traurig, wenn ich daran denke/denn wenn ich daran denke, werde ich ein bißchen traurig.

6. kennen: Beethovens Neunte Symphonie, Film, Restaurant, München
wissen: Telefonnummer, das Neueste, Rat, Adresse
können: Tennis spielen, Auto fahren, Englisch, kochen

7.b) 1. davor 2. über 3. damit, davor 4. auf 5. an 6. daran 7. darüber 8. von, darauf

Grammatik

2.b) _werden_-**Passiv:**
Präteritum: **wurde (angestrichen)**
Perfekt: **ist (angestrichen) worden**
Plusquamperfekt: **war angestrichen worden**

sein-**Passiv:**
war angestrichen
– –
– –

2.c) _werden_ + **Partizip Perfekt** – _sein_ + **Partizip Perfekt**

3.a) 2. Wegweiser zu den neuen Parkplätzen werden angebracht. 3. Umleitungen werden ausgeschildert. 4. Getränke und Imbißbuden werden aufgestellt. 5. Einladungen an Ehrengäste werden verschickt. 6. Das Rathaus wird für den Empfang geschmückt. 7. Das Feuerwerk wird vorbereitet. 8. Termine werden an die Lokalpresse weitergegeben.

b) 2. Die Wegweiser zu den neuen Parkplätzen sind angebracht. 3. Die Umleitungen sind ausgeschildert. 4. Die Getränke und Imbißbuden sind aufgestellt. 5. Die Einladungen an die Ehrengäste sind verschickt. 6. Das Rathaus ist für den Empfang geschmückt. 7. Das Feuerwerk ist vorbereitet. 8. Die Termine sind an die Lokalpresse weitergegeben.

4.c) (Partizip I): **Infinitiv + _d_ + Adjektivendung**
(Partizip II): **Partizip Perfekt + Adjektivendung**

4.d) ... ein Nomen näher.

4.e) 1. stehenden 2. geschmückten 3. brüllende 4. verletzte 5. sterbende 6. gestorbene

5. 1. besuchtes 2. stockender 3. ausreichenden 4. ausgeschilderte 5. überforderte 6. fotografierende 7. geschlossene 8. verärgerte 9. geschmückte 10. stehende 11. wartende 12. steigende 13. aufregender 14. besiegter 15. zurückfahrende

6.a) ... dem Artikelwort und dem Nomen.

6.b) Mit lauten Rufen empfangen die Bürger den furchterregenden, feuerspeienden Drachen, der sich mit aufgerissenem Maul durch die Straßen bewegt.

8. 1. Karten, die nicht abgeholt worden sind. 2. Karten, die zurückgelegt worden sind. 3. Karten, die gestohlen worden sind. 4. Eintrittskarten, die ermäßigt sind. 5. Straßen, die verschmutzt sind.

9. 1. In Furth wird die Beliebtheit **dieses weithin bekannten** Folklorefests überall deutlich, insbesondere an den **schon lange vor dem Fest ausgebuchten** Hotels. 2. Die **von überall herbeiströmenden** Besucher wollen den **sich in überdimensionaler Größe durch die Straßen bewegenden** berühmten Drachen sehen. 3. Sie wollen das **aus den Nasenlöchern des Drachen hervorzischende** Feuer sehen. 4. Sie erleben den **mutig gegen den Drachen kämpfenden** Ritter. 5. Und sie wollen schließlich sehen, wie der **von Menschenhand besiegte** Drache stirbt.

10. 1. Im Mittelpunkt steht eine Schlacht, **die in alten Chroniken überliefert ist.** 2. Eine junge Rittersfrau nimmt die Bauern, **die vor den Soldaten fliehen,** in ihrem Schloß auf. 3. Ein Drache, **der das Böse symbolisiert,** belagert das Schloß und will Menschenopfer. 4. Nach dramatischen Komplikationen tötet der Ritter Udo, **der aus dem Krieg zurückgekehrt ist,** den bösen Drachen und rettet Volk und Rittersfrau. 5. ... einen Empfang im Rathaus, **das aus diesem Anlaß prächtig erleuchtet ist.** 6. Dabei führen Musik- und Tanzgruppen, **die aus der ganzen Umgebung zusammengekommen sind,** historische Tänze auf. 7. Höhepunkt des ersten Tages ist das Feuerwerk, **das inzwischen auch zur Tradition geworden ist.**

11. a) 1. was, worüber, 2. dessen 3. deren 4. wo 5. was 6. deren

11. d) 2. dessen 3. deren 4. deren

12. 1. Eine Frau, **die sehr aufgeregt war**, rief die Polizei an. 2. Ein Beamter fragte die Frau, **die sehr aufgeregt war**, nach ihrem Namen. 3. Der Beamte hat die Frau befragt, **die sehr aufgeregt war**.

14. b) 1. was 2. was 3. dessen vordere Seiten herausgerissen waren 4. deren letzte beide Ziffern unleserlich waren 5. an dessen linkem Daumen Blutspuren waren 6. dessen Größe nicht zu der Handgröße des Toten paßte 7. was 8. was 9. woran 10. deren Wohnung direkt neben dem Spielplatz lag 11. was 12. dessen Fenster auf den Spielplatz gingen 13. was 14. deren Gesichter sie natürlich nicht hatte erkennen können 15. wo/auf der etwas lag, was 16. wofür, womit 17. an dessen große, kräftige Gestalt sie sich noch erinnerte 18. dessen leicht hinkender Gang ihr aufgefallen war 19. was 20. was

15. b) 1. ... kann ich Sie **vielleicht mal** etwas fragen?
3. Schildern Sie mir **mal eben**, ... 5. Können Sie sie **vielleicht gerade mal** herrufen? 6. ... kommt **mal gerade** her! 7. Erzählt mir **mal eben** ...

15. c) 1. Was wollte die Polizei **denn** von euch? 2. Wir sollten **einfach** nur erzählen, was wir gesehen haben 3. Habt ihr **etwa** gesehen, wie sie den umgebracht haben? 4. Du spinnst **wohl**! 5. Woher habt ihr **eigentlich** gewußt, daß er ... 6. Wir sind **ja schließlich** nicht blöd. 7. ... dann merkt man **doch** ... 9. ... ich bin **einfach** hingegangen ... 10. Das war **aber** mutig. Hattest du **denn** keine Angst? 11. Doch **schon**. Deshalb sind wir **ja** dann auch nach Hause gelaufen.

Wortschatz, Wortbildung, Redemittel

4. a) Behinderte b) durchbrennen c) bedroht d) Einnahmen e) umsetzen f) Therapie g) Initiative h) Schicksal i) Spende k) anklagen

6. b) 1. Auf diesem Bild sieht man einen riesigen Fabrikschornstein 2. Am oberen Rand des Bildes steht in großen Buchstaben der Name Robin Wood 3. Auf der rechten Seite des Schornsteins sieht man eine Art Leiter auf der im unteren Drittel eine Person steht 4. Sie hält sich mit der einen Hand an der Leiter fest und winkt mit der anderen nach unten. 5. Im oberen Drittel des Bildes sieht man eine weitere Person, die gerade höher hinaufklettert. 6. Auf der linken Seite des Schornsteins sieht man drei Personen, die übereinander in einem Sitz hängen.

8. a) 1. für, um 2. für, für 3. für 4. für 5. für, für 6. gegen, von 7. für 8. wegen, gegen 9. in 10. gegen 11. auf

Berichten, Schreiben, Bearbeiten

3. b) 1. eine 2. einem 3. keinem 4. einer 5. keins 6. keinem, eins 7. eins 8. einer 9. eine 10. einem

4. b) 1. Samit war einer meiner besten Freunde. 2. In meiner Klasse gehörte er in den meisten Fächern nicht zu den besten Schülern. 3. Er war auch kein guter Sportler, aber er war trotzdem etwas Besonderes. 4. Er war ein sehr nachdenklicher und sensibler Junge und las am liebsten philosophische Bücher, die keinen von uns interessiert hätten und die auch keiner von uns verstanden hätte. 5. Er hatte sehr wohlhabende Eltern, für die es nichts Wichtigeres gab, als daß aus ihrem einzigen Sohn etwas „Ordentliches" wurde. 6. Er sollte später einmal die elterliche Firma übernehmen. 7. Weil seine schulischen Noten nicht die besten waren, hat es schon einige unangenehme Diskussionen gegeben. 8. Aber alle noch so intensiven Bitten seiner Eltern nützten nichts. 9. Samit wollte seinen eigenen Weg gehen und ihn sich von niemandem vorschreiben lassen. 10. Nachdem er seine Abschlußprüfung mit relativ schlechten Noten bestanden hatte, versuchte er irgendeinen Job zu bekommen. 11. Aber es gab nur sehr wenige für ihn akzeptable Stellen, und bei seinen Bewerbungen hatte er kein großes Glück. So war er denn zunächst arbeitslos ...

5. b) 1. denn 2. und/sondern (sie) 3. und (er) 4. oder (er wollte) 5. denn, und 6. und (er) 7. denn 8. aber, oder 9. sondern/und (ich)

7. b) A: den Beschluß gefaßt/beschlossen A: entscheiden B: entscheidest, entschließt

7. c) 1. beschloß 2. entscheiden 3. entschloß 4. Entschluß 5. für ... entscheiden 6. beschloß 7. entschied 8. für ... entschieden 9. faßte ... Entschluß 10. beschloß, entschied 11. Entscheidung getroffen

8. a) 2. keinen mehr 3. keiner mehr 4. nichts mehr 5. nicht mehr

8. b) 2. noch keins 3. noch niemand/nicht 4. noch nichts 5. noch nicht/nie
c) 4.—7. schon — erst
d) 2.—4. erst — nur

Grammatik

1. b) 3. brennt, kann 4. ist 5. folgt, ersparen ... können 6. begründet haben, genehmigt haben 7. hat ... gegeben 8. ist ... gewesen/war, haben produzieren können/produzieren konnten

2. a) wir hätten – sie hätten nie Zeit
wir kämen mit/würden mitkommen – sie kämen mit/würden mitkommen
(wir machten es) wir würden es machen – (sie machten es) sie würden es machen

2. b) Präteritum (-Stamm) + Konjunktivendung
(sei-/habe-/hätte- ...) **+ Partizip Perfekt**
(bei Modalverben aus *habe-/hätte- ...*) **+ zwei Infinitiven**

3. 1. anfangen müsse, aussehen könne 2. produziere 3. ersticken wolle, müsse ... vermeiden, sammeln, wiedergewonnen werden könnten 4. seien, produzierten/würden produzieren, verändern könnten 5. sollten versuchen 6. müsse gespart werden 7. verbrauche 8. könne ... sparen 9. müsse ... umgegangen werden, verschmutzten/verschmutzen würden 10. solle ... informieren 11. belaste 12. solle achten, gekennzeichnet seien

4. b) 1. (... sie hätten eine 3500 Meilen lange Strecke vor sich) und **würden hoffen/hofften,** daß günstige Winde **sie** direkt nach Mururoa **bringen würden/brächten.** 2. **Sie hätten** ihr Ziel **erreicht.** 3. Jetzt **würde** der Nervenkrieg mit den Atomtestern **anfangen/jetzt finge ... an.** (Drei Wochen später schreibt McTaggert:) 4. Der Kommandant ... **hätte sie** ultimativ **aufgefordert** zu verschwinden, weil sie mit ihren Atomtests beginnen wollten. 5. Als **sie** auch diese Aufforderung **ignoriert hätten, sei** das Schiff plötzlich mit voller Geschwindigkeit auf **sie zugekommen.** 6. Es **sei** dann einmal um **sie herumgefahren** und **habe** sich **ihnen** sehr langsam **genähert.** 7. **Sie hätten** ungläubig an Deck **gestanden** und **hätten sich** nicht **vorstellen können,** daß das Kriegsschiff **sie** bewußt **hätte versenken wollen.** 8. Aber es **sei** immer näher **gekommen,** bis **sie** schließlich ein lautes Krachen **gehört hätten.**

6. untrennbar: er bevorzugt, er entscheidet, er unterschreibt, er überlegt, er gehört, er widerspricht
trennbar: er steigt ein, er schneidet durch, er stellt hin, er steigt um, er holt heraus, er stößt zusammen, er steht auf

7. 2. schlossen ... zusammen, durchzusetzen 3. bemühten, aufzudecken, betroffen, mitzureden 4. gelang, zu durchkreuzen, abzuändern 5. stieg ... an 6. berufen ... ein, führen ... durch, aufzuklären, unterschreiben, schreiben ... an 7. schließen ... an, zu erhalten 8. richtet ... ein, durchgesetzt, erreicht 9. lösen ... auf

8. b) 2. immer mehr (Produkte), die die Umwelt bei der Herstellung, beim Verbrauch und bei der Abfallbeseitigung schonen. 3. ein (Ingenieur) aus Stuttgart/einen aus Mais und Weizen bestehenden, eßbaren (Joghurtbecher)

8.d) 1. Es sollen auch besondere **sich selbst biologisch abbauende und in ungefährliche Stoffe zerfallende** Tragetaschen hergestellt werden. 2. Daneben hat man die Wahl zwischen biologischen Seifen und **ohne Chemikalien hergestellten** Reinigungsmitteln. 3. Die meisten Kunststoffe enthalten kein FCKW, **das bekanntlich die Ozonschicht zerstört.** 4. Die Liste von derartigen **die Umwelt schonenden** Produkten könnte man fortsetzen. 5. Die **angeführten** Beispiele sollen aber nicht darüber hinwegtäuschen, daß noch riesige Mengen von **umweltschädlichen** Waren auf dem Markt sind.

8.e) 1. Der **Bonner** Senioren Experten Service sendet Fachleute zu **ganz unterschiedlichen** Projekten in der dritten Welt 2. Etwa 3000 **60- bis 65jährige** Pensionäre erklärten sich schon bereit, ihr **in Jahrzehnten am Arbeitsplatz erworbenes** Fachwissen, in **ehrenamtlichen** Einsätzen bis zu 6 Monaten weiterzugeben. 3. Natürlich müssen die Senioren Toleranz und Verständnis für die **im sozialen und fachlichen Bereich ganz andersartigen** Probleme der **mit ihnen zusammenarbeitenden** Partner zeigen. 4. Auch **mit ihren Männern mitreisende** Frauen engagieren sich an den Einsatzorten. Zum Beispiel machen sie Übersetzungen **für die Verwaltung** oder sie organisieren **kostenlose** Sprachzirkel. 5. Der Seniorenzirkel ist keine neu **entstandene** Idee, vielmehr gibt es diesen Service **für die Entwicklungsländer** schon seit einigen Jahren.

9.b) 1. Je aktiver einer im Alter ist, desto erfüllter ist sein Leben. 2. Je intensiver sich alte Leute für etwas engagieren, desto größer sind ihre Chancen, gesund und zufrieden zu sein. 3. Je vielseitiger das Angebot an Seniorenprogrammen ist, desto mehr machen dabei mit. 4. Je stärker sich die Aktionsmöglichkeiten für alte Menschen vermehren, desto weniger haben Angst vor dem Alter. 5. Je mehr alte Menschen bei ihren Kindern wohnen können, desto weniger Probleme hat der Staat. 6. Je teurer die Wohnheime für alte Menschen sind, desto kleiner ist die Zahl derjenigen, die in solche Wohnheime ziehen können.

10.b) 2. (muß) ja nun mal 4. (sollte) einfach, (Müllberge) ja doch 5. (sich) einfach, (die) ja nun mal

10.c) 1. (Wußtest du) eigentlich 2. (Ja) schon, (weigern sich) ja, (müssen sie) eben/halt, (soll man) denn 3. Einfach (weniger), (muß) ja 4. (Glaubst du) etwa 5. (muß man sie) eben/halt 6. (machen) ja 7. (reagieren) schließlich

Wortschatz, Wortbildung, Redemittel

4.a) 1. kürzen, unterstützen 2. sorgen 3. abschaffen 4. behandeln, bestrafen 5. verstärken 6. fördern 7. durchsetzen 8. einführen 9. zulassen 10. abzubauen 11. aufklären

b) 1. unterstützen — Unterstützung 2. sorgen — Sorge 3. abschaffen — Abschaffung 4. behandeln — Behandlung, bestrafen — Bestrafung 5. verstärken — Verstärkung 6. fördern — Förderung 7. durchsetzen — Durchsetzung 8. einführen — Einführung 9. zulassen — Zulassung 10. abbauen — Abbau 11. aufklären — Aufklärung

5.a) 2. Kunde 3. Gast 4. Verkehrsteilnehmer 5. Fußgänger 6. Fahrgast 7. Reisender 8. Tourist 9. Christ 10. Steuerzahler 11. Angeklagter 12. Patient 13. Zuhörer 14. Zuschauer 15. Lehrling 16. Akademiker

b) ohne *-in*: Reisende, Angeklagte, **nicht vorhanden:** Gast, Fahrgast, Lehrling

6.b) 1. Im Vorder**grund** sieht man eine win**zige** Insel im Meer, 2. Auf der rechten Seite dieser Insel steht eine kleine runde Hütte unter einer Palme. 3. Sonst wächst außer ein paar Blumen nichts. 4. Auf der linken Seite sieht man ein offenes Motorboot, das von einem Schiff im Hintergrund gekommen ist. 5. Der Mann im Boot spricht mit dem Mann auf der Insel, der barfuß, aber mit Hemd und Hose bekleidet neben seiner Hütte steht. 6. Offenbar hat der Bootsmann ihm ange**boten**, zu **ihm** auf d**as** Schiff z**u** kommen. 7. Aber die**ser** schreit **von** der and**eren** Seite der In**sel** zu d**em** Bootsführer hin**über**, daß **er** gar n**icht** gerettet wer**den** will. 8. Seine Able**hnung** betont **er** durch **eine** eindeutige Ge**ste** mit bei**den** Armen. 9. Der Boots**mann** versteht d**as** nicht. 10. Über d**er** Sprechblase d**es** Inselbewohners s**ieht** man **in** einer gro**ßen** Denkblase, wo**ran** er da**bei** denkt: a**n** eine schre**ckliche** Großstadt m**it** Hochhäusern b**is** fast **in** den Him**mel** ohne **ein** Zei**chen** **von** menschlichem od**er** sonstigem Le**ben**.

Berichten, Schreiben, Bearbeiten

3. b) 1. nachdenken 2. überlegen 3. überlegen 4. überlegt 5. nachdenken 6. nachdenken

3. c) 1. darüber nachgedacht 2. denke 4. denk ... an 5. überlegen 6. denk ... an 7. über ... nachgedacht, überlegt 8. denk ... an 9. denke, darüber nachdenken

3. d) 2. daran ... gedacht 3. überlegt 4. denke 5. darüber nachdenken 6. denke, überlegen 7. denk daran 8. Überlegen

4. 1. (Die Zukunft der Menschheit) ist für mich auch sehr wichtig. 2. Für mich ist die Zukunft der Menschheit auch sehr wichtig. 3. Sehr wichtig ist für mich auch die Zukunft der Menschheit.

5. b) Die Satzteile sind in den folgenden Sätzen nach der Grundabfolge angeordnet. Andere Abfolgen sind möglich.

1. Die Menschen werden sich im kommenden Jahrtausend vielleicht im Weltall neuen Wohnraum suchen müssen, weil der Planet Erde mit großer Wahrscheinlichkeit verseucht und übervölkert sein wird. 2. Sie werden mit unglaublich schnellen Raumschiffen einen Planeten suchen, auf dem Lebensbedingungen wie hier auf der Erde möglich sind und Roboter dorthin transportieren, damit sie Lebensbedingungen vorbereiten, in denen Menschen problemlos leben können. 3. Aber nicht jeder beliebige Mensch wird die Chance bekommen, auf dem neuen Planeten leben zu dürfen, sondern jeder muß in den verschiedensten Bereichen eine Reihe von Prüfungen bestehen, wenn er als Kandidat für ein Leben im Weltraum in Frage kommen will. 4. Eine Kommission wird dann von den psychisch und physisch besten Männern und Frauen die Menschen auswählen, die für das Leben auf dem neuen Planeten am geeignetsten erscheinen und die besten Voraussetzungen mitbringen. 5. Sie werden über längere Zeit in einem besonderen Raumfahrtzentrum auf ihre neuen Aufgaben im All vorbereitet und fliegen dann in kleinen Gruppen auf den neuen Planeten. 6. Sie sollen zusammen mit den Robotern dort die Lebensbedingungen verbessern, so daß für weitere Menschen, die mit Raumschiffen von der Erde ankommen, immer mehr Lebensraum entsteht. 7. Eine der wichtigsten Aufgaben der neuen Planetenbewohner wird der Abbau der reichlich vorhandenen Bodenschätze sein sowie ihr Transport zur Erde. 8. Wenn jemand das Leben unter den ungewöhnlichen Bedingungen auf dem neuen Planeten nicht vertragen sollte, kann er jederzeit wieder zur Erde zurückkehren.

6. a) sicher(lich), höchstwahrscheinlich, wahrscheinlich, vermutlich, vielleicht, möglicherweise, eventuell, es kann sein, auf keinen Fall

7. a) indefinite Artikel: einem (Flug), ein (unbekanntes), ein (UFO), eine (japanische), einer (Ladung), einen (Militärjet), ein (zuverlässiger)
definite Artikel: die (Besatzung), das (Ufo), der (Flugkapitän), die (Japan-Airlines)
Nullartikel: Paris, Tokyo, (Ladung) Wein, (an) Bord, Angst

7. b) 1. Flugkapitän, die Bodenstation in Anchorage, die Flughöhe, einen Sinkflug, 2. den Sinkflug das Ufo 3. eine scharfe Rechtswendung, das Ufo, dem JAL 4. die militärische, Militärmaschinen 5. einer anderen, der militärischen, das Echo des Ufos 6. militärische, das Ufo 7. Militärjets, der japanische 8. in der Vergangenheit, einem ähnlichen, die Intervention, eines US-Militärjägers, eine Trägödie 9. das Ufo, die japanische 10. die JAL-Maschine, dem Flughafen 11. Flugkapitän, einer Pressekonferenz 12. Kinder 13. der Chef der Luftaufsichtsbehörde, eine Krisensitzung 14. die Fluglotsen, die Situation 15. einer Gefahr, ein Gesetz 16. Terauchi, einem Raumschiff, einem anderen

8. a) 1. kriechen 2. laufen 4. hetzen, rennen 5. rennen 6. marschieren 7. hasten 8. eilen 9. fahren, fliegen 10. fliegen 11. gehen ... spazieren, wandern, bummeln/schlendern/promenieren 12. Laufen

Grammatik

1. a) Z. 2–3: werden ... aussehen Z. 3: werden Z. 7–8: wird ... eingespielt Z. 10–11: durchgeführt werden Z. 11–12: werden ... gereicht Z. 16–17: wird ... geben Z. 19–20: wird ... abnehmen Z. 22–23: geschützt werden müssen Z. 23–24: wird ... geben Z. 27: wird Z. 28–30: wird ... betragen Z. 30–32: werden ... arbeiten Z. 33–34: (werden) arbeitssüchtig werden können Z. 34: wird ... geben Z. 38 (zu) werden

1. b) 1: werden, (zu) werden
2: durchgeführt werden, werden gereicht, geschützt werden müssen
3: wird abnehmen, wird geben, wird betragen, werden arbeiten, (werden) arbeitssüchtig werden können, wird geben

1. c) 1. Als Vollverb 2. als Teil des Passivs 3. als Teil des Futurs

1. d) Das Passiv   bildet man mit **werden** + **Partizip Perfekt**
Das (modale) Futur bildet man mit **werden** + **Infinitiv**.

1. e)

Vollverb *werden*			Passiv		
Präteritum:	Es **wurde** kalt.		Es **wurde** geöffnet.		
Perfekt:	Es **ist**	kalt **geworden**.	Es **ist**	geöffnet worden.	
Plusquamperf.:	Es **war**	kalt **geworden**.	Es **war**	geöffnet worden.	

2. b) 2. Die reichen Länder werden dann alle Möglichkeiten nutzen, ... 3. Sie werden die Deiche erhöhen ... 4. Die armen Länder werden diese Möglichkeit nicht haben ... 5. Dann werden Millionen von Wirtschaftsflüchtlingen in die reichen Länder kommen, ... 6. ...; die Menschheit wird jährlich weltweit um 49 Millionen zunehmen. 7. Die Weitsichtigen in den Weltregionen werden sich dann zusammensetzen ... 8. Auch die katholische Kirche wird da umdenken müssen.

3. 1. Die Benzinpreise sind ... zu erhöhen, ... 2. Alle Autofahrer haben ... einzuhalten. 3. Die Forschungen ... sind zu intensivieren. 4. ... sind alle Autos aus dem Verkehr zu ziehen, ... 5. Jeder Bürger hat ... zu bezahlen. 6. ... haben die Reisenden ... zu benutzen. 7. Neue Häuser sind ... zu beheizen. 8. Kohlekraftwerke sind ... zu ersetzen. 9. Alle Bürger haben ... zu beachten. 10. Alle ... haben ... einzuhalten.

4. b) Z. 2: beenden mußte Z. 3: gehen (sollte), entspannen sollte Z. 4–5: sah ... aufleuchten, (sah) ... verschwinden Z. 5–6: hinausgehen (sollte), nachsehen sollte Z. 7: blieb ... sitzen Z. 7: konnte ... getäuscht haben Z. 8: hörte ... rufen Z. 9–10: sah ... aufstehen, (sah) hinausgehen Z. 10–11: ließ ... hindurchführen Z. 11–12: sah ... stehen Z. 13: wollte weglaufen, konnte ... bewegen Z. 13–14: sah ... sich öffnen Z. 16: hörte ... starten

5. a) 1. an, über, (dar)auf, auf 2. über, über, über, an, für 3. auf 4. von, in 5. über 6. über, (da)von 7. mit/zu, nach 8. über, zu, (dar)auf, für 9. an 10. über, mit, (dar)um 11. über 12. für, an

5. b) 1. sich interessieren für (A), Interesse an (D) interessiert sein an (D) | berichten über (A), Bericht über (A) | Stolz auf (A), stolz auf (A) | antworten auf (A), Antwort auf (A) | 2. sich unterhalten über (A), Unterhaltung über (A) | lachen über (A), Lachen über (A) | Selbstverständlichkeit für (A), selbstverständlich für (A) 4. sich begeistern für (A), Begeisterung für (A), begeistert von (D) | sich verlieben in (A), Verliebtheit in (A), verliebt in (A) 5. sich freuen über (A), Freude über (A), erfreut über (A) 6. sich wundern über (A), Verwunderung über (A), verwundert über (A) | sich überzeugen von (D), überzeugt von (D) 7. sich sehnen nach (D), Sehnsucht nach (D) 8. klagen über (A), Klage über (A) | Freundlichkeit zu (D), freundlich zu (D) | Annehmlichkeit für (A), angenehm für (A) 9. sich erinnern an (A), Erinnerung an (A) 10. Erstaunen über (A), erstaunt über (A) | mitleiden mit (D), Mitleid mit (D), mitleidig/bitten um (A), Bitte um (A) 11. trauern über (A), Trauer über (A), traurig über (A) 12. sich bedanken für (A), danken für (A), Dank für (A), dankbar für (A)

6. b) 1. ... **doch wohl** nur geträumt 2. ... war **ja wohl** nicht ... 3. ... gibt es **ja wohl** ... 4. ... werden wir es **doch wohl**

6. c) 1. Glaubst du **etwa** ... 2. ... kann es mir **eigentlich** .... es müssen **ja wohl/doch wohl** ... 3. ... meinst du **denn** ... 4. Überleg **doch mal** ... 5. ... ist es **ja wohl/doch wohl** ... 6. ... ist **schließlich** ... **ja wohl/doch wohl** ... 7. ... stimmt **eigentlich** ... 8. ... werden wir **(ja) wohl** ...

Quellennachweis: Texte

5: *Buchtitel:* Denken, Lernen, Vergessen: © Frederic Vester. dtv, München 1978.

22: Rolf Ehnert: homo sapiens. Aus: Helga + Rolf Ehnert: Gespräch und Diskussion. Studienreihe Deutsch als Fremdsprache 5. Lensing, Dortmund 1980.

30: Herbert Grönemeyer: Kinder an die Macht. © Grönland-Kick Musikverlag.

32: Bertolt Brecht: Wenn die Haifische Menschen wären. Aus: Gesammelte Werke. © Suhrkamp Verlag, Frankfurt/Main 1967.

34: Günter Müller: revolutionär. Aus: Rudolf Otto Wiemer (Hrsg.): bundesdeutsch lyrik zur sache grammatik. © Peter Hammer Verlag, Wuppertal.

37: Günter Radtke: Irrealer Vergleichssatz. Aus: Rudolf Otto Wiemer (Hrsg.) bundesdeutsch lyrik zur sache grammatik. © Peter Hammer Verlag, Wuppertal.

45: Winston S. Churchill: Meine frühen Jahre. © Paul List Verlag, München.

46: Die Geschichte vom Suppen-Kaspar. Aus: Heinrich Hoffmann: Der Struwelpeter. © Loewes Verlag.

48: Schule der Tiere. Aus: Richard Göbel: Kooperative Binnendifferenzierung im Fremdsprachenunterricht. © CM Contact-Medien GmbH.

49: Marc Ingber: Diese Schule abschaffen... Interview mit Hans A. Pestalozzi. In: Die neue Schulpraxis 9/1989.

50: Bertolt Brecht: Wenn die Haifische Menschen wären. Aus: Gesammelte Werke. © Suhrkamp Verlag, Frankfurt/Main 1967.

51: Tricks, die helfen... (gekürzt). Aus: Freundin 10/86. © Burda Verlag, München.

52: Wie das Gedächtnis funktioniert (gekürzt). Aus: Freundin 5/81. © Burda Verlag, München.

54: Julian Schutting: Sprachführer (gekürzt). Aus: Sistiana. © Residenz Verlag, Salzburg und Wien 1976.

55: *Legende/Inhaltsverzeichnis:* Aus: PONS Reisewörterbuch Spanisch. Ernst Klett Verlag, Stuttgart 1980, S. IV.

58: Röntgen. Aus: Meyers Neues Lexikon in 8 Bde., Bd. 6. Mannheim 1980, S. 631.

60: Vorurteile. Aus: Zeitlupe Nr. 21 „Vorurteile". Bundeszentrale für politische Bildung (Hrsg.), Bonn 1988.

61: Axel Holm: Steigerung. Aus: Rudolf Otto Wiemer (Hrsg.): bundesdeutsch lyrik zur sache grammatik. © Peter Hammer Verlag, Wuppertal.

79, 80, 86: *Interview:* Das Interview ist fiktiv. Es basiert auf einem Bericht in der Zeitschrift STERN (4/1982). Mit freundlicher Genehmigung von Gerhart Kromschröder.

83: Bertolt Brecht: Der Zweckdiener. Aus: Gesammelte Werke. © Suhrkamp Verlag, Frankfurt 1967.

87: Ingrid Kötter: Frage. Aus: Rudolf Otto Wiemer (Hrsg.): bundesdeutsch lyrik zur sache grammatik. © Peter Hammer Verlag, Wuppertal.

93/94: Eugen Helml[1]: Haare (gekürzt). Aus: Papa... Charly hat gesagt. © Fackelträger Verlag, Hannover.

95/96: James Thurber: Die Kaninchen, die an allem schuld waren. Aus: James Thurber: 75 FABELN FÜR ZEITGENOSSEN. © 1967 by Rowohlt Verlag GmbH, Reinbek.

97: Max Frisch: Der andorranische Jude. Aus: Tagebuch 1946-1949. © Suhrkamp Verlag, Frankfurt/Main 1950.

98: Frauen sind schlauer. Aus: petra 10/87.

100: *Text.* Aus: Zeitlupe Nr. 21. „Vorurteile". Bundeszentrale für Politische Bildung (Hrsg.), Bonn 1988.

106: *Angst-Statistik.* Aus: Bunte 13/85. © Burda Verlag, München.

134/135: Willy Lützenkirchen: Invasion der Heuschrecken (gekürzt). Aus: Quick 47/88.

137: Nach: C.T. Eschenröder: Gespräche über Sprechangst. Aus: Reden ohne Streß. PLS Verlag, Bremen.

140/141: Ursula Wölfel: Der Nachtvogel. Aus: Die grauen und die grünen Felder. Anrich Verlag, Mülheim/Ruhr 1970, Kevelaer 1984.

142/143: Hansjörg Martin: Angst achtzig. Aus: Kein schöner Land. rororo panther 4453.

143/144: Robert Gernhardt: Die Angstkatze. Aus: Michael und Paul Maar (Hrsg.): *Bild und Text.* Literarische Texte im Unterricht. Goethe-Institut, München 1988.

146: Burkard Garbe: Erstes Reich. Aus: Statusquo-Ansichten zur Lage. Alano Verlag, Aachen.
148: *Texte zu den Fotos.* Aus: STERN 48/1988.
149: *Stichwort „Engagement".* Aus: Duden: Deutsches Universal Wörterbuch A-Z. Mannheim 1989, S. 430.
175: Aus: Greenpeace Nachrichten III/1985 (gekürzt).
186/187: Informationsblatt von Greenpeace e.V. (gekürzt).
188: Gerhard Merk: Frau Wirtin „ganz privat" (gekürzt). Aus: PZ-Nr.25/1981. Bundeszentrale für politische Bildung, Bonn.
191: Bertolt Brecht: Maßnahmen gegen die Gewalt. Aus: Gesammelte Werke. © Suhrkamp Verlag, Frankfurt 1967.
192: *Text.* Aus: PZ-Nr. 40/1985 (gekürzt). Bundeszentrale für politische Bildung, Bonn.
193: *Text.* Neuer Guru (gekürzt). Aus: Neue Revue 17/1985.
196/197: Die weiße Rose. © 1952, 1991 by Inge Aicher-Scholl. Abdruck mit Genehmigung der Liepmann AG, Zürich.
198: Kurt Tucholsky: 1 Schnipsel. Aus: Gesammelte Werke. © 1960 by Rowohlt Verlag, Reinbek.
202: *Hitparade.* Aus: Schülerzeitschrift Zeitlupe Nr. 25 „Jugend und Zukunft". Bundeszentrale für politische Bildung, Bonn.
220: *Interview* mit Prof. Dr. Herbert Kubicek (gekürzt). Aus: Brigitte 2/89.
231: Nina Achminow: Meine Zukunft. Aus: Morgen beginnt heute. Hrsg. von Uta Biedermann u.a. Beltz Verlag, Weinheim und Basel 1981, Programm Beltz & Gelberg, Weinheim.
232/233: *Interviews.* Aus: Freundin 9/1987. © Burda Verlag, München.
234: Urs Widmer: Was wäre, wenn die Dichter... Aus: Dieter Stöpfgeshoff: Kontakt mit der Zeit. Max Hueber Verlag, München.
235: Jörn Voss. Traumparadies im Kosmos (gekürzt). Aus: STERN 52/1988.
236/237: Horst Güntheroth: Der Griff nach dem Leben (gekürzt). Aus: STERN 14/1989.
239: *Texte und Fotos.* Aus: Bild v. 4.10.1990.
241: „Neue Heimat". Aus: DIE ZEIT, 5.10.1990.
242: *Texte* (z.T. gekürzt). Aus: DIE ZEIT, 5.10.1990
243: Erich Kästner: Das letzte Kapitel. Aus: Gesammelte Schriften für Erwachsene. Atrium Verlag, Zürich 1969.
244: Rudolf Otto Wiemer: Gute Nachrichten. Aus: R.O. Wiemer: Wortwechsel. Wolfgang Fietkau Verlag, Berlin.
245: *Prospekt:* Hamburger Sparkasse.

Quellennachweis: Abbildungen

5: *Zeichnung 1:* Umschlagseite „Lernhilfen", © Ernst Klett Verlag, Stuttgart. *Foto 2:* M. Grundmeyer, Wiesbaden. *Foto 3:* © NORDLICHT, Heike Düttmann. *Foto 4:* SPD-Werbung. © Ploog Kommunikation. *Foto 5:* Manfred Vollmer, Essen. *Zeichnung 6:* Aus: Hickel, Sanfter Schrecken. © Quelle & Meyer Verlag, Heidelberg, Wiesbaden.
6: *Cartoon:* Aus: Hickel, Sanfter Schrecken. © Quelle & Meyer Verlag, Heidelberg, Wiesbaden.
7: *Grafik:* © Erich Schmidt Verlag.
11: *Grafik:* Aus: Freundin 1/88. © Burda Verlag, München.
18: *Cartoon:* Aus: Hickel, Sanfter Schrecken. © Quelle & Meyer Verlag, Heidelberg, Wiesbaden.
19: *Foto:* Schweitzer/Rex Features.
21: *Zeichnung:* Peter Gaymann. © Fackelträger Verlag, Hannover.
30: *Foto:* © Veit Mette, Bielefeld. Aus: Archiv Pädagogische Beiträge Verlag, Hamburg.
32: *Zeichnung:* Ivan Steiger, München.
42: *Foto:* Stock-Shop, Mauritius.
44: *Zeichnung:* Aus: Peter Gaymann: FLOSSEN HOCH. © Fackelträger Verlag, Hannover 1985.
46: Die Geschichte vom Suppen-Kaspar. Aus: Heinrich Hoffmann: Der Struwelpeter. © Loewes Verlag.
49: *Foto:* Marc Ingber.
56: *Zeichnung:* Aus: Edward de Bono: Kinderlogik löst Probleme. Scherz Verlag, Bern und München.
58: *Fotos:* Süddeutscher Verlag, München.
59: *Foto 1:* © STERN/Thomas Hegenbart. *Cartoon 2:* © DUZ/Schwörer. *Foto 3:* Süddeutscher Verlag. *Foto 4:* © Schindler-Foto-Report, Oberursel. *Bild 5:* A. Paul Weber. Das Gerücht, 1953. © VG Bild-Kunst, Bonn 1991. *Abb. 6:* Aus: taz, Berlin.
61: *Zeichnung:* Aus: Hakenkreuz und Butterfly — Japanische Schüler sehen uns. Deutsche Schüler sehen Japan. © Institut für Auslandsbeziehungen, Stuttgart.
62: *Foto:* Inge Werth, Frankfurt/Main.
64: *Grafik:* © Erich Schmidt Verlag.
75: *Bildergeschichte:* Marie Marcks, Heidelberg.
76: *Foto:* Arand/Ernst Voller, Berlin.
79: *Foto:* © STERN/Peterhofen.
80: *Foto:* © STERN/Peterhofen.
82: *Foto:* Hans Schmied, München.
86: *Foto:* © STERN/Hegenbart.
90: *Foto:* ZEITmagazin/Gregor Schläger.
91: *Zeichnung:* © Brösel-Mineralsekretariat.
98: *Foto:* G.R.P., München.
99: *Fotos: oben links:* Buxeder, München; *oben rechts:* M. Grundmeyer, Wiesbaden; *Mitte links:* Jenkins, Hamburg; *Mitte rechts und unten links:* Bähr, München; *unten rechts:* Weermann, München.
101: *Zeichnung:* Aus: Edward de Bono: Kinderlogik löst Probleme. Scherz Verlag, Bern und München.
102: *Fotos:* Süddeutscher Verlag.
103: *Foto 1:* © Rex Features/Marion Schweitzer. *Bild 2:* Edvard Munch: THE SCREAM, 1895. © Oslo kommunes kunstsamlinger. *Bild 3:* Hokusei. Aus: Die 36 Ansichten des Fuji. *Foto 4:* Tierbildarchiv Angermayer, Holzkirchen. *Foto 5:* Kneer/Bavaria. *Bild 6:* A. Paul Weber: Die Angst regiert, 1951. © VG Bild-Kunst, Bonn 1991.
116: *Klecksbilder:* Aus: Heinz Ritter-Schaumburg: Das Maulwurfigelchen. Ogham Verlag, Sandkühler & Co., Stuttgart.
117: Schulze Wols +1951. © VG Bild-Kunst, Bonn 1991.
118: *Bildfolge:* Aus: Bosc Keep Smiling. Cartoons. © 1983 by Diogenes Verlag AG, Zürich.
120: *Foto:* © Drachenstichfestausschuß, Furth im Wald.
134/135: *Foto:* Süddeutscher Verlag.
137: *Foto:* © Jenkins, Hamburg.
143: *Bild:* Robert Gernhardt: Die Angstkatze. Aus: Michael und Paul Maar (Hrsg.): *Bild und Text.* Literarische Texte im Unterricht. Goethe-Institut, München 1988.

145: *Foto links:* Toni Schneiders/Bavaria. *Foto rechts:* HL/Bavaria.
146: *Fotos:* Süddeutscher Verlag.
147: *Fotos 1+2:* Süddeutscher Verlag. *Foto 3:* © Manfred Vollmer, Essen. Archiv Pädagogische Beiträge Verlag, Hamburg. *Foto 4:* M. Grundmeyer, Wiesbaden. *Abb. 5+6:* Greenpeace.
148: *Foto 1:* © STERN/Hinz. *Foto 2:* © STERN/Carp. *Fotos 3+4:* TV-Pressefotos Roth, München. *Foto 5:* Stadt Frankfurt/Main. *Foto 6:* © STERN/Meyer-Andersen. *Foto 7:* amw.
151: *Foto:* © burkhard maus, Bergisch Gladbach.
154: *Grafik:* Globus Kartendienst.
161: *Foto:* © Holger Luebkert, Hamburg.
162: *Ansichtskarte:* © Verlag Horowitz Weege, Wien.
163: *Cartoon: Gerhard Mester.* © *CCC.*
167: *Foto:* STERN/Müller Schneck.
170: *Aufkleber:* Energiesparschweine e.V.
175: *Foto:* Georg French/Bavaria.
182: *Foto:* dpa.
183: *Foto:* © Günter Westphal, Hamburg.
188: *Foto:* Manfred Vollmer, Essen.
190: *Fotos:* © Herlinde Koelbl, Neuried.
193: *Foto:* Bernd Schmaling. © Neue Revue.
194: *Karte oben:* Aus: Geschichte und Geschehen. 8. Ausgabe. Baden-Württemberg, Ernst Klett Schulbuchverlag, Stuttgart 1986. *4 Karten:* Kartographie Oberländer, München.
195: *Grafik:* Erich Schmidt Verlag.
196: *Fotos:* Süddeutscher Verlag. © Geschwister Scholl Archiv.
197: *Foto:* Archiv für Kunst und Geschichte, Berlin.
199: *Cartoon:* © Erich Rauschenbach.
200: *3 Fotos:* Süddeutscher Verlag. *Foto „Fußballweltmeisterschaft":* Presse-Foto Baumann.
201: *Zeichnung 2:* © Jules Stauber.
Foto 3: Staatliche Sport-Toto GmbH, Stuttgart. *Bild 4:* Dietmar Ulrich. Zuschauen. *Foto 5:* © Baader Planetarium.
205: *Cartoon:* Taubenberger. © CCC.
207: *Foto:* Hubatka. © Mauritius.
217: *Bildgeschichte:* Aus: Dackel Willi und Familie Kaiser. © Tomus Verlag, München.
218: *Foto:* Thomas Höpker/Agentur Anne Hamann.
220: *Foto links:* © Prof. Dr. Kubicek. *Foto rechts:* Hans Schmied, München.
222: *Cartoon:* Wolter. © CCC.
223: *Müllverwertung:* © Freie und Hansestadt Hamburg, Baubehörde.
231: *Foto:* Aus: Susanne Rathlau: Junge deutsche Literatur. Verlag Klett Edition Deutsch, München. © Ulrike Teschen, Eutin.
232/233: *Fotos:* Weermann, München.
235: *Foto:* Baader Planetarium.
236: *Foto:* © STERN/G. Vormwald.
237: *Foto:* Marion Schweitzer, München. *Illustrationen:* © STERN/Holger Everling.
238: *Cartoon oben:* Joachim Kohlbrenner. *Cartoon unten links:* BEN. © CCC. *Zeichnung unten rechts:* Paul Pribbernow. Aus: Eulenspiegel 18/90.
240: *Karte:* Kartographie Oberländer, München. *Cartoon:* Murschetz. Aus: DIE ZEIT.
241: *Zeichnung:* Roland Beier. Aus: Eulenspiegel 15/90.
242: *Foto 1:* © Andrej Reiser. *Foto 2:* Klaus Wagenbach Verlag, Berlin. *Foto 3:* Helga Paris. © S. Fischer Verlag. *Foto 4:* © Isolde Ohlbaum.
245: *Foto:* G+J Fotoservice/Geissler.
246: *3 Fotos:* Süddeutscher Verlag. *Foto unten links:* © Wilhelm Mierendorf, Stuttgart.